Stuttgarter Kleiner Kommentar
– Neues Testament 4 –

Stuttgarter Kleiner Kommentar
– Neues Testament 4 –

Herausgegeben von
Paul-Gerhard Müller

Felix Porsch

Johannes-Evangelium

Verlag Katholisches Bibelwerk GmbH, Stuttgart

CIP-Titelaufnahme der Deutschen Bibliothek

Stuttgarter Kleiner Kommentar. –
Stuttgart: Verl. Kath. Bibelwerk
   Abt. teilw. hrsg. von Gabriele Miller u. Alfons Musterle
Neues Testament / hrsg. von Paul-Gerhard Müller.
[N.F.], 4. Porsch, Felix: Johannes-Evangelium. – 2. Aufl. – 1989
NE: Müller, Paul-Gerhard [Hrsg.]; Miller, Gabriele [Hrsg.]

Porsch, Felix:
Johannes-Evangelium / Felix Porsch. – 2. Aufl. –
Stuttgart: Verl. Kath. Bibelwerk, 1989
   (Stuttgarter Kleiner Kommentar:
   Neues Testament; [N.F.], 4)
   ISBN 3-460-15341-5

Mit kirchlicher Druckerlaubnis
Druck: Wilhelm Röck, Weinsberg

Inhaltsverzeichnis

6

VERZEICHNIS DER EXKURSE

Der »johanneische Dualismus«, 40 – »Zeichen« und Glaube, 52 – Die
»Ich-bin-Worte«, 60 – Die johanneische Gegenwartseschatologie, 71
– Die Stunde Jesu – seine Erhöhung und Verherrlichung, 79 – »Die
Juden« im Johannesevangelium und die Situation der joh Gemeinde, 98
– »Der Jünger, den Jesus liebte«, 145 – Das Wirken des Geistes nach
den Geistsprüchen der Abschiedsreden, 160

ERSTER TEIL

Einleitung

Schon nach den ersten Sätzen wird der aufmerksame Leser des Johannesevangeliums (Joh) feststellen, daß sich dieses vierte Evangelium von den drei älteren (den sog. »Synoptikern«) unterscheidet. Wer von ihnen herkommt, hat den Eindruck, in eine andere geistliche Welt einzutreten, gleichsam eine andere Luft zu atmen. Sprache, Stil, Vorstellungen, Bilder und Begriffe haben ihren eigenen, eben »johanneischen Charakter«. Hier scheint nicht mehr der irdische Jesus, der Mann aus Nazaret, zu sprechen, sondern der Erhöhte und Verherrlichte, der Sohn Gottes, das ewige Wort des Vaters. – Man wird die Eigenart des Joh am besten erkennen, wenn man es mit den anderen Evangelien vergleicht. So sollen im folgenden die hauptsächlichsten Unterschiede im Aufriß, in der Theologie, der theologischen Absicht und in den literarischen Darstellungsmitteln herausgestellt werden, um einen ersten Gesamteindruck und Zugang zu diesem »geistlichen Evangelium« zu gewinnen. Daraus werden sich dann auch jene Themen ergeben, die normalerweise in einer Einleitung behandelt werden (wie Fragen nach dem Verfasser, dem Ort und der Zeit der Abfassung).

1. Der Aufriß

Ein bedeutsamer Unterschied zur synoptischen Darstellung besteht hinsichtlich des Aufrisses, insofern er durch das Hauptwirkungsgebiet Jesu bestimmt ist. Während Jesus bei den Synoptikern hauptsächlich in Galiläa wirkt und erst am Ende seines Lebens für eine Woche nach Jerusalem hinaufzieht, wo er an einem jüdischen Paschafest hingerichtet wird, liegt der Hauptschauplatz seines Wirkens nach Joh in Jerusalem. Galiläa ist nur ein Nebenschauplatz. Zwar beginnt auch das Joh (nach dem eröffnenden Prolog) mit dem Auftreten des Täufers und wirkt Jesus sein erstes Wunder

(Zeichen) in Kana, in Galiläa (2,1–11), aber gleich darauf begibt Jesus sich bereits nach Jerusalem (2,13 – 3,21). Dort befindet er sich dann an allen wichtigen Festen, an denen es überdies regelmäßig zu heftigen theologischen Auseinandersetzungen kommt (vgl. 2,13; 5,1; 7,2; 10,22; 11,55). Überblickt man das Wirkungsfeld Jesu bei Joh, dann stellt man mit Überraschung fest, daß er dem Wirken Jesu in Galiläa – außer den beiden Wunderberichten in 2,1–11 und 4,43–54 – nur ein Kapitel widmet (Kap. 6). Fast ein ganzes Kapitel spielt in Samaria (4,5–42; auch das eine joh Eigenart!). Alle anderen haben Jerusalem zum Schauplatz. (Kap. 21 ist ein Nachtrag.) Diese Konzentration auf Jerusalem hat bei Joh natürlich theologische Gründe: Jesus offenbart sich in aller Öffentlichkeit im religiös-politischen Zentrum des Judentums, dort, wo auch die politisch-theologischen Autoritäten anwesend sind.

Falls es stimmt, daß der Hauptgewährsmann der joh Überlieferung, der »Jünger, den Jesus liebte«, ein Jerusalemer war, könnte das ein zusätzlicher Grund für die Bevorzugung Jerusalems als Schauplatz des Wirkens Jesu sein (vgl. S. 145 ff.).

Für den Aufriß des Joh ergibt sich also, daß es nicht wie die Synoptiker in einen Hauptteil des galiläischen Wirkens Jesu und einen kurzen Jerusalemer Abschnitt (mit Weg nach Jerusalem, Leiden, Sterben und Auferstehung) gegliedert werden kann. Bei Joh wandert Jesus ja öfter zwischen Galiläa und Jerusalem hin und her. Das Schwergewicht (und gleichsam das »Achtergewicht«) liegt jedoch eindeutig auf der Zeit in Jerusalem mit dem Einschnitt nach Kapitel 12 (vgl. Gliederung). Da Joh im Unterschied zu den Synoptikern drei Paschafeste erwähnt (2,13; 6,4; 11,55), umfaßt das Wirken Jesu bei ihm im übrigen einen Zeitraum von mindestens zwei Jahren.

2. Die theologische Eigenart

Nicht nur im Aufbau, auch *inhaltlich* unterscheidet sich das Joh erheblich von den anderen Evangelien. Es hat sein eigenes, unverkennbares theologisches Profil. Das wird besonders in seiner Christologie, aber auch an einer Reihe zentraler Begriffe deutlich, die in ihm immer wiederkehren, bei den Synoptikern aber nur eine untergeordnete Rolle spielen. Besonders auffallend ist das beim Begriff »Reich Gottes« oder »Königsherrschaft Gottes«. Während er bei den Synoptikern das Zentrum der Verkündigung Jesu bildet, fehlt er bei Joh mit zwei Ausnahmen (3,3.5) völlig. Er hat ihn durch den Begriff *Leben* ersetzt oder besser: neu interpretiert. (Er kommt bei ihm 36mal vor gegenüber 4mal bei Mk.) Genauer müßte man sogar sagen: An seine Stelle tritt Jesus selbst, der als der Gesandte und Offenbarer Gottes der Welt das Leben mitteilt.

Dieses »*Von-Gott-gesandt-Sein*« Jesu, um Gott zu offenbaren und ihn dadurch zu verherrlichen, daß er der Welt das Leben mitteilt, ist gleichsam das Generalthema des Joh, das in immer neuen Variationen erklingt und wiederholt wird. Nicht ohne Berechtigung hat man daher gesagt, daß Jesus im Joh letztlich immer nur von einer »Sache« rede: von sich selbst – wenn dies auch stets seine Beziehung zum Vater einschließt. Das Joh ist durch und durch christozentrisch geprägt. Immer wieder kreisen die Reden und Auseinandersetzungen um den Anspruch Jesu, der von Gott gesandte Offenbarer zu sein. (Bildlich gesprochen: Ist bei den Synoptikern die Verkündigung Jesu ganz auf das Reich Gottes ausgerichtet, so konzentrieren sich bei Joh alle Linien auf Jesus selbst als den Mittelpunkt der Verkündigung; vgl. S. 87ff.)

Dem exklusiven Anspruch Jesu, Gottes einzigartiger Offenbarer zu sein, entspricht auf seiten der Menschen der *Glaube* und das gläubige *Erkennen*. Anders ist er nicht zugänglich. Eigentliche, innerweltliche Beweise gibt es nicht; es kann nur »Zeichen« geben, die die Menschen auf Jesu Geheimnis aufmerksam und für seine Offenbarung hellhörig machen können. Insofern sind sie Einladung zum Glauben (vgl. S. 52f.). Daher hat das Glaubensthema neben den christologischen Aussagen eine solch überragende Bedeutung bei Joh. Es wird übrigens nicht nur unter dem Stichwort »glauben« behandelt, sondern ebenfalls in einprägsamen Bildern vielfach variiert (z. B. »kommen zu«, »dürsten«, »hungern«, »hören auf«, »sehen«. Aufschlußreich ist auch, daß Joh niemals das Substantiv »der Glaube« gebraucht, sondern nur das Verb »glauben«, was zeigt, daß er »glauben« gleichsam als einen lebendigen, dynamischen Prozeß versteht).

Der christologische Anspruch und der ihm entsprechende Glaube sind aber nicht Selbstzweck. Bei aller »christologischen Konzentration« ist das Joh doch auch in eminenter Weise am Menschen interessiert, d. h. an seinem Heil, seinem Glück, an der letzten Erfüllung seines Menschseins. Gerade diese Erfüllung bringt Jesus den Glaubenden – allerdings nur ihnen. Ihnen teilt er wahres, sinnerfülltes, unvergängliches Leben mit, Leben, das diesen Namen wirklich verdient. Das Joh will also auch auf diese letzte, alles entscheidende Frage der Menschen (die zu seiner Zeit übrigens mit besonderer Eindringlichkeit gestellt wurde und gleichsam »in der Luft lag«) eine Antwort geben: *Wie und wo kann der Mensch wahres Leben erlangen?*

Da dieses Leben nach der Glaubensüberzeugung des Evangelisten nur durch Jesus vermittelt wird (vgl. 1,4; 3,15 f.; 10,10; 20,31), stellt sich weiterhin die Frage, wie der Mensch nach Jesu Tod in eine lebendige Beziehung zu Jesus, dem Lebensquell und Lebensspender, treten kann. Darauf antwortet der Evangelist: *durch den Geist.* Durch den Geist ist Jesus nach seiner Auferstehung in der Gemeinde gegenwärtig und durch ihn, den »Geist der Wahrheit«, führt er sein Offenbarungswerk in der »Zeit der Kirche« fort (vgl. S. 160 ff.). Dieser lebenschaffende Geist bewirkt andererseits auch den Glauben, die notwendige Bedingung einer lebendigen Beziehung zum auferstandenen Herrn, durch die allein der Mensch das Leben erlangt (vgl. 3,3–5; 6,47.63).

Die Glaubensentscheidung versetzt den Menschen gleichsam in eine andere Welt. Sie ist wie das *Hinüberschreiten aus der Welt des Todes in die Lebenswelt Gottes* (vgl. 3,18–21; 5,24 f.). In einer für ihn typischen räumlichen Vorstellung sieht der Evangelist die Welt in zwei gegensätzliche und einander widerstreitende Machtbereiche geteilt (man spricht vom »johanneischen Dualismus«). Der »oberen« Welt Gottes, dem Machtbereich des Lebens, steht die »untere« Welt als der Machtbereich des »Herrschers dieser Welt« und des Todes gegenüber. Aus dieser unteren Welt befreit nur der geistgewirkte Glaube (vgl. S. 40 ff.). In der Glaubensentscheidung als Übergang vom Leben zum Tod vollzieht sich nach Joh auch das eigentliche Gericht (vgl. 3,18–21). Im Vergleich zu dieser Grundentscheidung ist das traditionelle »Endgericht« eigentlich zweitrangig. Wie der Glaubende das Leben bereits jetzt, in der Gegenwart, hat, so hat er auch das Gericht bereits hinter sich. Das ist die sogenannte »johanneische *Gegenwartseschatologie*« (vgl. S. 71 ff.).

3. Die literarische Eigenart

Der theologischen Eigenart des vierten Evangeliums entspricht auch eine literarische Eigenart. Die theologische Neuinterpretation, besonders die Konzentration auf die »Gesandten-Christologie« (den einzigartigen Anspruch Jesu) und auf den ihr antwortenden Glauben erforderten auch eine andere Darstellungsweise als die der Synoptiker. Vergeblich sucht man daher die aus den Synoptikern bekannten Gleichnisse Jesu (Joh hat nur ein einziges, das vom Hirten und den Schafen, 10,1–5, das sich bezeichnenderweise aber nicht bei den Synoptikern findet), die kurzen Streit- und Lehrgespräche mit den Schriftgelehrten oder die Endzeitreden. Die zahlreichen Wundererzählungen sind bei Joh auf sieben reduziert, von denen nur drei bei den Synoptikern vorkommen. Dämonenaustreibungen fehlen ganz.

Für das Joh sind die *langen Reden und Dialoge* kennzeichnend, in denen sich die scharfen Auseinandersetzungen um den Anspruch Jesu vollziehen oder Jesus Menschen in das neue Leben aus dem Glauben – mit all seinen Aspekten und Konsequenzen – einführt. Eine besondere Form bilden die theologisch inhaltsreichen »*Bildreden*« (z. B. die Hirtenrede in Kap. 10 und die Weinstockrede in Kap. 15). Da es in diesen Reden, wie gesagt, fast immer um die gleiche Grundthematik geht und die Situation sich kaum ändert, gleichen sie sich stark (Luther hat Joh daher als einen »Wiederkäuer« bezeichnet, was er aber durchaus positiv meinte). Im Vergleich zu den Synoptikern unterscheidet sich Joh überhaupt durch seine *einheitliche Konzeption,* die sich auch in der einheitlichen Sprache, Vorstellungs- und Begriffswelt ausprägt, so daß man von der »heiligen Monotonie« der johanneischen Sprache und Gedankenwelt gesprochen hat. Nicht nur Jesus, auch der Täufer, die Gegner und alle anderen Personen mitsamt dem Evangelisten sprechen die johanneische »Einheitssprache«. Sein Denken kreist gleichsam in spiralischer Bewegung um wenige entscheidende Heilsbegriffe wie Leben, Friede, Licht, Freude, Wahrheit, Wort, glauben, erkennen, lieben, die überdies so eng miteinander verwandt sind, daß man sie fast austauschen kann. Schließlich sind auch die *Hörer* Jesu bei Joh anders gezeichnet. Während sich die Hörer bzw. die Gegner Jesu bei den Synoptikern aus den verschiedenen Gruppen des damaligen Judentums zusammensetzen (Pharisäer, Sadduzäer, Herodianer, Schriftgelehrte, dazu natürlich noch das Volk), sind es bei Joh meistens ganz allgemein »*die Juden*«, mit denen Jesus diskutiert (vgl. S. 98 ff.). Nur die Pharisäer – und in der Passionsgeschichte die Hohenpriester – sind bei ihm als Gruppe übriggeblieben. Das hat offensichtlich mit der Entstehungssituation des Joh zu tun. Die Pharisäer waren die einzige noch existierende Gruppe zur Zeit seiner Abfassung und darüber hinaus die einflußreichsten theologischen Gegner des entstehenden Christentums.

Trotz der genannten theologischen und literarischen Eigenart ist das Joh wirklich ein Evangelium und keine »theologische Abhandlung«, d. h. es ist Glaubensverkündigung als Geschichte, denn es handelt von dem konkreten Menschen Jesus von Nazaret, der zu einer bestimmten Zeit gelebt hat und Gottes Heil für die Menschen verkündete.

4. Abfassungsort und -zeit

Die Andersartigkeit des vierten Evangeliums verlangt nach einer Erklärung. Diese wird man normalerweise zuerst in der außergewöhnlichen Person des Verfassers (bzw. in den Verfassern) suchen. Doch dürfte das allein nicht genügen. Was nachweislich für die anderen Evangelisten gilt – daß sie nämlich nicht nur vergangene Geschichte berichten oder nacherzählen, sondern immer auch *die konkrete Situation ihrer Gemeinden im Blick haben*, für die sie das Geschehene deuten, um sie unter veränderten Bedingungen zur rechten Nachfolge Jesu anzuspornen und im Glauben zu stärken –, das ist auch für das Joh anzunehmen. Als gläubige Glieder ihrer Gemeinden sind die Evangelisten auch vom Leben dieser Gemeinden, von den Fragen und Problemen ihrer Glaubensbrüder und -schwestern beeinflußt. Ihre theologischen Werke wollen Antworten darauf geben.

Zahlreiche Hinweise geben zu der begründeten Vermutung Anlaß, daß die joh Gemeinden in einem *relativ abgeschlossenen Gebiet* – wahrscheinlich südlich von Damaskus – lebten, das von einer starken jüdischen Bevölkerung beherrscht war. Von dieser scheint der joh Gemeindeverband hart bedrängt worden zu sein, und mit ihr mußte er sich vor allem auch theologisch auseinandersetzen. Die hochtheologischen Reden Jesu und seine Dispute mit »den Juden« spiegeln diese Auseinandersetzung wider. In ihnen kommen daher immer wieder jene Themen zur Sprache, die zwischen beiden Gruppen strittig waren. Das war vor allem der Anspruch Jesu, der bevollmächtigte Gesandte Gottes, der Messias und Gottessohn, zu sein. Streitpunkt war besonders die Exklusivität dieses Anspruchs, d. h. der Anspruch, als einziger Gottes Wille zu kennen und der Welt im Auftrag und mit der Vollmacht Gottes das Leben zu vermitteln (vgl. S. 73 ff. 87 ff.).

Aus dieser Situation erklärt sich auch die zentrale Bedeutung des Glaubensthemas bei Joh und die immer wiederkehrende Aufforderung zum »*Bleiben*« (in Jesus, in der Wahrheit, im Wort, in der Liebe). Denn nur im Glauben und im Bleiben in der einmal gefällten Glaubensentscheidung für Jesus konnte das neue Leben gewonnen bzw. bewahrt werden.

In diesem Zusammenhang ist auch noch einmal an die vom Evangelisten so stark herausgestellte Bedeutung des Geistes zu erinnern. Nach den Geistsprüchen der Abschiedsreden ist es ja der Geist, der die Glaubenden als der »Geist der Wahrheit« an Jesu Wort erinnern, sie lehren und in die Fülle der Wahrheit führen wird. Der Evangelist selber führt also seine Neuinterpretation auf dieses Wirken des Geistes zurück. Zugleich wird der Geist als der Anwalt oder Beistand der Glaubenden die Gemeinde in ihrer Auseinandersetzung mit den Bedrängern und Verfolgern stärken (vgl. 15,18–27). Das Joh ist so gesehen gleichsam der schriftliche Niederschlag dieser theologischen Auseinandersetzung, den die Gemeinde unter der Leitung des Geistes führt (vgl. S. 160 ff.).

In diesem Kommentar wird dem konkreten Hintergrund der joh Neuinterpretation der Botschaft Jesu aufgrund der veränderten Gemeindesituation besondere Aufmerksamkeit geschenkt werden, d. h. es wird immer wieder darauf hingewiesen werden, wie sehr spezifisch johanneische Deutungen und Darstellungen durch die spezielle Situation bedingt sind, auf die sie eine Antwort geben wollen. Damit wird die Botschaft des vierten Evangeliums auch für uns konkreter, denn es zeigt sich sehr bald, daß die Fragen und Probleme der joh Gemeinde weithin auch die unsrigen sind, besonders was die Begründung und den Vollzug des Glaubens betrifft.

Als Abfassungszeit kann aufgrund zahlreicher Hinweise (u. a. die Erwähnung des Synagogenausschlusses in 9,22; 12,42; 16,2) das Ende des 1. Jh. (90–100 n. Chr.) angenommen werden.

5. Einheitlichkeit und Verfasser

Die Frage nach der Verfasserschaft ist bei allen Evangelien ein sehr komplexes Problem. Sie ist eng mit der Frage nach der Einheitlichkeit eines Werkes verbunden, d. h. mit der Frage, ob und inwieweit in ihm vorgegebene schriftliche Überlieferungen (die man dann als »Quellen« bezeichnet) verarbeitet wurden oder das Werk (mehrfach) überarbeitet wurde. Lange Zeit war man der Auffassung, daß es sich beim Joh um das einheitliche Werk eines einzigen Verfassers (des geliebten Jüngers und Apostels Johannes) handle. Die joh »Einheitssprache« schien dafür zu sprechen. Doch ist dieses Argument nicht so beweiskräftig, wie es zunächst scheinen mag. Es gibt nicht nur die eigentümliche Sprache eines einzelnen Schriftstellers, sondern auch die einer Gruppe, besonders dann, wenn sie im gleichen kulturellen Milieu lebt (sie hat dann einen sog. »Soziolekt«).

Außerdem ist die joh Sprache bei genauerem Hinsehen nicht so einheitlich, wie es zunächst den Eindruck macht. Genauere Untersuchungen des Wortschatzes und des Stils haben – unter Mitberücksichtigung inhaltlicher Besonderheiten – ergeben, daß das Joh einen längeren Entstehungsprozeß durchlaufen haben muß und daher in seiner jetzigen Form nicht von einem einzigen Verfasser stammen kann.

So gut wie sicher dürfte der heutigen *Passionsgeschichte* eine kürzere ältere Fassung zugrundeliegen. Darüber hinaus ist im heutigen Evangelium wohl auch eine Sammlung von Wundergeschichten verarbeitet worden, die man wegen der joh Bezeichnung für Wunder als »Zeichen« die *»Zeichenquelle«* nennt (vgl. die Zählung in 2,11 und 4,54; vgl. S. 52ff.).

Ausgeschlossen ist, daß das vierte Evangelium von »Johannes, dem Sohn des Zebedäus« und Bruder des Jakobus, also einem Jünger Jesu und Augenzeugen der Ereignisse verfaßt worden ist. Dagegen sprechen die Abfassungszeit, die (im Vergleich zu den Synoptikern) fortgeschrittene Theologie bzw. Christologie mit der ihr entsprechenden theologischen Sprache und nicht zuletzt die Abhängigkeit von Vorlagen (»Quellen«). Ein Blick auf die Synoptiker zeigt im übrigen, wie weit das Joh von dem Milieu des Wirkens Jesu entfernt ist.

Die Herausgeber des Evangeliums, die sich in 21,24 zu Wort melden, berufen sich für die Glaubwürdigkeit des Aufgeschriebenen auf den »Jünger, den Jesus liebte« (vgl. auch 19,35). Leider wissen wir nicht, wer dieser namenlose Jünger war. Als sicher kann nur gelten, daß er nicht der »Apostel Johannes« war (vgl. S. 145 f.). Andererseits muß er aber als die Hauptquelle und der Garant der joh Überlieferung angesehen werden.

Gut begründet ist auch die Annahme, daß das Evangelium (mehrfach) überarbeitet wurde, bevor es in seiner heutigen Form erschien. Manches wurde dabei verdeutlicht, aktualisiert, präzisiert oder auch der allgemeinen Glaubensüberlieferung angepaßt. So dürften z. B. die Kapitel 15 – 16 eine aktualisierende Neuinterpretation von Kapitel 14 sein, wobei beachtenswert ist, daß die erste Version nicht einfach ersetzt und ausgeschieden wurde. Man war also bemüht, Überliefertes zu erhalten. (Auch der Abschnitt 6,51c–58 dürfte ein späterer Zusatz sein, der die Rede vom Lebensbrot eucharistisch interpretiert. Daneben finden sich noch eine Reihe kleinerer Zusätze in verschiedenen Kapiteln.) Genau genommen müßte man also nicht von »*dem* Verfasser«, sondern von »*den* Verfassern« des Joh sprechen. Wenn im Kommentar öfter einfach von »Johannes« oder »dem Evangelisten« als Verfasser die Rede ist, dann ist das also eine abgekürzte Redeweise. Das gilt übrigens auch in bezug auf Jesus. Gemeint ist immer der »johanneische Jesus«, d. h. der Jesus, wie ihn die »johanneische Schule« sieht.

6. Gliederung

Deutlich lassen sich *zwei große Hauptteile* erkennen: Nach dem eröffnenden Prolog (1,1–18), dem Zeugnis des Täufers (1,19–34) und der Berufung der ersten Jünger schildert der Evangelist zunächst (in Kap. 2 – 12) das *Offenbarungswirken Jesu vor der Welt*, das er mit einem zusammenfassenden Rückblick abschließt (12,37–50). Dieser Teil ist vor allem durch die heftigen theologischen Auseinandersetzungen Jesu mit seinen Gegnern gekennzeichnet.

Der zweite Teil bringt dann die *Offenbarung Jesu vor den Seinen* (Kap. 13 – 17), auf die die Passion und die Ostererzählungen folgen (Kap. 18 – 19; 20). Vor allem die Abschiedsreden (Kap. 13 – 16) und das Abschiedsgebet (Kap. 17) haben einen ganz anderen Charakter als die vorhergehenden Kapitel. Es fehlt der scharfe, polemische Ton der Auseinandersetzung, weil es in ihnen um das (zukünftige) Leben der Gemeinde geht.

Das ganze Evangelium ist dynamisch auf die »Stunde« Jesu, die Erhöhung und endgültige Verherrlichung des Menschensohns, ausgerichtet, die sich in seinem Sterben – gedeutet als Hinübergehen aus dieser Welt zum Vater – vollzieht. Sie ist zugleich der Beginn der Zeit des Geistes und der Kirche.

Bei der Herausgabe des Evangeliums scheint die Abfolge der Kapitel 5 und 6 – durch Blattvertauschung? – in Unordnung geraten zu sein. Nach Kapitel 5 befindet sich Jesus in Jerusalem. In 6,1 heißt es dann aber unvermittelt, daß Jesus danach »an das andere Ufer des Sees von Galiläa« ging. Andererseits bildet Kapitel 7 (bes. 7,15–24) die logische Fortsetzung der Diskussion von Kapitel 5. Besteht diese Annahme der Vertauschung zu Recht, dann folgte ursprünglich auf das große Zeichen der Brotvermehrung in Galiläa (Kap. 6) Jesu Wirken in Jerusalem (Kap. 5; 7 und folgende). (Andere kleinere, wenn auch erwägenswerte Ungenauigkeiten in der Abfolge werden in diesem Kommentar nicht berücksichtigt.) Einen Sonderfall stellt die Erzählung von der Ehebrecherin (7,53 – 8,11) dar. Sie gehört nach Ausweis der Textüberlieferung ursprünglich überhaupt nicht zum Joh, worauf u. a. die Tatsache hinweist, daß sie an verschiedenen Stellen erscheint. In den meisten Handschriften steht sie zwar nach 7,52, in manchen aber auch nach 7,36 oder 21,24 (d. h. am Schluß), in anderen sogar nach Lk 21,38.

7. Der Gegenwartsbezug des Johannesevangeliums

Als »geistliches Evangelium« hat das Johannesevangelium im Laufe der Jahrhunderte immer wieder Menschen besonders angezogen, und diese Faszination dauert auch heute unvermindert an.

Gründe dafür sind u. a. seine Konzentration auf das Wesentliche, seine vertiefte Christusschau, seine Sprache und Bilder, die existentielle menschliche Erfahrungen aufgreifen, und auch seine meditative Art. Doch gibt es nicht wenige, die mit diesem Evangelium auch ihre Schwierigkeiten haben. Beides sei abschließend wenigstens kurz angesprochen.

Bedeutsam und inspirierend kann das Johannesevangelium vor allem unter folgenden Rücksichten sein:

— in seiner ausdrücklichen Reflexion über die Situation der Glaubenden als jener, »die nicht gesehen haben und doch glauben«;

— in seinem Bemühen und seiner Freiheit, die Botschaft Jesu in einer veränderten Situation auf neue, aktualisierende, auf die Hörer eingehende Weise zu verkünden;

— in seiner Gegenwartseschatologie und seiner Aufforderung zu einem angstlosen Leben aus dem Glauben an Jesu Gegenwart im Heiligen Geist.

Als hauptsächliche Schwierigkeiten und Schwachpunkte werden heute vor allem folgende Eigentümlichkeiten des Johannes empfunden:

— das Christusbild: Der joh Jesus scheint in übernatürlichen Sphären zu schweben und sich auf Erden wie ein verkleideter Gottessohn zu bewegen. Die Nähe zu den armen, notleidenden und unterdrückten Menschen, die so typisch für den synoptischen Jesus ist, kommt kaum zum Ausdruck. Zentrales Thema der joh Reden ist fast immer Jesus selbst (als der Gesandte des Vaters), und die Wunder (Zeichen) dienen nicht den Menschen, sondern seiner Verherrlichung;

— das Kirchenbild: Die joh Gemeinde macht den Eindruck einer elitären Gruppe, die immer nur mit sich selbst beschäftigt ist. Andere kommen kaum in den Blick, es sei denn als Gegner;

— die dualistische Weltsicht: Die Einteilung der Menschen in zwei gegensätzliche, unversöhnliche Gruppen, das Freund-Feind-Schema mit der Verteufelung des Gegners (besonders die pauschale Behandlung »der Juden«) sind für viele nicht akzeptabel, weil dies dem Geist Jesu widerspricht.

Es ist nicht zu leugnen, daß der beeindruckende und wagemutige theologische Entwurf des Johannes auch seine Schwächen hat. Sie sind zum größten Teil durch die besondere historische Situation bedingt, die daher beim Lesen auch immer berücksichtigt werden muß.

Es sollte darüber hinaus auch nicht vergessen werden, daß das Johannesevangelium eben nur *eine* Stimme unter vielen anderen Glaubenszeugen ist und daß erst alle zusammen den endgültigen Glaubens-Chor ergeben. Die joh Stimme will aber alle Menschen dazu einladen, zur einzigen wahren Quelle des Lebens zu kommen und aus ihr zu trinken, damit sie »das Leben haben und es in Fülle haben« (10,10; vgl. 20,31).

8. Zu diesem Kommentar

Das Joh kreist meditierend und auch diskutierend um einige zentrale Begriffe, Themen und Bilder, die wegen ihres Bezugs zu allgemeinen Grunderfahrungen des menschlichen Lebens den Leser unmittelbar ansprechen, ihn im Innersten berühren und existentiell betroffen machen. Entgegen dem ersten faszinierenden Eindruck ist es aber keineswegs leicht zu verstehen (und auch nicht leicht zu kommentieren). Es ist »hohe Theologie«, die hier zur Sprache kommt, reife Frucht eines langen Prozesses theologischer Auseinandersetzung und Nachdenkens, der sich zudem auf dem Hintergrund eines uns weitgehend fremden (philosophisch-theologischen) Weltbildes vollzog. Weil es dabei um Wesentliches und Grundlegendes ging, ist diese Theologie wenig konkret, was eine Übersetzung in unser Leben schwierig macht.

So gibt dieses Evangelium der Forschung bis heute eine Fülle von ungelösten Fragen auf. Der Zielsetzung dieser Kommentarreihe entsprechend, wurde jedoch davon abgesehen, in gelehrte Diskussionen über Einzelfragen einzutreten. Der interessierte Leser sei dafür auf die Literaturauswahl (S. 227 f.) verwiesen. Eine Hilfe zum vertieften Verstehen wollen auch die übergreifenden Exkurse zu zentralen Begriffen und Themen joh Theologie bieten. Grundsätzlich ging es aber darum, das Wesentliche der Botschaft dieses »geistlichen (pneumatischen) Evangeliums« auf möglichst verständliche Weise darzustellen, damit die Worte des joh Jesus sich auch für den Leser als »Geist und Leben« erweisen können (6,63).

ZWEITER TEIL

Kommentar

A. Die Offenbarung der Herrlichkeit des Sohnes vor der Welt (Kap. 1 – 12)

I. Der Prolog oder Eingangshymnus (1,1–18)

Während das älteste Evangelium (Markus) sofort mit dem öffentlichen Auftreten und Wirken Jesu beginnt, stellen Matthäus und Lukas ihm die sogenannten Kindheitsgeschichten voran. Diese Vorgeschichten sollen den Leser gleich zu Beginn in das besondere Geheimnis Jesu einführen und lassen daher bereits wichtige theologische Themen anklingen, die dann im folgenden Hauptteil der Evangelien entfaltet werden.

Seiner Stellung und Funktion nach entspricht der Prolog des Joh diesen Vorgeschichten bei Matthäus und Lukas. Im Unterschied zu ihnen beginnt Joh aber bereits beim vorweltlichen Sein des »Wortes« bei Gott. Damit legt er gleichsam das theologische Fundament aller nachfolgenden christologischen Aussagen seines Evangeliums. Der Prolog ist also eine Art »Leseanweisung«, die den tiefen Sinn der folgenden Jesusgeschichte erschließen soll. Er offenbart dem Leser gleich zu Beginn, wer dieser Jesus seinem eigentlichen Wesen nach ist. Der Evangelist benutzte dazu wahrscheinlich ein ihm bekanntes Gemeindelied auf die göttliche Weisheit, das er durch erklärende Zusätze christologisch umdeutete, um so einen Eröffnungstext für sein Evangelium zu gewinnen.

1. Das Bekenntnis der gläubigen Gemeinde (1,14–18)

»Geschrieben steht: Am Anfang war das Wort. / Hier stock ich schon, wer hilft mir weiter fort?« – So wie hier dem Doktor Faust mag es manchen Lesern ergehen, wenn sie sich dem Johannesevangelium zuwenden. Gleich bei den ersten Versen fühlen sie sich wegen deren philosophischer und spekulativer Sprache überfordert und entmutigt. Sie sollten trotzdem weiterlesen. Denn der Prolog ist eigentlich kein lehrhafter und spekulativer Text. Er ist vielmehr ein Hymnus, ein Lied, das in feierlicher, dichterischer Sprache die Bedeutung Jesu, des Wortes Gottes, für die Schöpfung und vor allem für die Glaubenden verkündet.

Das Lied hat zwei Teile. Während der erste Teil (1,1–13) die allumfassende Bedeutung des Wortes für die gesamte Schöpfung besingt, enthält der zweite (1,14–18) das antwortende Bekenntnis der Gemeinde. In beiden Teilen geht es aber um das geschichtliche Wirken des Wortes. So werden gleich zu Beginn des Evangeliums Schöpfung und Heil christologisch miteinander verbunden. Es gibt nichts, was aus dem Machtbereich des Wortes herausfällt. Vor allem gibt es keine Trennung zwischen Schöpfungswirklichkeit und Heilswirklichkeit, zwischen Weltgeschichte und Heilsgeschichte. Alles ist gewirkt und durchdrungen von der Macht des göttlichen Wortes.

Ausgangspunkt des Hymnus ist nicht eine gelehrte theologische Spekulation über das ewige, vorweltliche Sein des Wortes, sondern die *konkrete Erfahrung* der gläubigen Gemeinde, die sie mit Jesus, dem menschgewordenen Offenbarer Gottes, gemacht hat. Diese bringt sie zum Ausdruck, wenn sie dankbar bekennt: »Wir haben seine Herrlichkeit gesehen, die Herrlichkeit des einzigen Sohnes vom Vater, voll Gnade und Wahrheit... Aus seiner Fülle haben wir alle empfangen, Gnade über Gnade.« Ihm allein verdankt sie ihre jetzige Erkenntnis Gottes, die authentisch und zuverlässig ist, weil sie von dem kommt, der »am Herzen des Vaters ruht«. Von der Kunde, die dieser einzigartige »Exeget Gottes« gebracht hat, handelt das folgende Evangelium. – Der Zugang zum Prolog erschließt sich also von diesem Bekenntnis der Gemeinde her. Erst aufgrund der Erfahrungen mit dem irdischen Jesus und dem Auferstandenen fragt sie zurück, wer dieser Jesus seinem Wesen nach ist.

Gott offenbart sich auf menschliche Weise

Weil Gott sich auf eine Weise mitteilen wollte, die unserem Fassungsvermögen entspricht, wurde er Mensch. Der Evangelist ist *nicht an dem Wie* der Menschwerdung interessiert (Jungfrauengeburt, Erniedrigung). Ihm geht es um die Tatsache, daß das göttliche Wort anschaulich, für Menschen konkret – eben menschlich – erfahrbar wurde (vgl. 1 Joh 1,1–4). Menschwerdung ist für ihn in erster Linie die *Voraussetzung der Offenbarung der Herrlichkeit Gottes in dieser Welt.* Doch ist Gott in Jesus wirklich und wahrhaft Mensch geworden, einer von uns. Er kam zu uns nicht etwa als ein verkleideter Gott, wie manche Irrlehrer meinten (und wie manche Christen es sich vielleicht heute auch vorstellen, die das Menschsein Jesu im Grunde nicht voll ernst nehmen).

Darin wird ein für viele anstoßerregendes Grundgesetz der Selbstoffenbarung Gottes sichtbar, das für die Weiterbezeugung der christlichen Botschaft unaufgebbar ist: Gottes Wort kommt zu uns immer nur *als geschichtliches, als menschgewordenes Wort,* nicht als zeitlose, überirdische Wahrheit. Das fordert auch seine »Menschwerdung« in die jeweilige Zeit und Kultur, wofür gerade auch das Johannesevangelium ein beredtes Zeugnis ist.

2. Vor aller Zeit bei Gott (1,1–13)

Im Menschgewordenen haben die Glaubenden »die Herrlichkeit des einzigen Sohnes vom Vater gesehen«. Diese nachösterliche und geistgewirkte Erkenntnis versuchen die Anfangssätze des Prologs genauer in Worte zu fassen. Jesu eigentliches Wesen ist bestimmt durch seine *einzigartige Beziehung zu dem einen Gott.* Das Wort, das Mensch geworden ist, war schon immer, vor aller Zeit und Schöpfung, bei Gott, ja, es war seinem Wesen nach selbst Gott, von göttlicher Art. Daher kann es auch wahre und zuverlässige Offenbarung von Gott und über Gott bringen.

Bei der Deutung Jesu als das Wort, das von Anfang an bei Gott war, konnte der Evangelist auf vorgegebene alttestamentliche und auch außerbiblische Vorstellungen von der Wirkmächtigkeit des Wortes zurückgreifen. Daß Gott vor allem durch sein Wort schöpferisch und verändernd in Schöpfung und Geschichte eingreift, ist eine Grundaussage der alttestamentlichen Offenbarung. Sie begegnet z. B. sehr ausgeprägt im ersten Schöpfungsbericht ˊ (»Gott sprach…, und es geschah«), auf den Joh vielleicht bewußt anspielt (vgl. ferner Jes 55,9–11; Ps 33,6).

Eng verwandt sind auch Vorstellungen über die göttliche Weisheit. Von ihr heißt es im Buch der Sprüche, daß der Herr sie geschaffen habe »im Anfang seiner Wege, vor seinen Werken der Urzeit«. Sie ist beim ganzen Schöpfungswerk zugegen (vgl. Spr 8,22–31) und nimmt dann in Israel Wohnung (vgl. Sir 24,3–9).

An solche Vorstellungen konnte der Evangelist also anknüpfen. Doch überbietet er sie zugleich. Denn bei aller Vorrangstellung bleibt die Weisheit doch Geschöpf Gottes, während das göttliche Wort bei Joh Gott gleich ist.

Das Angebot des Lebens und die Reaktion der Menschen

Daß es Joh nicht um Spekulationen um »das Wort« geht, sondern um Offenbarung und damit *um das Heil der Menschen*, zeigt der schnelle Übergang zu den beherrschenden Begriffen Leben und Licht in den folgenden Versen (V. 4 f.). Als Gott ist das Wort auch Leben, und dieses Leben ist in allem Seienden, weil alles durch das Wort geschaffen wurde. Aber Leben als Licht der Menschen, d. h. als erleuchtetes, sinnerfülltes Dasein, kann von den Menschen nur als Gabe im Glauben empfangen werden.

Man sollte erwarten, daß die Menschen sich diesem Sinn-Licht bereitwillig im Glauben öffnen, verdanken sie doch ihr ganzes Dasein dem Lebens-Wort. Aber das Unglaubliche ist geschehen: »Die Welt erkannte ihn nicht«, und »die Seinen nahmen ihn nicht auf« (V. 10 f). Mit den »Seinen« ist zuallererst Israel gemeint, doch steht es stellvertretend für die ganze Menschheit. – Bei einigen aber ist Gottes schöpferische Macht zur Auswirkung gekommen, weil sie sich dem Wort im Glauben geöffnet haben. Sie leben aus einem neuen göttlichen Ursprung und nehmen als Kinder Gottes teil am göttlichen Leben des Wortes. Daß das nicht ihre eigene Leistung ist, sondern Gottes Werk, sagt deutlich das Bild von der »Zeugung aus Gott« (vgl. 3,3–5). Zu diesen »Kindern Gottes« gehören jene, die ihre Erfahrung und Erkenntnis in diesem Christushymnus bezeugen, damit auch wir glauben.

II. Die Anfänge in Galiläa (1,19 – 2,12)

Wie die anderen Evangelisten beginnt auch Joh seine Darstellung des öffentlichen Wirkens Jesu mit dem Auftreten des Täufers. Doch hat er dessen Gestalt und Botschaft recht radikal umgedeutet und seiner Christusverkündigung dienstbar gemacht.

Johannes ist bei ihm nicht der bekannte Bußprediger und »Täufer« (selbst diese Bezeichnung fehlt!). Seine einzige Aufgabe besteht vielmehr darin, *Zeuge für Jesus* zu sein. Als solcher war er ja bereits (in einem Zusatz zum Prolog) angekündigt worden: »Er kam als Zeuge, um Zeugnis abzulegen für das Licht, damit alle durch ihn zum Glauben kommen« (1,7). Wie der andere Zusatz in 1,15 zeigt, ist der Täufer Zeuge für die Einheit des Menschgewordenen mit dem, der »im Anfang bei Gott war«. Allein diesem Zweck dient auch seine Tauftätigkeit, denn sie soll den Sohn Gottes vor Israel offenbar machen (vgl. V. 31).

1. Das Zeugnis des Täufers (1,29–34)

Der Abschnitt 1,19–28 entfaltet das Zeugenthema zunächst nach seiner negativen Seite, indem er klarstellt, wer der Täufer nicht ist (vgl. 1,8: »Er war nicht selbst das Licht«). Der folgende Abschnitt 1,29–34 bringt dann »am folgenden Tag« und vor einer anderen Hörerschaft das positive Zeugnis für Jesus. Auf dieses positive Zeugnis ist der ganze Abschnitt ausgerichtet.

Wer der Täufer nicht ist

Das amtliche Verhör durch die offiziellen Abgesandten aus Jerusalem, die Spezialisten für rituelle Fragen, ist nicht einfach die Wiedergabe eines geschichtlichen Ereignisses. Die Szene spiegelt vielmehr eine aktuelle Auseinandersetzung der johanneischen Gemeinde mit den Anhängern des Täufers wider. Offenbar haben die Täuferjünger ihren Meister selbst für eine messianische oder endzeitliche Heilsgestalt gehalten. Als solche galten nämlich auch Elija (vgl. Mal 3,23 f.; Mk 9,11 f.) und »der Prophet«, den man in manchen Kreisen aufgrund der Verheißung von Dtn 18,15–18 für die Endzeit erwartete (vgl. Joh 6,14).

Nun müssen die Täuferjünger aus dem Mund ihres Meisters die feierliche Beteuerung hören, daß er keinen solchen Anspruch erhebt. Er ist nur die Stimme, die das Kommen, ja die Gegenwart des Herrn ankündigt. Daß er nicht der Messias sein kann, zeigt sich im übrigen auch daran, daß er »nur mit Wasser tauft«, seine Taufe also nicht den Geist vermittelt (vgl. dagegen 1,33; 3,34; Mk 1,8).

Wer Jesus ist

Mit 1,29 tritt Jesus selbst zum erstenmal in das Blickfeld des Täufers und auch der Leser des Evangeliums. Die spontane Kennzeichnung Jesu als »*das Lamm Gottes,* das die Sünde der Welt hinwegnimmt«, überrascht im Munde des Täufers (und auch im Johannesevangelium, in dem der Sühnegedanke sonst keine besondere Rolle spielt). Sie ist auch nur als nachösterliches Gemeindebekenntnis verständlich, das hier dem Täufer in den Mund gelegt wird.

Das »Lamm Gottes« erinnert zweifellos an das Paschalamm. Da Jesus (nach Joh) am Vorabend des jüdischen Paschafestes starb und die Christen wohl sehr bald das Gedächtnis des Leidens und der Auferstehung Jesu an diesen Festtagen feierten, lag eine Deutung Jesu als das »wahre Paschalamm« nahe (vgl. 19,33.36; 1 Kor 5,7 und öfter in der Offenbarung des Johannes).

Darüber hinaus wird auch die Gestalt des leidenden Gottesknechts von Jes 53 einen Einfluß ausgeübt haben. Von ihm heißt es ja, daß er »wie ein Lamm, das man zum Schlachten führt« war und »die Sünden von vielen trug« (53,7.12). Diese Texte sind schon früh zur Deutung des Todes Jesu herangezogen worden, besonders in der Abendmahlsüberlieferung (vgl. Mk 14,22–25; 1 Kor 11,23–26). Für eine Beziehung zum Gottesknecht spricht auch die anschließende Erwähnung der Geistbegabung, denn auch auf dem »Knecht Gottes« als dem »Erwählten Gottes« ruht Gottes Geist (vgl. Jes 11,2; 42,1). So wird schon beim ersten Auftreten Jesu auf das Passionsgeschehen hingewiesen. Jesus kommt, um die eigentliche Sünde der Welt – das ist die Verschlossenheit des Menschen im Unglauben – zu beseitigen.

Im starken Kontrast dazu stehen die folgenden Aussagen, die

Jesu einzigartige Gottesbeziehung und Würde herausstellen. Dieser spannungsreiche Gegensatz ist sicher beabsichtigt.

Obwohl Jesus zeitlich nach dem Täufer gekommen ist und daher nach gängiger Auffassung als der Untergeordnete zu gelten hat, ist er doch der Größere, weil er in Wirklichkeit schon immer vor jenem war (vgl. 1,15).

Das unterscheidende, von Gott selbst geoffenbarte Zeichen, an dem der Täufer das wahre Wesen Jesu erkannte, war der Geist. Jesus, auf den der Geist Gottes gekommen und auf dem er *geblieben* ist, ist auch der Vermittler des Geistes, der *Geisttäufer* (vgl. Mk 1,8 parr). Deshalb kann der Täufer bezeugen: »Er ist der *Sohn Gottes.*«

Der vierte Evangelist hat damit den Täufer als ersten Christuszeugen gezeichnet, dem durch den Geist das wahre Wesen Jesu geoffenbart wurde. In seinen Augen ist er gleichsam das vorbildhafte Modell für jeden Christuszeugen.

2. Die ersten Jünger (1,35–51)

Hatte der Abschnitt 1,19–28 den Vers 8 des Prologs (»Er war nicht selbst das Licht«) nach seiner negativen Seite entfaltet, so zeigt der folgende Abschnitt 1,35–51, wie der Täufer gemäß Vers 7 durch sein Zeugnis Menschen zum Glauben an Jesus führt. Hier vollzieht sich, anschaulich dargestellt, der Übergang vom Alten zum Neuen Bund, von der Täufergemeinschaft zur Jesusgemeinschaft. Wie ein Brautführer führt der Täufer seine eigenen Jünger Jesus zu (vgl. 3,28 f.).

Durchgehender Zug dieser ersten Jüngerberufung ist, daß der künftige Jünger durch einen anderen – Bruder oder Freund –, der Jesus bereits kennt, zu Jesus geführt wird. Vielleicht will Johannes damit zeigen, wie Christen andere für Jesus gewinnen sollen und wie Missionierung sich konkret vollzieht.

Nicht nur Worte, sondern Erfahrung

Ein weiteres Merkmal dieser Jüngerwerbung ist, daß Menschen eingeladen werden, konkrete Erfahrungen mit Jesus zu machen: Sie sollen kommen und selbst sehen. Nicht durch Worte nur, sondern durch eigene, beglückende Erfahrungen werden sie über-zeugt und lernen sie Jesus kennen. »Da gingen sie mit und sahen, wo er wohnte, und blieben jenen Tag bei ihm« (1,39). Wenn unsere »Werbung« heute oft so erfolglos bleibt, liegt es wohl daran, daß wir meist nur schöne Worte und Belehrungen haben, es aber nicht wagen, an Menschen die gleiche Einladung zu richten. Was würden sie auch bei uns, in unseren Gemeinden finden und sehen? Viel Einladendes, das sie zum Bleiben bewegen könnte? Vers 38 nennt allerdings auch die notwendige Voraussetzung des Kommens zu Jesus: Der Mensch muß sich *auf die Suche* nach Jesus machen (vgl. 6,24–29). Die Frage Jesu: »Was sucht ihr?« (EÜ: »Was wollt ihr?«), ist übrigens das erste Wort Jesu im Joh.

Einer, der alle Verheißungen und Erwartungen erfüllt

Schließlich fällt auf, daß Jesus in diesem »Zeugenkapitel« gleich zu Beginn des Evangeliums eine ganze Reihe Titel oder Würdenamen zugesprochen werden. Jeder neu Berufene wird so zu einem Zeu-gen und Bekenner der Einzigartigkeit Jesu. Jesus ist »*das Lamm Gottes*«, »*der Messias*«, »*der, von dem Mose im Gesetz schrieb und die Propheten*«, »*der Sohn Gottes*«, »*der König Israels*« und »*der Menschensohn*«. So weiß der Leser gleich zu Beginn, mit welchem Anspruch Jesus auftreten wird. Seine Würde und Autori-tät sind nicht mit einem einzigen Titel zu erfassen. Die Vielzahl der Bezeichnungen will zum Ausdruck bringen, daß Jesus alle Erwar-tungen und Verheißungen erfüllt, die sich mit diesen Titeln im zeitgenössischen Judentum verbanden.

Das Kapitel schließt mit dem ersten, durch ein feierliches dop-peltes »Amen, Amen« eingeleiteten Selbstzeugnis Jesu. Es bringt die bleibende Verbundenheit Jesu, des Menschensohns, mit Gott zum Ausdruck. Im Hintergrund steht die Erzählung von Jakobs Traum aus Gen 28,10–22. Wie einst über Jakob, ist jetzt der Himmel über Jesus offen. Jesus ist der Zugang zu Gott, der Ort der Gegenwart und der Offenbarung Gottes auf Erden. – Wie Natana-el ist auch jedem Glaubenden verheißen: »Du wirst noch Größeres sehen.«

3. Das erste Zeichen (2,1–12)

Es mag zunächst befremden, daß Jesus nach Joh sein öffentliches Wirken ausgerechnet auf einer Hochzeit und dazu noch mit einem Weinwunder beginnt. Mancher Fromme wird sich wohl einen würdigeren und angemesseneren »Anfang der Zeichen« vorstellen. Ausgerechnet eine unverhältnismäßig große Menge Wein als Offenbarung seiner Herrlichkeit? Aber offensichtlich war gerade die Fülle und die Güte des Weins ein sprechendes Zeichen für – ja, wofür? Der Sinn der an sich nüchtern, doch nicht ohne Hintergründigkeit erzählten Geschichte ist für uns nicht unmittelbar erkennbar und bis heute auch umstritten.

Es handelt sich um ein sogenanntes »Geschenkwunder«, durch das Gott, bzw. hier Jesus, in einer Notsituation unvorhergesehen und auf wunderbare Weise reichlich Gaben zur Verfügung stellt. Für Geschenkwunder ist es typisch, daß das Wunder selbst nicht erzählt wird, sondern nur indirekt erschlossen werden kann (vgl. die Speisungswunder).

Der Evangelist beschränkt sich bei seiner Darstellung auf das Notwendigste. Alle überflüssigen Details sind fortgelassen. Ihm geht es offensichtlich um das Wesentliche: die *Offenbarung der Herrlichkeit Jesu*. Ort, Zeit, Personen und Anlaß werden kurz genannt und sodann die Notsituation durch die indirekte Bitte um Abhilfe geschildert: »Sie haben keinen Wein mehr.«

Einzig dem Willen des Vaters verpflichtet

Auffallend ist die ausdrückliche Erwähnung der »Mutter Jesu« (bei Joh immer ohne Namensnennung!). Sie ist aber für das Anliegen des Evangelisten in mehrfacher Hinsicht unentbehrlich: Einmal macht sie die Einladung Jesu und seiner Jünger zur Hochzeit verständlich, zum anderen ist sie es, die Jesus auf die Notsituation aufmerksam macht.

Vor allem wird aber an ihrer Person zum ersten Mal deutlich gezeigt, daß Jesus sich bei seinem Offenbarungswirken von keiner menschlichen Beziehung bestimmen läßt – auch nicht von einer so engen verwandtschaftlichen wie der zu seiner Mutter. Nur der Vater bestimmt die Stunde seines Wirkens, und nur Jesus kennt sie.

Die schroffe, brüskierende Frage und die Antwort Jesu: »Was (ist zwischen) mir und dir, Frau? *Meine Stunde ist noch nicht gekommen?*«, will diese Totalbestimmung durch den Willen des Vaters, der nach 4,34 Jesu »Speise« ist, bewußt machen. Jesus tut nur, was er den Vater tun sieht (5,19.30).

Auch bei Lukas begegnet ja eine ähnliche Situation. Dort antwortet der Zwölfjährige seinen Eltern: »Wußtet ihr nicht, daß ich in dem sein muß, was meinem Vater gehört?« (Lk 2,49). Vergleichbar ist auch das in Joh 7,1–10 geschilderte Ereignis. Jesus lehnt zunächst das Ansinnen seiner leiblichen Verwandten, nach Jerusalem zu ziehen, mit dem Hinweis ab, daß »seine Zeit noch nicht gekommen« sei. Wenig später geht er dann aber doch dorthin.

Die Stunde der Offenbarung der Herrlichkeit

Die Stunde von 2,4 ist wohl nicht die Stunde der Verherrlichung Jesu durch Leiden und Auferstehung, auf die im Joh öfter hingewiesen wird (vgl. S. 79 ff.). Es ist die *Stunde der Offenbarung seiner Herrlichkeit im Zeichen,* wie Vers 11 deutet. Als Zeichen, durch das diese Herrlichkeit anschaubar wird (vgl. 1,14; 11,4), gelten in dieser Geschichte die *große Menge* Wein (500–700 Liter) und auch seine *Qualität.* Die Herrlichkeit Gottes, die in Jesu Wirken aufscheint und sichtbar wird, ist aber nicht nur Jesu eigene verborgene und in den Zeichen offenbar werdende Herrlichkeit. Nach zahlreichen Texten des Jesajabuchs wird das Volk und sogar die Natur an dieser Herrlichkeit Anteil haben und durch sie verwandelt werden (vgl. Jes 35,1 f.; 40,5; 60,1–3.19).

Im abschließenden Rückblick auf das öffentliche Wirken Jesu wird der Evangelist ausdrücklich darauf hinweisen, daß schon Jesaja »Jesu Herrlichkeit gesehen hatte« (12,37–41). Die johanneische »Weinregel«, daß jeder erst den guten Wein vorsetzt (2,10), will darauf aufmerksam machen, daß (erst) jetzt, am Schluß der alttestamentlichen Heilsgeschichte, in Jesu Wirken die Heilszeit angebrochen ist, von der Jesaja sprach. So verwirklicht sich bereits zeichenhaft das Wort an Natanael: »Größeres wirst du sehen.« Es ist, als habe der Himmel sich für einen Moment geöffnet, damit die Herrlichkeit Gottes aufstrahle.

Die Wirkung des Zeichens

Die Wirkung dieses ersten Zeichens ist, daß die Jünger an Jesus *glauben*. Hier ist zunächst auffällig, daß die Mutter Jesu nicht in die Glaubenden einbezogen wird. Sie spielt zwar in der Wundergeschichte eine wichtige Rolle, erscheint als aufmerksame und trotz der Zurückweisung vertrauende Teilnehmerin, aber sie kommt noch nicht zum Glauben an Jesus. Sie dürfte in der Geschichte jenen Teil des wartenden und hoffenden Israel darstellen, der am Ende – unter dem Kreuz – doch zu Jesus und zur Gemeinde Jesu gefunden hat (19,34; vgl. Mk 3,20f.31–35).

Ferner ist auffällig, welche Bedeutung hier dem Zeichen im Glaubensprozeß zugesprochen wird. Denn normalerweise steht der Evangelist dem Glauben, der sich nur auf Wunder stützt, eher kritisch gegenüber (vgl. S. 52ff.). Manches weist darauf hin, daß Joh diese erste Wundergeschichte einer schon vorhandenen Sammlung von Wundergeschichten entnommen hat (vgl. S. 18). In ihr galten gerade die Wunder Jesu als Glaubensmotiv (vgl. 12,37; 20,30).

Die Geschichte schließt mit dem Hinweis, daß Jesus samt seiner Verwandtschaft und seinen Jüngern nach Kafarnaum zieht. Dort unten am See war nach den anderen Evangelisten sein Hauptwirkungskreis (vgl. Mt 4,13; 9,1; Lk 4,23.31). Nach Joh zieht Jesus aber bald zum Paschafest nach Jerusalem, wo es zur ersten Auseinandersetzung mit seinen Gegnern kommt (2,13–22).

III. *Die Anfänge in Jerusalem (2,13 – 3,36)*

Anlaß des Ganges Jesu nach Jerusalem ist das »Paschafest der Juden«. Joh erwähnt noch zwei Paschafeste (6,4; 11,55; 12,1), woraus sich übrigens eine Dauer von mehr als zwei Jahren für Jesu öffentliches Wirken ergibt. Die anderen Evangelisten berichten nur von *einem* Paschafest, dem Paschafest des Todes Jesu (vgl. Mk 14,1 parr).

Es ist auffällig, daß Jesus sich nach Joh öfter gerade an den *jüdischen Festen in Jerusalem* aufhält. (Neben den drei Paschafesten und einem nicht näher gekennzeichneten Fest [5,1] werden noch das Laubhüttenfest [7,2] und das Tempelweihfest [10,22] genannt.) Man hat den Eindruck, daß Jesus bewußt die Auseinandersetzung mit den theologischen Autoritäten im religiös-politischen Zentrum des Judentums sucht, abgesehen davon, daß sein Auftreten dort eine größere Öffentlichkeitswirkung hatte (vgl. z. B. 7; 18,20). Doch dürfte der Evangelist dem noch eine tiefere Bedeutung beigemessen haben: *Jesu Kommen bedeutet das Ende des jüdischen Kultes.* Der Sinn der Feste ist durch seine Gegenwart erfüllt. Sie sind daher im Grunde überflüssig geworden. Wie sehr das für die joh Gemeinde gilt, bringt auch die distanzierte Redeweise von den Festen »der Juden« zum Ausdruck.

1. Eine prophetische Zeichenhandlung: Die »Tempelreinigung« (2,13–22)

Das gilt auch für die in 2,13–22 berichtete »*Tempelreinigung*«. Hierbei handelt es sich nicht etwa um einen Angriff Jesu auf einen einträglichen Devotionalienhandel. Rinder, Schafe, Tauben waren für die vorgeschriebenen Opfer notwendig, ebenso die Geldwechsler, da man im Tempelbereich nur in einer besonderen alten Währung zahlen durfte (die stabile »tyrische Währung«).

Wenn Jesus in einer prophetischen Zeichenhandlung die Händler und Tiere aus dem Tempel(vorplatz) vertrieb, war das also nichts weniger als ein Angriff auf den bestehenden Tempelkult, ja, auf die bestehende religiös-politische Ordnung und damit auch auf die Hüter dieser Ordnung, die Jerusalemer Priesterschaft. Sie mußten in Jesu Handlung eine Provokation und Bedrohung ihrer Existenzgrundlage sehen.

Nach den drei anderen Evangelisten fand diese Aktion Jesu allerdings kurz vor seiner Verhaftung statt, was historisch wahrscheinlicher ist. Ein Jesuswort gegen den Tempel spielt daher auch im Prozeß Jesu eine bedeutende Rolle (vgl. Mk 14,58). Offensichtlich brachte Jesu Kultkritik und seine Säuberungsaktion das Faß zum Überlaufen.

Mit seiner Kritik am Tempelkult nimmt Jesus frühe prophetische Kultkritik auf. In besonderer Schärfe finden wir sie bei Jeremia, der um 600 v. Chr. die Zerstörung des Tempels androhte (Jer 7,1–15; 26). Es besteht aber kein Anlaß, in Jesu Einzelaktion einen gewaltsamen Umsturzversuch zu sehen. Ein solcher Versuch (auf dem 80 000 m² großen Tempelvorplatz!) hätte unweigerlich das sofortige Eingreifen der Tempelpolizei ausgelöst.

Der neue Tempel

Verständlich, daß man Jesus (im Sinne von Dtn 13,2–6) nach seiner prophetischen Legitimation fragt. Er soll einen Berechtigungsnachweis für sein provokatives Verhalten bringen (vgl. Mk 11,27–33). Jesus antwortet mit einem rätselhaften Bildwort, das seine Gegner mißverstehen, weil sie es wörtlich nehmen. Im Grunde verweigert Jesus den Legitimationsnachweis, denn das Zeichen, das er anbietet – seine Auferstehung – ist für die Gegner nicht nachprüfbar. So bleiben sie vor die Entscheidung zwischen Glauben und Unglauben gestellt, um die es eigentlich geht.

Der Kommentar des Evangelisten gibt für die Leser die richtige Deutung. Jesus hatte von sich selbst, von seinem Tod und seiner Auferstehung gesprochen. Solches Verständnis war aber erst nach Ostern möglich unter dem lehrenden und erinnernden Wirken des Geistes (vgl. 14,26). Mit diesem Wort Jesu und seiner Deutung kommt schon hier am Beginn, beim ersten Paschafest, das letzte Paschafest des Todes Jesu in den Blick, das aber in joh Sicht das Fest der Erhöhung und Verherrlichung Jesu ist. Durch *dieses* Geschehen wird letztlich der alte Kult abgelöst. An die Stelle des jüdischen Pascha tritt das christliche Osterfest, an die Stelle des Tempels der verherrlichte Gekreuzigte (vgl. 4,21–24; Offb 21,27).

2. Das Gespräch mit Nikodemus (3,1–21)

Fast nebenbei erfährt der Leser in 2,23, daß Jesus bei seinem ersten Jerusalemaufenthalt auch Zeichen (Wunder) gewirkt hat. Sie haben offensichtlich einen großen Eindruck gemacht, denn »viele kamen zum Glauben an seinen Namen, als sie die Zeichen sahen, die er tat«. Doch steht Jesus (und der Evangelist) diesem Glauben, der sich nur auf Wunder stützt, sehr kritisch gegenüber. Er weiß, daß solch ein Wunderglaube auf schwankendem Grund steht und meist nur solange hält, wie die außergewöhnlichen Taten andauern (vgl. Kap. 6). Um den Glauben, genauer: um den *Grund des Glaubens und seine wahren Ausmaße* geht es auch im folgenden Gespräch Jesu mit Nikodemus.

Die Geburt aus dem Geist

Der Pharisäer Nikodemus (vgl. 7,50; 19,39) begründet sein positives Urteil über Jesus nämlich auch mit den Zeichen, die Jesus tut (3,2). Vielleicht kann ihm dieser »Lehrer, der von Gott gekommen ist« Antworten auf wichtige theologische Fragen geben. Vielleicht will er ihn auch nur testen. Daß er nachts kommt, zeigt, wie unentschieden und furchtsam er noch ist. Fürchtet er, bei seinen Kollegen als Sympathisant Jesu zu gelten (vgl. 12,42)?

Ohne auf das Kompliment des Nikodemus einzugehen, beginnt Jesus ein grundsätzliches Gespräch über das wichtigste Thema der Theologie, die Heilsfrage. *Wie erlangt der Mensch Anteil am Heil*, oder jüdisch ausgedrückt: Wie kann er »das Reich Gottes sehen«, bzw. »in das Reich Gottes kommen«? Das ist die Frage.

In seiner Antwort greift Jesus zu einem einprägsamen Bild: Der Mensch muß neu bzw. »von oben« geboren werden. Wie könnte die Unfähigkeit des Menschen, sich selbst das Heil zu schaffen, deutlicher und einsichtiger ausgedrückt werden als mit diesem Bild von der Geburt oder Zeugung. Das Heil ist nicht zuerst Leistung des Menschen, sondern Werk Gottes, sein Geschenk. Soll der Mensch fähig werden, am Heil Anteil zu haben, muß er zuerst *»von oben«, d. h. aus Gottes Lebensmacht, gezeugt werden*. Er muß einen neuen Ursprung in Gott gewinnen und gleichsam eine Neuschöpfung aus Gott werden.

Wie so oft bei Johannes versteht der Gesprächspartner den Sinn der Worte Jesu nicht, weil er sie vordergründig in ihrer normalen, natürlichen Bedeutung nimmt. Nikodemus denkt an eine zweite natürliche Geburt. (Im Griechischen kann dasselbe Wort die Bedeutung »von oben« und »wiederum« haben. Dadurch wird das Mißverständnis rein sprachlich möglich; vgl. S. 41 f.)

In einem zweiten Offenbarungswort (eingeleitet durch das feierliche »Amen, amen«) wiederholt und erläutert Jesus das Gesagte. Die Geburt »von oben« ist eine Geburt *aus Wasser und Geist*. Es gibt zwei gegensätzliche »Ursprungsprinzipien«: das Fleisch und den Geist. Von ihnen wird das Wesen eines jeden, sein Sein und sein Handeln, ganz bestimmt und geprägt. »Was aus dem Fleisch geboren ist, das ist Fleisch; was aber aus dem Geist geboren ist, das ist Geist.«

»Fleisch« meint biblisch zunächst den Menschen in seiner Vergänglichkeit und Schwachheit (»Alles Fleisch ist wie das Gras«, Jes 40,6). Im Hinblick auf die Offenbarung und Glaubensforderung bezeichnet Fleisch jedoch den *ganz im natürlichen, innerweltlichen Denken verhafteten und ich-bezogenen Menschen,* der sich dem Anruf des Offenbarers nicht öffnen will, aus Angst, sich selbst zu verlieren (vgl. 12,25). Das »Fleisch« hat bei Joh also nichts mit »fleischlichen Sünden« zu tun, sondern mit dem *Unglauben.* »Fleisch« nennt Joh den ungläubigen Menschen.

Dem »Fleisch« steht der *Geist* als lebenschaffende, erneuernde Gegenmacht gegenüber. Zwischen beiden gibt es keine Beziehung, kein Verstehen, keine Kommunikation, denn der fleischliche Mensch kann das Überirdisch-geistliche nicht verstehen, wie Paulus es einmal treffend ausdrückt: »Torheit ist es für ihn (= den fleischlichen Menschen), und er kann es nicht verstehen, weil es nur mit Hilfe des Geistes beurteilt werden kann« (1 Kor 2,14; vgl. Röm 8,1–17).

Das will Jesus durch den folgenden Vergleich (V. 8) verdeutlichen: So unbekannt und unfaßbar der Wind in seinem Woher und Wohin ist, so geheimnisvoll ist auch der aus dem Geist Geborene seiner Herkunft und seinem Wesen nach. (Für »Geist« und »Wind« steht im Griechischen das gleiche Wort, so daß hier ein Wortspiel vorliegt.) Nikodemus kann darauf nur noch die kurze Frage nach dem Wie solcher Verwandlung oder Neugeburt stellen.

Sie gibt Jesus Anlaß, das Gesagte in einem dritten Offenbarungswort weiter zu vertiefen.

Das Zeugnis der Gemeinde

Das ungewöhnliche »Wir« (V. 11) zeigt an, daß sich jetzt die Gemeinde mit ihrem Zeugnis dem Zeugnis Jesu anschließt. Es fällt aber auf, daß im folgenden nicht mehr von der Geburt aus dem Geist die Rede ist, dafür aber vom Bezeugen, Glauben und ewigen Leben. Das heißt, daß jetzt ohne Bild von der Sache gesprochen wird, um die es eigentlich geht: *um das Leben durch den Glauben an das Zeugnis des Offenbarers.* Darin liegt die Antwort auf die Frage nach dem Wie der neuen Geburt aus dem Geist.

Vers 12 ist schwierig zu verstehen. Was ist mit dem »Irdischen«, von dem Jesus geredet hat, und was mit dem »Himmlischen« gemeint, von dem er noch sprechen wird? Wahrscheinlich ist das über die »Geburt aus dem Geist« Gesagte noch dem Irdischen zuzurechnen, während die folgende Rede über Jesu Tod und Erhöhung als Offenbarung des schwer zu begreifenden Himmlischen anzusehen ist (vgl. 6,60ff.).

Das Wort vom hinaufgestiegenen und herabgestiegenen Menschensohn (V. 13) begründet die Einzigartigkeit und Zuverlässigkeit des Zeugnisses Jesu. Nur Jesus, der Menschensohn, ist unmittelbarer »Augenzeuge« himmlischer Dinge, und nur er kann daher zuverlässige Kunde bringen (vgl. 1,18). Nur er, der aus der himmlischen Welt Gottes stammt, kann auch dahin zurückkehren.

Gottes Absicht mit der Welt

Zum ersten Mal wird hier von der Notwendigkeit der »Erhöhung« des Menschensohnes gesprochen, womit Johannes den Tod Jesu meint (vgl. S. 79ff.). Sie ist die Voraussetzung für das Heil der Menschen. Wie beim Anblick der erhöhten ehernen Schlange die tödlich Verwundeten geheilt wurden (vgl. Num 21,9), so wird jeder, der gläubig zu dem (am Kreuz) erhöhten Menschensohn aufblickt, gerettet werden (vgl. 19,34ff.). *Gott will, daß die Welt Leben habe.* Denn Gott liebt diese Welt, die er selbst geschaffen hat. Durch die Sendung seines Sohnes aus der göttlichen Welt des

Lichts und des Lebens in die Welt des Todes hat er jedem die Möglichkeit gegeben, an seinem Leben Anteil zu haben. Denn wahres Leben gibt es nur durch den Sohn (vgl. 1,4). Die einzige Bedingung von seiten des Menschen ist, daß er sich diesem Angebot Gottes in seinem Sohn vertrauensvoll glaubend öffnet (vgl. 20,31).

Nicht zum Richten, sondern zum Retten hat Gott also seinen Sohn in die Welt gesandt. Wenn jemand dennoch gerichtet wird, d. h. definitiv vom Leben ausgeschlossen bleibt, dann ist das eigentlich ein Selbstgericht und Folge seines eigenen Verhaltens. Es geschieht eigentlich gegen Gottes Willen, denn bei Gott hat das Heil des Menschen eindeutig Vorrang vor dem Gericht.

Die Gegenwart des Gerichts

Daher vollzieht sich nach Johannes das Gericht schon hier im Jetzt der Glaubensentscheidung und nicht erst am Ende der Geschichte (vgl. 1,5–9; 5,22f.; 8,12; 9,39ff.; 12,35f.; ferner S. 71ff.). Der Glaube ist wirklich die Entscheidung zwischen Tod und Leben. »Wer glaubt, hat das ewige Leben« (6,47), oder negativ ausgedrückt: »wird nicht gerichtet«. Das ist das johanneische »Lebensprinzip«, das sein ganzes Evangelium beherrscht. Die Glaubensentscheidung hat aber auch praktische Konsequenzen. Sie wird daher im konkreten Verhalten der Menschen, im Tun des Bösen oder der Wahrheit, sichtbar, wie Johannes zum Schluß bemerkt.

Das Gespräch mit Nikodemus stellt somit eine großartige, verdichtete Zusammenfassung des christlichen Glaubens dar, wie ihn die johanneische Gemeinde bezeugt und lebt. Es geht weit über ein Privatgespräch mit einem jüdischen Gelehrten hinaus. Man kann es mit Recht als *Glaubenskatechese* in Form eines Dialogs bezeichnen, in der die letzten Gründe des Glaubens, seine wahren Ausmaße und Konsequenzen aufgezeigt werden. Der Leser wird durch sie zur Entscheidung aufgerufen, zu einer Entscheidung, bei der es wahrhaft um Leben und Tod geht.

Der »johanneische Dualismus«

Zu den auffallendsten Merkmalen des Joh gehört seine »dualistische« Sprache, d. h. eine Sprache, die durch gegensätzliche Begriffe geprägt ist. In ihr kommt sein eigentümliches Welt- und Menschenverständnis zum Ausdruck. Zwei Machtbereiche oder Einflußsphären stehen einander in totaler Ausschließlichkeit gegenüber, die durch folgende gegensätzliche Begriffspaare gekennzeichnet werden: *Leben – Tod, Licht – Finsternis, Wahrheit – Lüge, Freiheit – Knechtschaft, Geist – Fleisch/Welt, Gott – Teufel, oben – unten.*

Das entsprechende Handeln unter dem Einfluß eines dieser Mächte oder Machtbereiche wird ebenfalls durch gegensätzliche Begriffe (oder durch Verneinung) ausgedrückt: *lieben – hassen, die Wahrheit tun – Böses tun; glauben, (er)kennen, kommen zu (Jesus, zum Licht...), hören auf, bleiben in, aufnehmen* und das entsprechende gegenteilige Tun (Beispiele: 3,3.5.31; 8,23.44.47; 15,19; 18,36; 17,14.16). Die Zugehörigkeit zu (oder die Verwandtschaft mit) einem dieser Machtbereiche wird durch die Vorstellung von der Abstammung aus ihm (dem »Sein-aus« oder das »Gezeugtsein-aus« ihm) ausgedrückt. Sie bestimmt das Wesen und Handeln eines jeden Menschen und ist entscheidend für sein Heil oder Unheil.

Die dualistische Sicht ist bei Joh auch mit einer *räumlichen Vorstellung* verbunden. »Oben« ist der Machtbereich Gottes, der zugleich der ausschließliche Bereich des Geistes und des Lebens ist, »unten« der des Teufels, dessen Kennzeichen der Tod ist. Daher hat die Welt aus sich kein Leben, sie kann es nur »von oben« empfangen. Nach joh Vorstellung wird Jesus aus der oberen Welt von Gott gesandt, um der unteren Welt des Todes das Leben und alle damit verbundenen Heilsgüter (wie Wahrheit, Freiheit, Licht und vor allem den lebenschaffenden Geist) mitzuteilen. Man bezeichnet daher die joh Christologie als eine *»Gesandtenchristologie«* (vgl. z.B. 4,34; 5,23f; 6,44; 7,16–18; 8,26.29; 12,44f; 14,24). Was der joh Christus der Welt bringt, kommt in konzentrierter Form in den joh »Ich-bin-Worten« zum Ausdruck (dazu S. 60ff.).

Der Übergang aus dem einen Machtbereich in den anderen vollzieht sich *im Glauben*. Er ist aber selbst Gabe und Werk Gottes, bzw. seines Geistes (vgl. 3,3–5; 6,29.36–40). Denn nur, wer »aus Gott« (1,12), bzw. »von oben«, d. h. »aus Geist« gezeugt ist, kann glauben und hat Anteil an Gottes Leben (vgl. 3,3–5.31; 6,36–47; 8,23.44.47; 15,19; 17,14.16; 18,36). Als »Fleisch«, d. h. als irdisch gesinntes und in sich selbst verschlossenes Wesen, ist der Mensch aus sich selbst unfähig zu glauben. Doch ist der Mensch nicht ein für allemal in seiner »fleischlichen« Existenz festgelegt (prädestiniert). Er muß nicht notwendigerweise unter der Macht des Todes bleiben. Vielmehr wird er durch die Offenbarung Jesu (durch das Wort des Gesandten Gottes) dazu aufgerufen, in der Glaubensentscheidung die Welt des Todes zu verlassen, sich aus ihr befreien zu lassen. (Daher bezeichnet man den joh Dualismus auch als *»Entscheidungsdualismus«*, vgl. 3,19–21; 6,35; 12,44–50.) Jedem wird die Möglichkeit angeboten, das wahre Leben zu erlangen. Die einzige Bedingung ist, daß er sich der Offenbarung Jesu öffnet und sie glaubend annimmt. Letztlich geht es beim joh Dualismus also um die Entscheidung zwischen Glaube und Unglaube und damit zwischen Leben und Tod (vgl. 5,24). Gottes Absicht bei der Sendung des Sohnes zielt aber eindeutig auf die Mitteilung des Lebens an die Welt, nicht auf das Gericht (vgl. 3,14–18; 8,47; 10,10; 12,46.50; 20,31).

Die joh Mißverständnisse

Eng verwandt mit dem joh Dualismus und gleichsam seine notwendige Folge ist eine andere Eigenart des Joh: die sogenannten joh Mißverständnisse. Öfter geschieht es, daß die Gesprächspartner Jesu ein Wort oder einen Ausdruck in einem anderen Sinn verstehen, als er von Jesus eigentlich gemeint ist. Es handelt sich meist um Wörter oder Redewendungen mit *Doppelbedeutung*. Die eine Bedeutung bezieht sich auf den »normalen«, natürlichen, »oberflächlichen« Sinn, die andere auf einen tieferen, hintergründigen, theologischen. Gerade das Nikodemusgespräch ist dafür ein gutes Beispiel. (Vgl. noch 4,10–15; 2,19–22; 8,21f.51–53; 12,32–34.)

Jesus und seine Gesprächspartner bewegen sich gleichsam auf ganz *verschiedenen Ebenen*, zwischen denen es keine Verständigung gibt, ja, nicht geben kann, weil sie in ihrem Wesen und daher auch in ihrem Denken völlig andersartig sind. Nur die wesensverwandten Glaubenden können den eigentlichen Sinn der Worte Jesu verstehen. Den Nichtglaubenden bleibt er verschlossen, un-zugänglich und unverständlich (vgl. auch schon Mk 4,11 f!). Bezeichnend ist, daß Jesus seine Hörer nicht über ihr Mißverständnis aufklärt. Sie bleiben vor die Glaubensentscheidung gestellt.

Im Unterschied zu den Mißverständnissen der Nichtglaubenden gibt es bei den Jüngern ein (vorläufiges) *Unverständnis*, das ihren Mangel an Glaube aufdeckt (vgl. 13,13 ff.; 14,4 f.8.22; 16,17 f.). Dieses Unverständnis kann daher auch durch weitere Belehrung Jesu beseitigt werden.

Der joh Dualismus und die joh Mißverständnisse erklären sich z. T. aus einem allgemeinen Einfluß der Umwelt, in der es offenbar eine wachsende »dualistische Strömung«, eine Art »dualistisches Weltgefühl« gab, das sich in einer entsprechenden Redeweise äußerte. Doch ist auch hier die besondere Situation der joh Gemeinde in Rechnung zu stellen. Sie lebte sehr wahrscheinlich in relativer Abgeschlossenheit unter dem Druck einer feindlichen, sie bedrängenden und herausfordernden Welt (vgl. S. 98 ff.). Unter diesen Bedingungen hat sie ihre »Sondersprache für Insider« (ihren »Soziolekt«) entwickelt, die nur von Eingeweihten wirklich verstanden werden konnte. Nicht, daß es ihr absichtlich um eine abgrenzende Geheimsprache gegangen wäre. Letztlich weisen die Mißverständnisse und der Dualismus auf die Erfahrungstatsache hin, daß die christliche Botschaft und die Glaubenden selbst für Außenstehende fremdartig und unbegreiflich sind.

3. Das letzte Zeugnis des Täufers (3,22–36)

Nach der Auseinandersetzung in Jerusalem und der anschließenden »Glaubenskatechese« tritt noch einmal Johannes der Täufer als berufener Zeuge für Jesus ins Blickfeld. Sein Zeugnis endet in einer theologischen Rede (3,31–36), die große Verwandtschaft mit dem letzten Teil des Nikodemusgesprächs aufweist und im Mund des Täufers schlecht vorstellbar ist. Viele Ausleger vermuten daher, daß es sich bei diesen Versen um ein »situationsgelöstes Stück« handelt, das ursprünglich zum Nikodemusgespräch gehörte.

Jesu einzigartige Vollmacht

Das Thema dieser Rede ist die einzigartige Vollmachtstellung Jesu und die Wahrheit seines Offenbarungszeugnisses. Als der »von oben«, »aus dem Himmel« Kommende hat Jesus eine unbegrenzte Herrschaftsstellung. Er »steht über allen« Menschen. Dagegen denken, reden und handeln die »von der Erde« Stammenden rein irdisch und haben von sich aus keinen Zugang zur himmlischen Welt. Er kann ihnen nur durch das Zeugnis dessen eröffnet werden, der die göttliche Welt als unmittelbarer Augen- und Ohrenzeuge kennt, weil er aus ihr stammt. Wer daher sein Zeugnis annimmt, bestätigt gleichsam wie mit einem Beglaubigungssiegel, daß Gott wahrhaftig ist, treu und zuverlässig. Zugleich erkennt er Jesus als den Gesandten Gottes an, der nicht seine eigene Offenbarung bringt, sondern Gottes Worte redet. Der Bote oder Gesandte kommt und redet ja im Auftrag und im Namen des Sendenden. Er vertritt den Sendenden vor denen, zu denen er gesandt ist.

Jesu Verkündigung unterscheidet sich vom menschlichen Reden auch dadurch, daß sie mit der Geistgabe verbunden ist. »Die Worte Gottes reden« und den »Geist unbegrenzt geben« sind ein *einziges Geschehen*. Ohne die Gabe des Geistes blieben Jesu Worte den Menschen äußerlich und fremd. Denn der Geist bewirkt, daß das Zeugnis Jesu überhaupt angenommen werden kann (vgl. 6,63), weil er das Herz des Menschen für die Botschaft Jesu öffnet und aus Ungläubigen Glaubende macht.

So hat Gott »alles« in die Hand seines Sohnes gegeben: seine Worte, den Geist, das Leben und das Gericht. Der letzte Grund dafür ist die Liebe des Vaters zum Sohn (vgl. 13,3; 17,2.23 f.25 f.). Die Rede schließt wiederum mit der joh Heilsbotschaft: »Wer an den Sohn glaubt, hat ewiges Leben« und zwar *schon jetzt*. Nur wer dem Zeugnis des Gesandten Gottes gegenüber im Unglauben verharrt, bleibt in der Unheilssituation der Gottesferne.

Die Überlegenheit Jesu über den Täufer

Schon im ersten Kapitel hatte sich der Evangelist mit dem Konkurrenzverhältnis zwischen Jesusjüngern und Johannesjüngern auseinandergesetzt (vgl. 1,6–8.19–37). In 3,22–30 vermischen sich historische Erinnerungen an Jesus und den Täufer besonders stark mit aktuellen Diskussionen zwischen der joh Gemeinde und den noch bestehenden Täufergruppen. Es geht darum, die Überlegenheit Jesu über den Täufer und damit zugleich die Berechtigung des Vorrangsanspruchs der christlichen Gemeinde über die Täufergemeinde zu erweisen.

Ausgelöst wird der Streit durch die gleichzeitige Tauftätigkeit Jesu und des Johannes. (Daß Jesus selbst getauft hat und zeitweise neben dem Täufer wirkte, ist eine joh Sonderüberlieferung, die aber historisch zutreffen kann.) Die jeweiligen Jünger diskutieren nun mit der unliebsamen Konkurrenz über den *Heilswert* der von beiden Gruppen praktizierten Reinigung (Taufe, vgl. Apg 19,1).

Der Täufer lehnt solch ein Konkurrenzdenken mit dem Hinweis auf Gottes Erwählung und auf sein bereits früher gegebenes Zeugnis für Jesus ab (vgl. 1,20). Er sieht sein Verhältnis zu Jesus ähnlich wie die Beziehung zwischen einem Bräutigam und dessen Freund. Der Freund des Bräutigams übernahm meist die Rolle des Brautführers (»Bräutigamsfreund«) und damit bestimmte Vertrauensfunktionen. In der Hochzeitsnacht wachte er z. B. vor der Tür des Paares. Dort hört er die Stimme des Bräutigams und freut sich mit ihm. Wie die Rolle des Brautführers nach der Hochzeit, so ist auch die Rolle des Täufers jetzt erfüllt, da Jesus seine Braut, die Gemeinde, heimführt (vgl. Mk 2,18 f.). Wie der Mond und die Tage zu bestimmter Zeit abnehmen, so ist jetzt für den Täufer die Zeit des Kleinerwerdens gekommen, Jesus aber wird wachsen. (Darauf verweisen noch die liturgischen Geburtsdaten des Täufers und Jesu.)

IV. Die Selbstoffenbarung Jesu in Samarien – Rückkehr nach Galiläa (Kap. 4)

1. Das Gespräch mit der Samariterin am Jakobsbrunnen (4,1–26)

Auf das Gespräch mit dem jüdischen Gelehrten in Jerusalem (Kap. 3) folgt nun die Begegnung mit einer nichtjüdischen Frau in Samarien. Es ist eine kunstvoll gestaltete Erzählung, die nicht nur theologischen Tiefgang hat, sondern auch von großem psychologischem Einfühlungsvermögen und pädagogischem Geschick zeugt.

Eine ähnliche Geschichte ist in den anderen Evangelien nicht überliefert. Das verweist auf ein besonderes Interesse des vierten Evangelisten an Samarien. Wahrscheinlich gehörten zur joh Gemeinde auch Samariter, die sich ihr zu einem bestimmten Zeitpunkt angeschlossen hatten. So ist dies im besonderen Sinn auch ihre Geschichte und ein Stück joh Gemeindegeschichte.

Das beherrschende Thema des Gesprächs ist die *Selbstoffenbarung Jesu als Spender wahren, unvergänglichen Lebens* und die (glaubende) Antwort des Menschen darauf. Die Offenbarung geschieht gleichsam in Stufen, sich steigernd, was an den Bezeichnungen für Jesus, bzw. an den Bekenntnissen ablesbar ist. Sie reichen vom »Juden« und »größer als unser Vater Jakob« über »ein Prophet« bis zum Titel »der Messias«. (Am Ende der Samariter-Erzählung wird Jesus schließlich sogar der universale Titel »Retter der Welt« gegeben [V. 42].)

Überraschende Kontaktaufnahme

Jesus hatte durch seinen Erfolg in Jerusalem und Judäa den Neid und die Ablehnung der Pharisäer hervorgerufen. Er will daher nach Galiläa zurückkehren und nimmt dazu den direkten Weg durch Samarien. Fromme Juden mieden normalerweise diesen Weg, denn die Beziehungen zwischen (orthodoxen) Juden und (häretischen) Samaritern waren nicht gerade die besten. Seit der Ansiedlung fremder Völker durch die assyrische Besatzungsmacht im 7. Jh. v. Chr. galten die Samariter als unreines Mischvolk. Sie wurden daher auch beim Wiederaufbau des Tempels und Jerusalems nach dem Exil nicht zugelassen. Im Laufe der Zeit entwickelten sich auch Unterschiede in theologischen Fragen, auf die in unserem Kapitel angespielt wird (V. 20).

Auf seinem Weg kommt Jesus auch nach Sychar (dem heutigen Askar), wo Jakob der Tradition nach einen Brunnen gegraben hatte. Jesus bleibt allein und durstig an diesem Brunnen zurück. Als zur ungewöhnlichen Mittagszeit eine Frau kommt, um Wasser zu schöpfen, bittet Jesus sie um einen Trunk Wasser. Bei der Frau löst diese Bitte begreiflicherweise die erste erstaunte Reaktion aus. Es galt nämlich als unschicklich für einen Mann, in der Öffentlichkeit mit einer Frau zu sprechen. Daß dieser Mann dazu noch ein Jude ist, macht die Sache noch befremdlicher: »Wie kannst du *als Jude* mich, eine Samariterin, um Wasser bitten?« Jesu Antwort führt zu einer Umkehr der Beziehung: Der Dürstende bietet zu trinken an. Der Bittende wird zum Gebenden, die Gebetene zur Bittenden. Von nun an beherrscht die Frage nach der *»Gabe Gottes«* und vor allem nach dem *Geber* dieser Gabe (»wer es ist«) das Gespräch.

Das Mißverständnis

Das rätselhafte Angebot Jesu, ihr »lebendiges Wasser« zu geben, verstärkt nur noch das Erstaunen der Frau, muß aber auch fast notwendigerweise zum *Mißverständnis* führen. Wie vorher Nikodemus bewegt sich die Frau auf einer ganz anderen Ebene als Jesus. Sie bleibt dem rein natürlichen Bereich verhaftet und denkt nur an das Wasser des Jakobsbrunnens und an die Schwierigkeit, dieses Wasser zu erlangen. *Woher* hat Jesus »lebendiges«, d. h. frisches Quellwasser?

Die Woher-Frage ist bei Joh fast immer die Frage nach dem Ursprung Jesu und seiner Offenbarung (vgl. 2,9; 3,31; 6,31 ff.; 7,27 f.; 8,14; 9,29 f.; 19,9). Nur der Glaubende kann dieses Woher – wie auch das Wohin – Jesu erkennen. Für die anderen bleibt es – ebenso wie das Woher der Glaubenden – geheimnisvoll und verborgen.

Immerhin weckt die Antwort Jesu bei der Frau ein Ahnen des Geheimnisses, und so fragt sie erstaunt: »Bist du etwa *größer als unser Vater Jakob...?«*

Das Wasser, das allen Durst löscht

Jesus erklärt nun die *Qualität des Wassers,* das er anbietet. Es hat die Eigenschaft, den Durst für immer zu stillen. Ja, es wird im Trinkenden selbst zur Quelle, »deren Wasser ins ewige Leben sprudelt«. Das Wasser, das Jesus gibt, ist von nie versiegender Vitalität, Bild des ewigen Lebens, das dem Glaubenden geschenkt wird.

Damit ist ganz deutlich, daß es hier um ein anderes Wasser als das natürliche Wasser und auch um einen anderen Durst als den körperlichen Durst geht. Angesprochen ist der *Durst des Menschen nach erfülltem, beglückendem, sinnvollem Leben,* der ihn auch dann nicht verläßt, wenn alle leiblichen Bedürfnisse befriedigt sind. Es ist der alle Sättigung des menschlichen Hungers und Durstes überschreitende Hunger und Durst, den F. M. Dostojewski einmal so eindringlich beschrieben hat: »Hat der Mensch sich sattgegessen, so denkt er nicht mehr daran; im Gegenteil, er wird sofort sagen: ›So, nun habe ich mich sattgegessen, und was soll ich jetzt tun?‹ Die Frage bleibt ewig offen« (in: Der Jüngling).

Das Angebot Jesu ist die Antwort auf diese ewig offene Frage, indem es etwas verheißt, das dem ruhelosen Menschen Ruhe und die Erfüllung seines unendlichen Sehnens schenkt. Es ist die Gabe des unvergänglichen Lebens, die durch Offenbarung und Glauben empfangen wird, denn sie ist hier, im Bereich des rein Natürlichen, nicht vorhanden und zu haben. Sie kommt aus Gottes Welt und kann nur als Geschenk empfangen werden. Letztlich ist diese Gabe des »lebendigen Wassers« *Jesus selbst,* insofern er der Gesandte und Offenbarer Gottes ist, der allein Leben mitteilen kann (vgl. 1,9 f.). Johanneisch geschieht diese Mitteilung des Lebens in der Gabe des Geistes, den Jesus geben wird (vgl. 6,63).

Die Reaktion der Frau auf das Angebot Jesu bewegt sich immer noch im Bereich des natürlichen Denkens. Auf dieser Ebene ist sie allerdings nur zu gut verständlich. Das von Jesus verheißene »Wunderwasser« würde sie der Mühe entheben, immer wieder zum Brunnen gehen zu müssen. Ihre Antwort drückt aber auch auf geradezu rührende Weise die Sehnsucht des Menschen aus, nicht immer wieder in kleinen Portionen lebensnotwendiges Wasser schöpfen zu müssen, um nicht zu verdursten.

Prophetische Menschenkenntnis

An dieser Stelle, da Jesus bei der Frau das Verlangen nach Stillung ihres (Lebens-)Durstes geweckt hat, bricht das Gespräch über das Wasser ab und nimmt eine unerwartete Wende. Mit der Aufforderung Jesu, ihren Mann zu holen, greift Jesus scheinbar ein ganz anderes Thema auf. Aber spricht Jesus damit nicht gerade den elementarsten ungestillten Lebensdurst dieser Frau an, und deckt ihre Antwort nicht in erschreckender Weise auf, daß ihre wiederholten Versuche, den Lebensdurst mit innerweltlichen »Lebens-Mitteln« zu stillen, gescheitert sind?

Die Aufforderung Jesu zielt aber noch auf etwas anderes: Sie will nicht etwa den anstößigen moralischen Lebenswandel der Frau aufdecken. Der interessiert Jesus nicht, wie seine Reaktion zeigt. Vielmehr soll sie das tiefe Wissen Jesu um die Situation des Menschen herausstellen. Damit leitet sie einen weiteren Schritt in der Selbstoffenbarung Jesu ein. »*Ein Prophet bist du*«, ist dann auch die entsprechende Antwort der Frau (vgl. 1,49).

Die wahre Gottesverehrung »im Geist und in der Wahrheit«

Seit der Trennung zwischen Juden und Samaritern und der Errichtung eines samaritischen Tempels auf dem Garizim gab es den Streit um den rechten Kultort. Es ist daher nicht verwunderlich, daß die Frau nun dem Propheten diese strittige theologische Frage vorlegt. Im Gesprächsablauf dient aber auch diese Frage letztlich der fortschreitenden Selbstoffenbarung Jesu, wie der abschließende Vers 25 deutlich zeigt. Insofern ist die wahre Gottesverehrung kein selbständiges Thema.

Jesus beantwortet die Frage der Frau so, daß er das Entweder-Oder des richtigen Ortes als unwesentlich hinstellt. Es kommt nicht auf den richtigen Ort an, sondern auf die *rechte Weise* der Anbetung. Weil Gott Geist ist, muß er »in Geist und Wahrheit« angebetet werden.

Will Jesus damit radikale Kultkritik betreiben und einer nur geistigen Gottesverehrung das Wort reden, wie manche meinen? Können jene, die glauben, Gott in »Wald und Hain« näher zu sein, oder meinen, ihm im sozialen Engagement für den Mitmenschen direkter zu begegnen, sich also auf Jesus selbst berufen?

Dagegen spricht schon Jesu eigene Praxis, an den Synagogengottesdiensten teilzunehmen (vgl. Lk 4,15 f.; Mk 1,21.39) und regelmäßig zu den »Festen der Juden« nach Jerusalem zu pilgern. Die Verehrung Gottes »in Geist und Wahrheit« meint also kaum eine rein geistige Frömmigkeit, sondern eine Verehrung Gottes und eine Frömmigkeit, die vom Geist inspiriert und bestimmt ist. Dabei ist es zunächst gleichgültig, ob dieses Tun ein rein geistiges ist oder ob es sich auch im Leiblichen äußert (vgl. 1 Kor 12 – 14).

»Im Geist«...

Begründet wird die Notwendigkeit der Gottesverehrung »in Geist und Wahrheit« mit der Feststellung, daß Gott Geist ist (V. 24). Dieser Satz ist *keine Definition des Wesens Gottes.* In der Bibel meint Geist die erschließende, sich offenbarende und damit erfahrbare Kraft, durch die Gott für die Menschen zugänglich wird (vgl. *F. Porsch,* Anwalt der Glaubenden, S. 147–155). Durch den Geist tritt Gott in Beziehung zur Welt. Der Geist ist die Wirklichkeit, die Gott und Mensch verbindet. Ähnlich wie hier kann es auch heißen: »Gott ist Liebe« oder »Gott ist Licht« (1 Joh 1,5; 4,8). Bei diesen Bestimmungen Gottes geht es nicht darum, wie Gott »an sich« ist, sondern wie er sich den Menschen zeigt. Sie sagen etwas über das *gnädige Zugewandtsein Gottes zum Menschen* aus. Weil Gott uns »von seinem Geist gegeben hat« (1 Joh 4,13), können wir ihm auch »im Geist« begegnen und ihn als Vater erkennen (vgl. Gal 4,6; Röm 8,15 f.). Deshalb heißt es hier auch nicht einfach »Gott sucht solche Anbeter«, sondern »der Vater«.

... »und in der Wahrheit«

Auch Wahrheit ist bei Johannes nicht ein philosophischer Begriff oder eine ethische Norm, sondern eine *Macht,* die den Menschen innerlich bewegt und ihn befreit (vgl. 8,31). Etwas »in Wahrheit« tun ist daher auch nicht gleichbedeutend mit etwas wahrhaftig, aufrichtig tun oder sich nach einer äußeren Norm richten. Vielmehr ist die Wahrheit die *Quelle,* aus der das Handeln des

Glaubenden entspringt. Gott anbeten »in Geist und Wahrheit« bezeichnet also eine Gottesverehrung, die vom Geist und von der Wahrheit als den inspirierenden und bewegenden Kräften ermöglicht und bestimmt ist.

Gottes Gegenwart in Jesus

Die Möglichkeit solcher Anbetung, sagt Jesus, ist *jetzt* gegeben, weil »die Stunde gekommen ist«, d. h. weil Gott sich jetzt in Jesus auf neue, einmalige Weise offenbart. Von dieser Gegenwart Gottes in Jesus hängt alles ab. Sie verändert die Beziehung des Menschen zu Gott und bestimmt sie neu. Was die Frau erst von der Zukunft erwartet, ist – ohne daß sie es weiß – schon Gegenwart. Jesus enthüllt es ihr: »*Ich bin es* (nämlich der erwartete Messias), ich, der mit dir spricht.« Damit ist das Gespräch und die Selbstoffenbarung Jesu zum abschließenden Höhepunkt gekommen. Die Frau kann den Krug, das Symbol des mühevollen, vergeblichen Schöpfens, stehenlassen. Sie hat ja die Quelle des Lebens gefunden.

2. Erfolgreiche Mission bei den Samaritern (4,27–42)

Mit Vers 27 wechselt die Szene. Der Horizont weitet sich. Ins Blickfeld treten nun die Samariter. Sie kommen zu Jesus, und Jesus kommt zu ihnen. Bei dieser Begegnung spielt die Frau die entscheidende Rolle einer Botschafterin und Verkünderin. Doch bleiben die Samariter nicht nur auf das Zeugnis der Frau angewiesen. Sie können mit Jesus selbst in Kontakt treten und so erfahren, wer er ist. Am Ende dieser Begegnung steht dann das Glaubensbekenntnis der Samariter: »*Er ist wirklich der Retter der Welt*« (V. 42). Obwohl Joh nachdrücklich betont, daß der Mensch glauben sollte, »ohne gesehen zu haben« (20,29), nur auf das Wort der Zeugen hin, hält er es offensichtlich doch für bedeutsam, daß auch die eigene Erfahrung mit Jesus hinzukommt. Sie kann durch kein Fremdzeugnis ersetzt werden.

Ein missionarisches Zwischengespräch

Das Bild der zu Jesus kommenden Samariter ruft ein anderes herauf: das von Aussaat und Ernte als Bild für die missionarische Arbeit überhaupt. Davon handelt das »missionarische Zwischengespräch« (VV. 31–38) *(R. Schnackenburg)*. Wie Jesus vorher die Bitte um Wasser zum Ausgangspunkt nahm, so knüpft er jetzt an die Aufforderung zum Essen an. Und wieder kommt es darüber zum Mißverstehen. *Jesu Speise ist das Werk, das er im Auftrag des Vaters* vollendet. Dies sättigt und erfüllt ihn ganz. Der Gesandte lebt von der Erfüllung der Aufgabe, zu der er gesandt ist. Der Auftrag des Vaters ist die Lebensmitteilung an die Welt. Sie vollzieht sich in der gläubigen Annahme der Botschaft Jesu und setzt daher die missionarische Verkündigung voraus.

Mission ist wie Aussaat und Ernte. Sie duldet jedoch keinen Aufschub. »Noch vier Monate« (wie das Sprichwort sagt) sind zu lang. Sofort muß begonnen werden – und sie ist ja schon im Gang. Schon jetzt empfängt Jesus, der Säende, den Lohn: die Freude über die Ernte. Aussaat und Ernte, Mission und Freude sind gleichsam zwei Seiten eines Geschehens.

Es ist deutlich, daß die Erzählung eigentlich nicht vom Wirken des irdischen Jesus berichten will. Sie spiegelt vielmehr die Erfahrung der erfolgreichen Missionstätigkeit bei den Samaritern wider, die auch in der Apostelgeschichte ihren Niederschlag gefunden hat (Apg 8,4–25). Aber die ersten Missionare waren sich bewußt, daß letztlich nicht sie es sind, die Menschen zum Glauben führen, sondern der Herr.

3. Das zweite Zeichen in Galiläa: Die Heilung des Sohnes des königlichen Beamten (4,43–54)

Nach dem gelehrten Pharisäer Nikodemus und der nichtjüdischen Frau im häretischen Samaria ist der heidnische königliche Beamte die dritte Gestalt in der Reihe der Glaubenskandidaten, an denen der Evangelist die Reaktion der Menschen auf die Offenbarung Gottes in Jesus aufzeigt. Von diesem letzten kann er uneingeschränkt sagen: »Der Mann *glaubte dem Wort*, das Jesus zu ihm gesagt hatte, und machte sich auf den Weg« (V. 50). Das ist in seinen Augen der Glaube, den Jesus sucht (vgl. 20,29). Ihm wird als Bestätigung auch das Wunder als Zeichen geschenkt.

Die Wundergeschichte, die sich auch bei Lk 7,1–10 und Mt 8,5–13 findet, stand wohl als zweites Zeichen in einer vorjohanneischen Sammlung von Wundergeschichten, der sogenannten »Zeichenquelle«. (Darauf verweist die Zählung in V. 54, die im Widerspruch zu 2,23 steht, vgl. S. 18). Bei Joh ist das Wunderhafte noch gesteigert, weil es sich um eine Fernheilung aus großer Distanz handelt (Jesus ist in Kana, der kranke Sohn in Kafarnaum). Auch setzt Joh andere Schwerpunkte. Während Mt und Lk den vorbildlichen Glauben des Heiden dem mangelnden Glauben der Juden gegenüberstellen, geht es Joh um *den Glauben auf Jesu Wort hin im Unterschied zum Wunderglauben*. Das harte Wort Jesu (V. 48), das die konkrete Situation überschreitet, kritisiert einen Glauben, der sich nur auf »Zeichen und Wunder« stützt. Damit wird eine Problematik aufgenommen, die schon am Beginn dieses großen Abschnitts angesprochen wurde (vgl. 2,23 ff.). So wird deutlich, daß das beherrschende Thema dieser Kapitel der Glaube bzw. die Reaktion der Menschen auf das Offenbarungswirken Jesu ist.

»Zeichen« und Glaube

Joh nennt die Wunder Jesu »Zeichen«, weil er sie konsequent als zeichenhafte Offenbarung der Herrlichkeit Jesu versteht (vgl. bes. 2,11; 9,3; 11,15). Das Wesentliche an ihnen ist bei Joh nicht das Wunderhafte, sondern ihr *Hinweis- oder Offenbarungscharakter*. Die Wunder sind wie Wegzeichen, die dem Menschen die Richtung zeigen, in die er weitergehen soll. Wer sie zu deuten versteht und ihrem Hinweis folgt, kommt zu Jesus.

Für sich genommen sind Wunder zweideutig. Sie machen daher die Glaubensentscheidung nicht überflüssig (vgl. Mk 3,22–30 parr). Der Glaube ist nicht etwa eine logische Konsequenz aus dem Sehen eines Wunders. Vielmehr ist er die Voraussetzung zum rechten Verständnis der Wunder Jesu.

Andererseits können und sollen die Wunder Jesu Anstoß und Einladung sein, sich auf den Weg des Glaubens zu machen. Bleibt der Mensch jedoch bei ihnen stehen, können sie den Zugang zum eigentlichen Wesen Jesu eher versperren als ihn öffnen.

Das wird z. B. bei der Begegnung Jesu mit dem Volk nach dem Brotwunder sehr deutlich. Den ihn suchenden Menschen hält Jesus entgegen, daß sie ihn nicht suchen, weil sie »Zeichen gesehen« haben, sondern weil sie von den Broten gegessen haben und satt geworden sind (6,26). Sie bleiben bei ihrer Suche beim vordergründig Wunderhaften stehen und erkennen nicht den Offenbarungs- und Zeichencharakter des Wunders. So kommen sie nicht zu Jesus. Der folgende Dialog zeigt dann ganz deutlich, worum es Jesus geht und auch wie groß das Mißverständnis des Volkes ist. Auf die Frage, was sie denn tun müssen, »um die Werke Gottes zu vollbringen« – als ob das Heil durch menschliche Leistung »verdient« werden könnte –, antwortet Jesus: »Das ist das Werk Gottes, daß ihr an den glaubt, den Gott gesandt hat.« Das Volk stellt daraufhin die für es typische Frage: »Welches Zeichen tust du, damit wir es sehen und dir glauben?« (6,29f.). Das heißt, sie wollen selbst die Bedingung stellen, unter der sie bereit sind zu glauben. Dieser Wunderglaube ist aber für Jesus kein wahrer Glaube (vgl. Mk 8,11 f.).

In 2,23 heißt es zwar, daß »viele zum Glauben an seinen Namen kamen, als sie die Zeichen sahen, die er tat«. Doch zeigt auch hier die folgende Bemerkung des Evangelisten, daß dieser Wunderglaube noch nicht der Glaube ist, den Jesus vom Menschen fordert: »Jesus aber vertraute sich ihnen nicht an, denn er kannte sie alle.«

Ausdrücklich wird das Verhältnis von Glauben und Sehen (von Wundern) in der Thomasgeschichte behandelt (vgl. S. 216 f.). Wenn Jesus dort dem Thomas antwortet: »Weil du mich gesehen hast, glaubst du. *Selig sind, die nicht gesehen haben und doch glauben*«, dann ist das eine unüberhörbare Kritik an der Haltung jener, die das Sehen (von Wunderhaftem) zur Bedingung ihres Glaubens machen und denen das Zeugnis des Wortes nicht genügt. Das Wort Jesu an Thomas entspricht damit genau der Kritik am Wunderglauben in der vorhergehenden Wundererzählung (4,48). Joh hat also die

Wunder ganz seiner Christologie dienstbar gemacht, indem er sie als *christologische Offenbarungszeichen* versteht. Von diesem Verständnis ist wohl auch seine Auswahl bestimmt, denn es ist schon immer aufgefallen, daß sich von den sieben Wundern, die er berichtet, vier nicht bei den Synoptikern finden (Weinwunder, 2,1–11; Heilung eines Lahmen, 5,1–9; Heilung eines Blinden, 9,1–7; Auferweckung des Lazarus, 11,33–44) und daß die Wunder gerade durch die Steigerung des Wunderbaren herausragen. Er konnte sie so darstellen, weil er sie als Zeichen, als Offenbarung der Herrlichkeit des menschgewordenen Gottessohnes verstand. Als solche sind sie aber nur dem Glaubenden erkennbar.

V. Jesus, das Brot des Lebens (Kap. 6)

Mit dem 6. Kapitel ist der Höhepunkt und Abschluß des galiläischen Wirkens Jesu erreicht. Es stellt aber zugleich auch einen Wendepunkt dar, denn von nun an wird Jesus öffentlich nur noch in Jerusalem auftreten. (Das setzt allerdings die Umstellung der Kapitel 5 und 6 voraus. Zu den Gründen dieser Umstellung vgl. Einleitung.) Ähnlich wie beim 3. Kapitel haben wir es hier mit einer Art *Glaubenskatechese* zu tun, in der wesentliche Themen johanneischer Theologie und Christologie angesprochen werden wie der exklusive Anspruch Jesu, der Offenbarer Gottes und Lebensmittler zu sein, die Bedeutung der Menschheit Jesu, die Beziehung zwischen Wort, Geist und Glaube, die Rolle der Zeichen im Glaubensprozeß. Wie immer hat der Evangelist auch hier aktuelle Glaubensfragen seiner Gemeinden im Blick.

Hatte Jesus sich im 4. Kapitel als das Lebenswasser angeboten, das allein den Lebensdurst des Menschen stillen kann, so offenbart er sich jetzt – im Anschluß an das Brotwunder – als »das Brot des Lebens, das vom Himmel herabgekommen ist und der Welt das Leben gibt«. Das umfangreiche Kapitel wird mit zwei Wunderberichten – oder wie Joh sagt: mit zwei »Zeichen« – eröffnet (6,1–15.16–21), auf die in Form einer durch Fragen unterbrochenen Rede die Deutung des ersten Zeichens folgt (6,22–59). Den Abschluß bildet die Scheidung innerhalb des Jüngerkreises selbst (6,60–71). Damit ist eine neue Situation geschaffen. Nur noch die Zwölf bleiben von jetzt an bei Jesus. Der Kreis der Getreuen um Jesus wird kleiner, die Macht der Finsternis wächst bedrohlich.

1. Das große Zeichen der wunderbaren Speisung (6,1–15)

Wie das erste Zeichen in Galiläa, das Weinwunder (2,1–12), so ist auch dieses ein Geschenkwunder. Diese erzählen davon, wie Gott in einer Notsituation auf überraschende und wunderbare Weise materielle Güter in Überfülle bereitstellt. Der joh Bericht zeigt große Verwandtschaft mit den Speisewundererzählungen der anderen Evangelisten (Mk 6,31–44; 8,1–10). Doch setzt der vierte Evangelist wieder andere, für ihn typische Schwerpunkte.

Jesus, der Herr des Geschehens

Ein Vergleich mit den anderen Evangelisten zeigt deutlich, daß Joh in seiner gewohnten »christologischen Konzentration« das Handeln Jesu herausstellt. Jesus ist die beherrschende Gestalt, der souveräne Herr der Situation. Gleich zu Beginn ergreift er selbst die Initiative, ohne daß dafür ein Grund angegeben wird (z. B. der Hunger der Leute, das Mitleid Jesu). Ausdrücklich wird vermerkt, daß die Frage an Philippus nur prüfend gestellt ist, »denn er selbst wußte, was er tun wollte«. Im Unterschied zu den Synoptikern teilt Jesus selbst die Brote aus und gibt am Schluß die Anweisung, die übriggebliebenen Brotstücke einzusammeln. So beherrscht Jesus das ganze Geschehen von Anfang bis Ende.

Das politisch-messianische Mißverständnis des Volkes

Eine joh Besonderheit ist auch die Reaktion der Menschen. Sie glauben, Jesus sei der in Dtn 18,15 verheißene endzeitliche Prophet, der nach jüdischem Volksglauben die Wunder des Exodus wiederholen und überbieten werde. Dieses Urteil des Volkes über Jesus scheint der Evangelist zustimmend zu zitieren, denn auch für ihn ist Jesus »der Prophet, der in die Welt kommen soll« (vgl. 1,21.25; 7,40.52). Allerdings ist Jesus für ihn mehr als ein Prophet. Die wirkliche Meinung des Volkes kommt dagegen in der Absicht zum Ausdruck, Jesus zum messianischen König zu machen, der auch für die Befriedigung ihrer materiellen Bedürfnisse aufkommen soll. Damit bereitet der Evangelist die spätere Diskussion über das wahre Wesen Jesu und seiner Gabe wie auch über die Bedeutung seiner »Zeichen« vor (vgl. 6,26–35). Dort wird sich – wie später in der Passion – dieses politische Verständnis der Sendung Jesu als ein Mißverständnis erweisen (vgl. 18,36 f.).

Alttestamentliche Vorbilder

Die Erzählung von der wunderbaren Speisung mußte bei den Hörern fast notwendigerweise die Erinnerung an ähnliche Geschichten des Alten Testaments wachrufen. Vom Propheten Elischa wird in 2 Kön 4,42–44 berichtet, er habe mit 20 Gerstenbroten 100 Männer gespeist. Vor allem aber wird man an die wunderbare Speisung des Volkes Israel in der Wüste (Ex 16) gedacht haben. Auf dieses Mannawunder wird in der anschließenden Diskussion ausdrücklich Bezug genommen (6,31 ff.). Der Vers 10 (»Laßt die Leute sich setzen! Es gab dort nämlich viel Gras«) erinnert vielleicht an den Hirten aus Ps 23,1 f. (»Er läßt mich lagern auf grünen Auen«). So sagt die Geschichte den Hörern: Hier ist einer, der größer ist als Elischa, größer als Mose. Hier begegnen wir Gott selbst, der für sein Volk sorgt.

Geschenkwunder-Erzählungen haben ja den Sinn, den Glauben an Gottes Fürsorge zu wecken und zu stärken. Sie wollen aber auch zeigen, was in einer Gemeinde, die aus diesem Glauben lebt, möglich ist, d. h. sie sind Glaubensprovokation und Hoffnungsgeschichten gegen die Resignation. Sie rufen die Glaubenden auf, darauf zu vertrauen, daß mit diesem Herrn auch das unmöglich Scheinende möglich ist. In einer Gemeinde, die sich zu diesem Herrn bekennt, darf es keine Unterschiede zwischen Satten und Hungernden, Reichen und Darbenden geben.

2. Jesus offenbart sich den Jüngern auf dem See (6,16–21)

Wie bei den Synoptikern folgt auch bei Joh auf das Speisungswunder die Erzählung vom Wandel Jesu über den See (vgl. Mk 6,45–52). Wieder hat der vierte Evangelist alles auf die Person Jesu konzentriert, so daß die Erzählung ganz von der Offenbarung der göttlichen Herrlichkeit Jesu bestimmt ist. Für die bedrohliche Situation der Jünger zeigt er – im Unterschied zu den anderen Evangelisten – kein besonderes Interesse. Inmitten der Dunkelheit und der aufgewühlten Naturmächte offenbart Jesus sich den Jüngern mit der alttestamentlichen Offenbarungsformel: »*Ich bin es*« (vgl. S. 60 f.). So hatte sich einst Gott dem Mose am brennenden Dornbusch geoffenbart (Ex 3,14).

Diese Selbstdarstellung Gottes als der »Ich bin der ›Ich-bin-da‹« ist keine Aussage über das unveränderliche Wesen Gottes an sich. Vielmehr enthält sie eine *Heilszusage*. Gott wird mit Mose und dem Volk Israel sein als der helfende, schützende und barmherzige Gott, auf dessen Beistand und Treue man sich absolut verlassen kann. So ist Jesus mit seinen Jüngern gerade auch dort, wo sie sich allein und bedroht fühlen (vgl. Mt 28,20).

Jesus geht nicht zu den Jüngern ins Boot, wie sie es erwarten (vgl. Mk 6,51), sondern das Boot ist auf wunderbare Weise gleich am Ufer, nachdem es eben noch in der Mitte des Sees gewesen war. Damit ist die Ausgangssituation für die folgende Begegnung und Rede in Kafarnaum gegeben.

3. Jesus, das wahre Lebensbrot (6,22–51)

Der Abschnitt enthält den Kommentar des Evangelisten zum Speisungswunder. Hier zeigt sich, wie er es verstanden hat und was er daran für wesentlich hält. (Dieses Vorgehen, ein Wunder durch lange Reden und Diskussionen zu kommentieren, ist im übrigen eine Eigenart des Joh, vgl. Kap. 5; 9; 11.) Auf das Zeichen des Seewandels geht er nur indirekt in den Versen 22–25 ein. Diese haben vor allem den Zweck, Jesus wieder mit dem Volk zusammenzubringen.

Die »Brotrede« ist ein kunstvoll gegliedertes Wechselgespräch. Auf eine Äußerung des Unglaubens »der Juden« antwortet Jesus jedesmal mit einem Offenbarungswort, das eine Glaubensforderung enthält (meist erkenntlich an der feierlichen Einleitung mit »Amen, amen«).

Das Besondere an dieser Rede ist, daß sie das zentrale Thema *Offenbarung – Glauben – Leben unter dem Bild des Lebensbrotes* behandelt. Ihm sind auch die anderen bildhaften Ausdrücke wie »hungern«, »dürsten«, »kommen zu«, »gegeben werden« zugeordnet. Mit diesen Bildern will Joh immer nur das eine aussagen: um eigentliches, wahres und unvergängliches Leben zu erlangen, muß der Mensch an Jesus, den Gesandten Gottes, glauben (vgl. VV. 26–29.47).

Falsches und richtiges Suchen Jesu

Gleich zu Beginn kommt das Glaubensthema unter dem Stichwort »suchen« zur Sprache, wenn Jesus dem Volk erklärt, daß es ihn nicht in rechter Weise suche. Es sucht ihn nämlich nicht, weil es im Wunder der Speisung ein Zeichen seiner göttlichen Sendung gesehen hätte, sondern weil es von ihm die Befriedigung ihrer irdischen Bedürfnisse erhofft. Sie sind, wie Nikodemus und zunächst auch die Samariterin, beim äußeren Geschehen stehengeblieben und sind dem Zeichen nicht gefolgt.

So läßt bereits der Anfang des Gesprächs vorausahnen, daß Jesus und seine Zuhörer sich auf ganz verschiedenen Ebenen bewegen. Das schafft ein grundsätzliches Mißverstehen, das sich schließlich zum Glaubensärgernis steigern wird (VV. 41 ff.; 6,60). Hier begegnen sich gleichsam wieder »Geist und Fleisch« als zwei Haltungen oder Weisen des Denkens und Handelns, zwischen denen es keine Kommunikation gibt.

Nicht zuerst etwas tun, sondern glauben

Das Mißverständnis der Leute äußert sich dann auch gleich in der Frage, was sie tun sollen, »um die Werke Gottes zu vollbringen« (V. 28). Jesu Antwort macht jedoch deutlich, daß es nicht um ein *Tun* geht, sondern um den *Glauben* an den Gesandten Gottes. Nicht das Tun bestimmt zuerst die Beziehung zu Gott, sondern das bedingungslose Vertrauen und Sich-einlassen auf Gott und seinen Gesandten. Dazu sind sie aber offensichtlich nicht bereit. Glauben wollen sie schon, aber nur unter bestimmten, von ihnen gesetzten Bedingungen: »Welches Zeichen tust du, damit wir es sehen und dir glauben?« Zusätzlich verweisen sie nicht ohne Stolz auf das große Wüstenwunder der Mannaspende und unterstreichen ihre Forderung mit einem Beleg aus der Heiligen Schrift. (Die folgende Rede nimmt offensichtlich auf dieses Psalmzitat Bezug: Brot vom Himmel [VV. 32–47] gab er ihnen zu essen [VV. 48–51].)

Jesus allein stillt den Lebenshunger

Jesus bestreitet in seiner Antwort die Richtigkeit ihrer Behauptung: Das Manna war gar kein »Brot aus dem Himmel«, und deshalb hat Mose auch kein solches Brot geben können. Vielmehr *gibt Gott selbst*, und zwar *jetzt*, in der Gegenwart, das »wahre Brot aus dem Himmel«, das allein »der Welt das Leben gibt«, weil es aus dem Lebensbereich Gottes (= Himmel) kommt. Daß Brot aus dem Himmel »kommt«, ist eine ungewöhnliche Vorstellung, die das Bild eigentlich sprengt. Daran wird schon erkennbar, daß mit dem »Brot aus dem Himmel« *Jesus selbst* gemeint ist. Allerdings (hier noch) nicht als das eucharistische Brot, wie man vorschnell zu glauben geneigt ist, sondern insofern er der aus dem Himmel gesandte Offenbarer Gottes und der Vermittler des Lebens ist. Die Leute reagieren wie die Samariterin: Wie jene sofort das wunderbare Lebenswasser haben wollte, so bitten sie um dies Wunderbrot des Lebens und offenbaren damit ihren ungestillten Hunger nach Leben. Wer wird ihn stillen können, und womit kann er gestillt werden? Jesus antwortet darauf mit einem feierlichen *Ich-bin-Wort*, mit dem er sich selbst als der offenbart, der allein den Hunger und Durst des Menschen nach wahrem, sinnvollem Leben stillen kann. Nur wer zu ihm kommt, d. h. an ihn glaubt, wird die letzte Erfüllung seines Lebenshungers finden. Wahrhaft ein einzigartiger, unvergleichlicher Anspruch im Munde eines Menschen.

Die »Ich-bin-Worte«

Die sog. »Ich-bin-Worte« gehören zu den Besonderheiten des Johannesevangeliums. Insgesamt sind es folgende sieben:
Ich bin das Brot des Lebens (6,35.48),
    das Licht der Welt (8,12),
    die Tür (10,7.9),
    der gute Hirt (10,11.14),
    die Auferstehung und das Leben (14,25),
    der Weg, die Wahrheit und das Leben (14,6),
    der (wahre) Weinstock (15,15).
Manchmal folgt auf das Bildwort noch eine Einladung und eine Heilszusicherung bzw. eine Androhung, die die Hörer zur Entscheidung aufrufen (vgl. 6,35). Daraus ergibt sich für das voll ausgeführte Bildwort folgender Aufbau:
1. Die Selbstvorstellung mit dem
    a) Ich-bin und dem
    b) Bildwort oder Heilsbegriff.
2. Der Ruf zur Entscheidung mit der
    a) Einladung und der
    b) Heilszusicherung bzw. Androhung.

Nicht immer ist der Ruf zur Entscheidung im Anschluß an das Bildwort ausdrücklich formuliert. Er findet sich dann aber meist im entsprechenden Zusammenhang. Bedeutsam ist jedoch, daß die Bildworte entweder direkt oder indirekt (d. h. durch den Kontext) mit dem zentralen Begriff des Lebens verbunden sind.

Schon bei den Synoptikern und dann auch bei Johannes begegnet das absolute, für sich stehende »Ich-bin«, das die »Offenbarungsformel« von Ex 3,14 aufnimmt. Mit ihr hatte sich Gott dem Mose als der nahe, schützende und befreiende Gott Israels geoffenbart. Wenn nun auch Jesus dieses »Ich-bin« spricht, erhebt er damit einen einzigartigen, unvergleichbaren Anspruch. Zugleich gibt er damit zu erkennen, daß er für die Menschen dasein will.

Johannes erweitert nun dieses absolute »Ich-bin« mit einem Bildwort oder Heilsbegriff, die diesen Anspruch Jesu und seine Heilsbedeutung bildhaft zum Ausdruck bringen. Die verwendeten Bilder oder Heilsbegriffe sind Ursymbole menschlicher Lebens- und Sinnerfahrung. Teilweise nehmen sie aber auch auf die alttestamentliche Offenbarungs- und Heilsgeschichte Bezug (z. B. das Bild vom Weinstock oder vom Hirten). Dadurch werden sie zum Hinweis darauf, daß die atl. Verheißungen und Erwartungen in Jesus ihre endgültige Erfüllung gefunden haben. Es ist jedoch nicht auszuschließen, daß auch zeitgenössische religiöse Vorstellungen einen Einfluß ausgeübt haben.

Die joh Ich-bin-Worte sagen in knappester Form aus, wer Jesus seinem Wesen nach ist und was er für die Menschen bedeutet. Sie sind gleichsam der *verdichtete und zusammenfassende Ausdruck der Selbstoffenbarung Jesu.*

Das Ärgernis der Menschheit Jesu

Daß dies ein Mensch von sich behauptet, ist das eigentliche Ärgernis, an dem die Hörer sich stoßen. Es besteht für sie in der *Unstimmigkeit zwischen der äußeren Erscheinung Jesu und seinem Anspruch, »vom Himmel herabgekommen« zu sein,* d. h. von

Gott zu kommen. Einen Gesandten Gottes stellen sie sich ganz anders vor. Jesu wahre Menschheit verstellt ihnen also den Zugang zu ihm und hindert sie daran, in ihm den Gesandten Gottes zu erkennen und anzuerkennen. Daher »murren« sie, wie einst die Wüstengeneration gegen Gott selbst murrte (Ex 16,2f.).

»Die Juden« (hier wieder als Vertreter der Ungläubigen überhaupt, vgl. S. 98 ff.) meinen, über Jesu Ursprung genau Bescheid zu wissen. Aber ihre Kenntnis beschränkt sich nur auf die irdische Herkunft Jesu. Sie beurteilen Jesus nur »nach dem Augenschein« (7,24), nur »nach dem Fleisch« (8,15). Woher Jesus eigentlich stammt, wissen sie nicht (vgl. 7,27f.; 8,14.19; 9,29). Weil sie ihn nicht mit den Augen des Glaubens sehen, können sie Jesu eigentliche Herkunft und damit auch sein wahres Wesen nicht erkennen. Zu Jesus – und durch ihn zu Gott – kommt man aber nur, wenn man im Menschen Jesus seine göttliche Herrlichkeit »sieht«. Es gibt keinen anderen Weg (vgl. 14,6–10).

Eine Reflexion über das Geheimnis des Glaubens

Die oft scharfen, absoluten Formulierungen des Evangelisten und eine unverkennbare Neigung zur Schwarz-weiß-Malerei lassen den Eindruck entstehen, er habe es sich mit der Glaubensproblematik etwas zu leicht gemacht. Der Abschnitt 6,36–47 zeigt aber, wie sehr ihn diese Frage beschäftigt hat. Die Verse sind geradezu eine eingehende Reflexion über das Geheimnis des Glaubens und Unglaubens. Sie wollen auf die Frage antworten, *warum viele nicht zum Glauben an Jesus gekommen sind.*

War im Vorhergehenden mehr von der Bereitschaft des Menschen die Rede (»kommen« zu Jesus), wird nun der *Vorrang Gottes im Glaubensprozeß* betont. Nur, wen der Vater »zieht«, kommt zu Jesus. Gott muß zunächst den Widerstand des Menschen, sein Mißtrauen, überwinden, gleichsam im Menschen »zum Zug kommen«, damit er glauben kann (vgl. Hos 11,4).

Am Menschen liegt es, sich ziehen zu lassen, sich dem Ziehen Gottes nicht zu widersetzen (vgl. 5,40). Hier wird mit einem anderen Bild das Gleiche gesagt, was im 3. Kapitel als »Gezeugtwerden aus Geist« bezeichnet wurde. Hier wie dort geht es um den absoluten Vorrang des Gnadenhandelns Gottes im Glaubensprozeß. Glaube ist *Geschenk Gottes, nicht Werk des Menschen.*

Wie sich dabei das Wirken Gottes und die Freiheit des Menschen zueinander verhalten, darüber hat der Evangelist nicht weiter spekuliert – und es ist vielleicht auch müßig. Mit einer glücklichen Formulierung Bultmanns wird man sagen können: »Nicht hinter der Glaubensentscheidung des Menschen, sondern in ihr vollzieht sich das ›Ziehen‹ des Vaters.« Entscheidend ist für den Evangelisten, daß Gottes Wille auf die Rettung und das Heil des Menschen gerichtet ist (vgl. 3,16 f.; 12,50) und daß die einzige Bedingung auf seiten des Menschen der Glaube ist: »Wer glaubt, hat das ewige Leben« (V. 47).

4. Glaube und Eucharistie (6,51c–58)

Der Abschnitt 6,51c–58 deutet die vorhergehende »Brotrede« sakramental. Er ist gleichsam eine – vielleicht von einem späteren Redaktor entworfene – »Nach-lese« der Brotrede unter eucharistischem Aspekt. Das zeigt sich deutlich an dem veränderten Wortschatz und den anderen Vorstellungen. Jetzt erst wird das Brot mit dem »Fleisch des Menschensohns« identifiziert. Auch *wird er selbst* es erst in der *Zukunft* geben und nicht wie vorher der Vater in der Gegenwart. Außerdem ist noch zusätzlich und unvermittelt vom »Trinken« des »Blutes« die Rede.

Hier wird das wahre Leben also nicht nur an den Glauben, sondern an das »Essen des Fleisches« und »Trinken des Blutes« des Menschensohnes gebunden. Nachdrücklich wird betont, daß es sich dabei um »wirkliche Speise« und »wirklichen Trank« handelt. Dieser Nachdruck auf der Wirklichkeit der Gaben und der Lebensnotwendigkeit ihres Genusses läßt vermuten, daß es in der joh Gemeinde auch andere Auffassungen gab.

Eins-sein in personaler Beziehung

Trotz der Betonung der eucharistischen Gaben geht es letztlich aber doch um eine personale Beziehung. Sie hat ihr Vorbild und ihren Grund in der einzigartigen Beziehung des Sohnes zum Vater. Daher heißt es in Vers 57: »Wer *mich* ißt, wird durch *mich* leben.«

Das Essen und Trinken der eucharistischen Gaben darf nicht als magisches Geschehen mißverstanden werden. Auch sie setzen Glauben voraus. Vers 58 leitet wieder zur Brotrede zurück, indem er wichtige Vorstellungen und Aussagen aus ihr aufnimmt. Er bildet mit Vers 51 gleichsam einen Rahmen um diesen eucharistischen Teil. Indem Joh, der ja keinen Abendmahlsbericht mit der »Einsetzung« der Eucharistie bringt, die Abendmahlstradition mit der Brotrede verbunden hat, hat er eine sehr eigenwillige, aber auch sehr tiefe Neuinterpretation geschaffen, die seiner Christologie entspricht (vgl. zu 13,3–15).

5. Die Krise im Jüngerkreis (6,60–71)

Nicht nur »die Juden« nehmen Anstoß an Jesu Worten, auch der Jüngerkreis kommt in eine Glaubenskrise. Auch die Jünger müssen mit dem Ärgernis der Menschheit Jesu fertigwerden und die Glaubensprobe bestehen, wenn sie Jesu Jünger sein wollen.

Der Abschnitt greift – über den eucharistischen Teil hinweg – auf das Glaubensthema der Brotrede zurück (vgl. bes. V. 61 mit V. 41 und V. 65 mit V. 44). Das »harte Wort« (V. 60) ist also nicht die unmittelbar vorausgehende eucharistische Rede, und folglich ist auch nicht der Genuß des Fleisches und Blutes Jesu das, woran sie Anstoß nehmen. Es ist vielmehr wieder der *Anspruch Jesu*, als wirklicher Mensch zugleich Gottes einzigartiger Offenbarer und Lebensmittler zu sein.

Das Hinaufsteigen des Menschensohnes

Dem Glaubensärgernis der Jünger begegnet Jesus nicht mit einer verdeutlichenden Erklärung, sondern mit einer Frage, die das Hinaufsteigen des Menschensohnes betrifft. So bleibt die Glaubensforderung für sie (und für jeden Leser) bestehen.

Die Frage läßt verschiedene Antworten zu. Soll das »Aufsteigen« das Ärgernis überwinden helfen (vgl. 20,17), oder ist es im Gegenteil als Steigerung des Anstoßes gedacht in dem Sinn, daß der Aufstieg, d. h. der Tod und die Auferstehung Jesu (vgl. 12,32) einen noch größeren Glauben erfordern (vgl. ähnlich 3,10–14)? Beide Deutungen sind möglich.

Die Kraft, die das Ärgernis überwinden kann

Der Mensch ist in seiner Glaubensnot aber nicht allein gelassen. Es gibt eine Kraft, die ihm hilft, das Ärgernis der Menschwerdung Gottes zu überwinden. Diese Kraft ist der *lebendigmachende Geist.* Wie in 3,3–8 werden auch hier »Geist und Fleisch« einander gegenübergestellt. Das »Fleisch, das nichts nützt«, ist nicht etwa Jesu Fleisch (ohne Geist), sondern der *nur irdisch denkende, ungläubige Mensch,* der Jesus nach nur menschlichen Maßstäben beurteilt (vgl. V. 42 und zu 3,6 ff.). Er bedarf der Verwandlung durch den Geist, damit er glauben kann und durch den Glauben das Leben findet.

Daß Jesu Worte »Geist und Leben« sind, ist für uns eine ungewöhnliche Vorstellung. Worte sind für uns oft leer und das Gegenteil von Kraft, Leben und Geist. Nach biblischer Anschauung sind Worte aber sehr wirkmächtig, vor allem Gottes Wort (vgl. Jes 55,10 f.). Gottes Wort ist aber wirksam und schöpferisch, weil es gleichsam mit Gottes Kraft, dem Geist, erfüllt ist.

Damit das Wort Gottes sich als Leben erweisen kann, muß der Mensch sich aber öffnen und das Wort gläubig annehmen. Genau das geschieht unter dem Einwirken des Geistes. Er schließt gleichsam das Herz des Menschen auf, damit Gottes Wort Eingang finden und darin bleiben kann (vgl. 8,37; 15,7).

Jesu Wort ist wirksames, veränderndes, lebenspendendes Wort, weil es das geisterfüllte Wort des Vaters ist. Daher kann es Leben bewirken (V. 68). Dieser Zusammenhang ist deutlich in 3,34 ausgesprochen: »Denn der, den Gott gesandt hat, verkündet die Worte Gottes; *denn* er gibt den *Geist* unbegrenzt.« »Gottes Wort verkünden« und »den Geist geben« sind bei Jesus ein einziges Geschehen.

Der Massenabfall und das Bekenntnis des Petrus

Vers 66 ist eine recht nüchterne Feststellung über die Auswirkung der Glaubenskrise im Jüngerkreis. Viele gehen nicht mehr mit Jesus. Es kommt zu einem Massenabfall. Verbirgt sich dahinter die schmerzliche Erfahrung der joh Gemeinde, daß das jüdische Volk in seiner Mehrheit Jesus abgelehnt hat? Gab es auch in der

Gemeinde selbst immer wieder Leute, die »sich zurückzogen« und »nicht mehr mitgingen«?

Mit diesem Abfall endet jedenfalls der sogenannte »galiläische Frühling« in der Wirksamkeit Jesu. Von nun an läuft alles der letzten Entscheidung in Jerusalem entgegen. Zurückgeblieben sind nur die Zwölf. Als ihr Sprecher legt Petrus – nachdem er indirekt Jesus als den einzigen Vermittler des Lebens bezeichnet hat – ein christologisches Bekenntnis ab (vgl. Mk 8,27–30). Damit sind die Zwölf das positive Gegenbild zu den vielen, die Jesus verlassen haben. Sie hat der Geist aus »fleischlichen« in gläubige Menschen verwandelt, in ihnen ist Gott »zum Zug gekommen« (vgl. die Parallele bei Mt 16,16f.: »Denn nicht Fleisch und Blut haben dir das offenbart, sondern mein Vater im Himmel«).

VI. Der Konflikt in Jerusalem (Kap. 5)

Mit dem 5. Kapitel beginnt die entscheidende Phase der Selbstoffenbarung Jesu in Jerusalem, die von scharfen Auseinandersetzungen mit den jüdischen Autoritäten gekennzeichnet ist und vorrangig an den großen jüdischen Festtagen stattfindet. Um welches Fest
es sich in 5,1 handelt, ist nicht mehr sicher auszumachen. Vielleicht ist ein Paschafest gemeint (vgl. 6,4) oder das »Wochenfest«,
das vor dem Laubhüttenfest liegt (vgl. 7,2).

1. Eine provokative Heilung (5,1–18)

Anlaß des Konflikts ist eine »normale« Wundergeschichte. Ohne
darum gebeten worden zu sein, heilt Jesus auf eigene Initiative
einen Gelähmten am Teich von Betesda (= Stätte des Erbarmens).
Dieser ausgedehnte »Teich« war eine Art »Kurort« nördlich des
Tempelplatzes, an dem Kranke Heilung suchten. Herodes hatte
ihn mit vier Säulenhallen umgeben. Eine fünfte teilte ihn in zwei
große Becken.

Unter den Kranken sieht Jesus einen Mann, der schon 38 Jahre
gelähmt ist. Die Jahreszahl unterstreicht die Schwere der Krankheit und die Größe des Wunders (vgl. Lk 8,43; 13,11). Jesu
Hoffnung weckende Frage gibt dem Kranken die Gelegenheit,
seine hoffnungslose Situation zu beschreiben: Er hat keine Aus-
sicht auf Heilung, weil er keinen Menschen hat, der ihm hilft. Der
Kranke kann nicht wissen, daß er mit dem Menschen redet, der im
Auftrag Gottes gekommen ist, Menschen zu heilen und zu retten.

Das Wunder geschieht allein durch das gebietende Wort Jesu
(anders 9,6 f.). Gemäß dem Wort Jesu demonstriert der Geheilte
seine Heilung dadurch, daß er seine Matratze trägt und umher-
geht. Diese ausdrückliche Anweisung Jesu und deren genaue Ausführung sind für die anschließende Diskussion wichtig.

Die Heilung geschah nämlich, wie der Leser jetzt erst erfährt, *an
einem Sabbat*. Dies war selbstverständlich ein Verstoß gegen das
strikte Sabbatverbot, eine Matratze zu tragen. »Die Juden« machen daher den Geheilten mit Recht auf den Sabbatbruch aufmerksam (vgl. 9,14; Mk 2,24; 3,1–6; 6,1–11; 13,10–17). So wird
das Wunder – wie öfter bei Joh – zum Konfliktstoff und zum

Anlaß heftigster Auseinandersetzungen zwischen Jesus und seinen Gegnern. Das Interesse des Evangelisten hängt nicht an dem Wunder selbst. Ihm geht es vielmehr um den Anspruch Jesu, Gottes einzigartiger Offenbarer und Lebensmittler zu sein. Das zeigt überdeutlich die Fortsetzung der Ereignisse.

Der rechtfertigende Hinweis des Geheilten auf Jesu Anweisung löst die entscheidende Frage nach der *Identität des Wundertäters* aus. Der Mann kann sie zunächst gar nicht beantworten. Erst nachdem Jesus ihn später im Tempel gefunden hat, wird er ungewollt zum Denunzianten und löst eine Verfolgung seines Wohltäters durch »die Juden« aus.

Die Mahnung Jesu an den Geheilten, nicht mehr zu sündigen, damit ihm »nicht noch Schlimmeres zustößt«, befremdet und kommt überraschend, denn von einer Sünde des Gelähmten war vorher nicht die Rede. Sie erinnert aber sehr stark an die Heilung des Gelähmten bei Mk 2,1–12 und stammt vielleicht aus gemeinsamer Überlieferung. Nach verbreiteter jüdischer Auffassung besteht ein enger Zusammenhang zwischen den Taten und dem Ergehen des Menschen. Dieser Meinung wird im Joh aber von Jesus ausdrücklich widersprochen (9,2 f.). Damit ist nicht bestritten, daß es eine Beziehung zwischen der seelischen und körperlichen Gesundheit eines Menschen gibt, wie heute wieder klarer erkannt wird. Jesu Wort in 5,14 weist jedenfalls darauf hin, daß er nicht nur gekommen ist, körperliche Leiden zu heilen. Sein Auftrag ist es, den *ganzen Menschen heil zu machen* und ihn vor Schlimmerem als körperlicher Krankheit zu bewahren, nämlich vor dem Verlust des eigentlichen Lebens, bzw. ihm dieses Leben erst zu vermitteln. Darum geht es dann ja auch in der folgenden Auseinandersetzung.

Auf den Vorwurf des Sabbatbruchs antwortet Jesus mit dem Hinweis auf die *Wirkeinheit* zwischen dem Vater und ihm, dem Sohn. Nach jüdischer Auffassung hört Gott zwar am 7. Tag mit seinen Schöpfungswerken auf, weil er alles zu Ende geführt hat (Gen 2,1–3), sein richterliches Handeln ging aber ununterbrochen weiter. Die folgende Rede Jesu (5,19–30) zeigt dann auch, daß die Einheit von Vater und Sohn vor allem im Hinblick auf das richterliche Wirken Jesu verstanden ist. Ihr Thema geht über die anfängliche Sabbatdiskussion bei weitem hinaus. Auch die Gegnerschaft der Juden nimmt zu: Sie wollen ihn töten, »weil er nicht nur den Sabbat brach, sondern auch *Gott seinen Vater* nannte und sich damit *Gott gleichstellte*« (V. 18). Damit ist der tiefere Grund ihres tödlichen Hasses aufgedeckt: der Anspruch Jesu, Gott gleich zu sein.

2. Der von Gott bevollmächtigte Richter (5,19–47)

Die lange Rede dürfte wiederum eine aktuelle Diskussion zwischen den joh Gemeinden und ihrer jüdischen Umwelt widerspiegeln. In ihr geht es um den zentralen Unterschied zwischen beiden Gruppen. Was sie trennt, ist das Bekenntnis der Christen zur gottgleichen (Gerichts-)Vollmacht Jesu, des Menschensohns und Sohnes (Gottes).

Die Lebensmitteilung durch den Sohn

Die durch doppeltes »Amen, amen« eingeleitete Offenbarungsrede kreist um zwei Hauptthemen: die *Auferweckung der Toten* und das *Gericht*. Beide Themen sind aber letztlich auf die *Gabe des Lebens* durch den Sohn hingeordnet. Auferweckung und Gericht und damit die Mitteilung des Lebens geschieht im Auftrag und in der Einheit mit dem Vater.

Wenn Jesus eine besondere, gottgleiche Vollmacht beansprucht, ist das also keine unrechtmäßige Anmaßung. Denn als Sohn tut er nur, was er den Vater tun sieht. Nur aus dieser Einheit mit Gott und der Abhängigkeit von Gott kann er Göttliches wirken. Letzter Grund seines Handelns ist die Liebe des Vaters. In dieser Einheit, die die Liebe schafft (vgl. 15,9; 17,23 ff.), läßt sich nicht mehr unterscheiden, wer die Werke wirkt, der Vater oder der Sohn. Sie sind beider Werke. Denn der Vater »zeigt« dem Sohn alles, was er tut, und hat ihm alles in die Hand gegeben (vgl. 3,35; 17,2).

Im Wirken des Sohnes als dem Gesandten des Vaters wird offenbar, was Gott tut und worauf sein Tun ausgerichtet ist: auf die Lebensmitteilung an die Welt (vgl. 12,50). Diese ist ein »größeres Werk« als etwa die wunderbare Heilung eines Kranken. Weil also im Wirken des Sohnes das Handeln des Vaters sichtbar wird, muß der, der den Vater ehrt, auch den Sohn ehren, der in seinem Auftrag handelt.

Bei dieser etwas schwierigen Argumentation hat der Evangelist wohl vor allem die jüdischen Gegner im Blick. Ihnen mußte der Glaube an Jesu Gottgleichheit als Leugnung der Einzigkeit Gottes erscheinen und damit als schwerster Verstoß gegen das Grundbekenntnis Israels (vgl. Dtn 6,4 f.). Joh bemüht sich dagegen zu zeigen, daß der Glaube an Jesu Gottgleichheit nicht im Widerspruch zum Ein-Gott-Glauben stehen muß.

Die Gegenwart des Endgerichts

Nach urchristlicher Überlieferung sind Auferweckung und Gericht ein Geschehen am Ende der Geschichte. Dieser Glaube ist übrigens ein Erbe aus dem Judentum. In joh Sicht ereignet sich der entscheidende Übergang vom Tod zum Leben dagegen *schon hier in der Gegenwart im Hören auf das Wort Jesu und im Glauben an Gott,* der Jesus gesandt hat. Das sind eigentlich nicht zwei voneinander verschiedene Akte. Denn Jesu Wort in rechter Weise hören schließt die gläubige Anerkennung Gottes als den Sendenden ein. Als Gesandter Gottes redet Jesus Gottes Worte (3,34; vgl. 7,16; 14,10).

Mit den Toten, von denen hier die Rede ist (V. 25), können daher nicht die Verstorbenen gemeint sein (sie werden ausdrücklich von denen, »die in den Gräbern sind«, unterschieden [V. 28]), sondern die geistlich Toten, die der Todesmacht des Unglaubens verfallen sind. Wer sich aus dieser Todeswelt des Unglaubens durch das lebendig machende Wort des Gesandten Gottes herausrufen läßt, wird leben, und zwar hier und jetzt, denn die Stunde der Totenerweckung ist schon da, weil mit Jesus das Leben in der Welt gegenwärtig ist.

Weil Auferweckung, Gericht und Lebendigmachen sich für jeden einzelnen in der gegenwärtigen Glaubensentscheidung vollziehen, ist ein Endgericht nicht mehr zu fürchten (vgl. 3,15 f.18; 8,51; 12,44). Um so mehr überrascht, daß dann anschließend doch noch von einem zukünftigen, allgemeinen Gericht nach den Werken die Rede ist. Es scheint, daß hier nicht mehr Joh, sondern ein späterer

Bearbeiter spricht, der die (stark individualistische) joh »Gegenwartseschatologie« mit der traditionellen Sicht in Einklang bringen wollte.

Die johanneische Gegenwarts-Eschatologie

Die Erwartung der Wiederkunft des Menschensohns Jesus zum Gericht am Ende der Menschheitsgeschichte gehört zum festen Bestand der synoptischen Überlieferung (vgl. bes. die Endzeitreden Mk 13; Mt 24 – 25; Lk 17,20–37; 21). Auch Paulus teilt diese Erwartung (vgl. 1 Thess 4,13–18; 1 Kor 15,35–58).

Um so mehr muß es überraschen, daß bei Joh eine eigentliche Endzeitrede ganz fehlt. Zwar findet sich im vierten Evangelium auch die Vorstellung von der Totenerweckung »am Letzten Tag« und dem folgenden Gericht (vgl. außer 5,28 f. noch 6,39.40.44.54), doch besteht der begründete Verdacht, daß diese Stellen nicht zum ursprünglichen Bestand des Evangeliums gehörten.

Für das Joh ist der Glaube an die Gegenwart des Auferstandenen und seines Geistes in der Gemeinde und damit die stets gegebene Möglichkeit, des »ewigen Lebens« teilhaftig zu werden, so beherrschend, daß noch ausstehende zukünftige Ereignisse demgegenüber bedeutungslos werden. Für Joh gilt: »Wer glaubt, hat das ewige Leben« (6,47). Die Glaubensentscheidung, die – wie 5,24 ganz deutlich herausstellt – in der Begegnung mit Jesus bzw. seinem Wort fällt, ist für ihn das über Leben und Tod entscheidende Ereignis. In ihr vollzieht sich daher auch bereits das Gericht, so daß man von der johanneischen Gegenwarts-Eschatologie oder auch von der sich realisierenden Eschatologie spricht. (Eschatologie = die Lehre von den »Letzten Dingen«). »Wer an ihn (den Sohn) glaubt, wird nicht gerichtet; wer nicht glaubt, ist schon gerichtet, weil er an den Namen des einzigen Sohnes Gottes nicht geglaubt hat«, heißt es daher kurz und lapidar in 3,18 (vgl. S. 38 f.). Das Gericht ist im Grunde ein Selbstgericht. »Denn mit dem Gericht verhält es sich so: Das Licht kam in die Welt, und die Menschen liebten die Finsternis mehr als das Licht; denn ihre Taten waren böse« (3,19).

Auch die traditionelle Vorstellung von der endzeitlichen Totenerweckung wird daher bei Joh radikal neu interpretiert, wie dies beispielhaft in dem Gespräch Jesu mit Marta geschieht (11,21–27). Dort antwortet Jesus der Marta, die gerade ihren Glauben an die endzeitliche Totenerweckung bekannt hat: »Ich bin die Auferstehung und das Leben. Wer an mich glaubt, wird leben, auch wenn er stirbt, und jeder, der lebt und an mich glaubt, wird auf ewig nicht sterben« (11,25f.; vgl. S. 122f.).

Weil der Mensch in der personalen Begegnung mit Jesus dem Leben selbst begegnet, kann er bereits in diesem Leben das eigentliche, unvergängliche Leben erlangen, wenn er sich diesem Jesus glaubend anschließt. Es ist daher nur konsequent, wenn bei Joh auch die Redeweise von *»jenem Tag«*, der in der urchristlichen Überlieferung gewöhnlich den Tag des Endgerichts bezeichnet (auch »Tag des Herrn« oder »des Menschensohns« oder »des Gerichts« genannt, vgl. z. B. Lk 17,22.24.26–31; Mk 13,17.24.32; Mt 24,42; 1 Thess 5,4; 2 Thess 1,10), eine neue Bedeutung erhält. Er wird bei ihm zum immer wiederkehrenden Tag, an dem der Mensch im Glauben dem auferstandenen und verherrlichten Herrn begegnet und dadurch das Leben gewinnt, wie 14,19f. deutlich macht: »Nur noch kurze Zeit, und die Welt sieht mich nicht mehr; ihr aber seht mich, weil ich lebe und weil auch ihr leben werdet. *An jenem Tag werdet ihr erkennen: Ich bin in meinem Vater, ihr seid in mir, und ich bin in euch*« (vgl. S. 155ff.). Entsprechend ist das (Wieder-)Kommen Jesu nicht ein einmaliges Geschehen am Ende der Zeit, sondern kann sich immer wieder ereignen. Jesu Kommen wird im Joh ja als ein *Kommen »im Geist«* interpretiert, der bereits jetzt eine dauernde Gemeinschaft mit dem verherrlichten Jesus bewirkt und garantiert (vgl. S. 160ff.).

Wegen der Konzentration auf die Glaubensentscheidung des einzelnen trägt die joh Eschatologie zweifellos stark individualistische Züge. Doch bleibt auch bei Joh der Blick letztlich auf das immerwährende, alles vollendende Einssein

der glaubenden Gemeinde mit ihrem Herrn gerichtet (vgl.
14,3; 17,24). Aus der Glaubensüberzeugung, daß Jesus bereits – im Geist – gekommen und in der Gemeinde gegenwärtig ist, kann er aber auf eine Beschreibung der Wiederkunft
des Menschensohns am Ende der Zeiten verzichten. Der
Mensch hat bereits in diesem Leben die Möglichkeit, das
Leben zu erlangen, weil es im auferstandenen Jesus gegenwärtig ist. Dies zu verkünden, ist das Hauptanliegen des Joh
(vgl. bes. 20,31; auch 1 Joh 1,1–4).

Ein Rechtsstreit um die Legitimation des Gesandten

Den folgenden Teil der Rede (5,31–47) hat man zutreffend als
»Rechtsstreit« bezeichnet *(J. Becker)*. Ein Gesandter – wie Jesus –
kommt immer wieder in Beweisnot. Er muß sich vor anderen als
wahrhafter Bote legitimieren. Seine Schwierigkeit besteht darin,
daß er letztlich doch nur auf die Glaubwürdigkeit seines Selbst-
zeugnisses verweisen kann, auch wenn er zur Stütze seines Anspruchs und seiner Aussagen andere Zeugen anführen mag. Aus
dieser Situation erklärt sich, daß »Zeugnis« der Schlüsselbegriff
dieses Redeabschnitts ist. (Ähnliche Auseinandersetzungen in
Form eines Rechtsstreits finden sich im Joh noch 7,14–24;
8,13–20; 10,22–25.30–39; 15,18–16,15).
Der Streit beginnt mit einem allgemein anerkannten Rechtssatz:
Ein Selbstzeugnis gilt nicht. Nach jüdischem und auch nach helle-
nistischem Recht waren zur Gültigkeit eines Rechtsentscheids
wenigstens zwei Zeugen erforderlich (vgl. Dtn 19,15). Dadurch
sollten Rechtsbrüche und Fehlurteile ausgeschlossen werden.
Entsprechend diesem Rechtssatz werden von Jesus verschiedene
Zeugen angeführt: der Täufer, die Werke, die Schrift, Mose und
vor allem der Vater, der gleich zu Beginn als »ein anderer, der über
mich als Zeuge aussagt«, genannt wird.
Mit dem Zeugnis des Vaters hat es aber seine besondere Schwierigkeit. Es ist nur im gesamten Offenbarungswirken des Sohnes, in
den Werken, die der Vater ihm gegeben hat, greifbar (vgl.
10,25.38). Das bedeutet aber, daß es gar nicht von einem neutra-

len, objektiven Standpunkt aus nachprüfbar ist, sondern nur im Glauben angenommen werden kann.

»Die Juden« aber stehen außerhalb dieser Glaubensbeziehung. Ihnen wird hier sogar vorgeworfen, daß sie Gott nicht wahrhaft kennen, da sie »weder seine Stimme gehört noch seine Gestalt je gesehen« haben. Damit wird deutlich auf das grundlegende Offenbarungsgeschehen am Sinai angespielt und den Juden ihr eigenes Offenbarungs- und Glaubensverständnis bestritten. Ihr Unglaube gegenüber dem menschgewordenen Wort Gottes, das jetzt zu ihnen redet, deckt auf, daß Gottes Wort in Wahrheit nicht in ihnen ist. Folglich können sie auch Gottes Wort in den Schriften nicht recht, d. h. als Zeugnis Gottes für Jesus, verstehen. Mose, der als Verfasser der ersten fünf Bücher der Schrift galt und auf den sie sich berufen, wird daher ihr Ankläger sein, denn auch er hat über Jesus geschrieben.

Diese Bestreitung der Moseautorität als Stütze der jüdischen Position ist einer der schärfsten Angriffe auf die Grundlagen des Judentums. Mit ihr verbindet sich der Vorwurf der Ehrsucht und des Fehlens der Liebe zu Gott. Gerade letzterer soll wohl den eigentlichen Grund der Glaubensverweigerung offenlegen.

Ein folgenschwerer Streit

Was in diesem Streit zwischen Christen und Juden vor sich geht, ist von größter Tragweite. Es ist eine Art »Enteignung« oder »Enterbung« des Judentums. Die Christen sind dabei, die Autorität der Heiligen Schrift exklusiv für sich zu beanspruchen. Der äußerst scharfe und polemische Ton der Auseinandersetzung in diesem 5. Kapitel ist nur auf dem Hintergrund des zeitgenössischen Konflikts zwischen Christen und Juden einigermaßen verständlich. Es ging für beide Seiten wirklich ums Überleben. Wesentlicher Streitpunkt war die Messianität und Gottessohnschaft Jesu. Beide Gruppen beriefen sich bei dieser Auseinandersetzung auf die allseits anerkannten Autoritäten, bzw. sie versuchten, sie dem anderen streitig zu machen.

Die Diskussion von Kapitel 5 geht offensichtlich in 7,15–24 weiter, denn dort wird noch einmal das Thema der Schrift und der menschlichen Ehre im Zusammenhang mit der Heilung eines Menschen aufgenommen.

Erfahrung ist wichtiger als Wissen

Die Gegner Jesu bestreiten zunächst die Autorität Jesu in Sachen Schriftauslegung, weil er keine theologische Ausbildung hat. Darauf antwortet Jesus mit dem Hinweis auf die Erfahrung, die jeder machen kann (7,17). Entscheidend ist nicht das Wissen und die Gelehrsamkeit, sondern das Leben aus dem Glauben. Wer sich auf Jesu Lehre einläßt und den Willen Gottes tut, wie Jesus ihn verkündet, der wird in seinem Leben die befreiende und beglückende Kraft seiner Botschaft erfahren und im Innersten erkennen, daß Gott durch ihn spricht.

Jesus kann in Wahrheit sagen, daß er nicht seine eigene Ehre sucht. Das Verhalten der Gegner zeugt dagegen von einer doppelten Moral, und ihre Argumentation ist ein fadenscheiniger Vorwand. In Wirklichkeit geht es ihnen gar nicht um die Wahrheit. Sie sind vielmehr nur darauf aus, ihn zu vernichten.

An dem Beispiel der Beschneidungspraxis deckt Jesus die Widersprüchlichkeit ihres Verhaltens und ihrer Argumentation auf. Sie selber übertreten das Sabbatgebot, weil sie – gemäß der Gesetzesvorschrift – einen Menschen am Sabbat beschneiden. Warum werfen sie ihm dann vor, einen ganzen Menschen am Sabbat geheilt zu haben?

VII. Jesu Selbstoffenbarung auf dem Laubhüttenfest (Kap. 7)

Das 7. Kapitel führt in das lebhafte Treiben und Diskutieren einer Festmenge, unter der sich auch Jesus befindet. Um ihn kreist das Fragen, auf ihn richtet sich die Aufmerksamkeit der Behörde. Alles scheint von seiner Anwesenheit bestimmt zu sein.

Das Geschehen spielt sich – wie auf einer Bühne – *auf zwei Ebenen* ab. Im Vordergrund findet die Auseinandersetzung im Volk statt, während die Obrigkeit im Hintergrund agiert. Durch sein unerschrockenes öffentliches Auftreten bewirkt Jesus eine *Spaltung* unter den Hörern. Sein Wort zwingt zur Ent-scheidung. Am Ende sind jedoch alle gegen ihn (8,59).

Der Aufbau des Kapitels wird durch den Festablauf bestimmt. Die Hälfte der Festwoche (V. 14) und der letzte Tag (V. 37) markieren einen Einschnitt. Jedesmal folgt auf ein öffentliches Auftreten Jesu eine Reaktion des Volkes.

Der Festrahmen

Das *Laubhüttenfest* ist das dritte Jahres- und Wallfahrtsfest. Es war ursprünglich das Fest der herbstlichen Obst- und Weinernte, die im Oktober ihr Ende fand. Während der Erntezeit lebte man meistens in einfachen Laubhütten in den Obst- und Weingärten. Später wurde das Fest – ähnlich wie das Paschafest – heilsgeschichtlich umgedeutet. Es galt als Erinnerung an das (vermeintliche) Wohnen in Hütten auf dem Zug durch die Wüste (vgl. Lev 23,39–43). Zum Festinhalt gehörte auch die Bitte um den lebensnotwendigen Herbstregen. Das Laubhüttenfest ist aber vor allem (bis heute) das »Fest der Freude« über die Gabe des Gesetzes. Feststrauß, Festbeleuchtung und Tänze geben ihm sein Gepräge. Dieser Festhintergrund ist nicht ohne Bedeutung für die Thematik des 7. Kapitels.

1. Der Unglaube der Verwandten Jesu (7,1–13)

Jesus wird von seinen Brüdern aufgefordert, nach Jerusalem zu gehen, um auch dort in der Hauptstadt bekannt zu werden. Die

76

Bemerkung des Evangelisten »*auch seine Brüder glaubten nämlich nicht an ihn*« zeigt, daß deren Motive nach seiner Meinung nicht dem Anliegen Jesu entsprechen. Wollen sie sich ein wenig im Glanz des berühmten Bruders sonnen? Hängen sie einer politischen Messiasvorstellung an, wie Jesus selbst sie immer wieder abgelehnt hat (vgl. 6,15)? Jesus und seine Verwandten werden jedenfalls von ganz verschiedenen Wertmaßstäben und Zielen geleitet. Sie gehören gleichsam verschiedenen Welten an. Weil die Brüder sich offensichtlich dem Geist der Welt anpassen, kommen sie auch nicht mit ihr in Konflikt.

Jesus dagegen gehorcht einem »höheren Gesetz«, er lebt auf ein Ziel hin, das durch seine »*Zeit*« oder »*Stunde*«, und das heißt durch den Willen des Vaters, bestimmt ist. Es ist die Stunde des Leidens und der Verherrlichung. Sie wird sich gerade in Jerusalem vollenden (vgl. 12,23.27 und S. 79 ff.).

Ähnlich wie in 2,4 f. tut Jesus dann doch, was er zuvor abgelehnt hat: Er zieht nach Jerusalem, allerdings nicht öffentlich. Dort suchen »die Juden« ihn, dort wird er zum Gegenstand des Volksinteresses und -geflüsters. Offen von ihm zu reden, war nämlich gefährlich. Die Volksmeinung über ihn ist geteilt. Sie schwankt zwischen Zustimmung und dem Vorwurf der Volksverführung.

Damit ist die konfliktgeladene, fast explosive Stimmung in der Hauptstadt gekennzeichnet, in die hinein Jesus sich offenbaren wird. Die Bemerkung des Evangelisten, daß »niemand öffentlich über ihn redete, weil man sich vor den Juden fürchtete«, verrät wieder den aktuellen Bezug zur Situation der joh Gemeinde. Wer sich öffentlich zu Jesus bekannte, hatte offensichtlich von den Juden Schlimmes zu befürchten (vgl. 12,42 und S. 100 f.). Überhaupt dürfte die Diskussion während des Laubhüttenfestes die Auseinandersetzung zwischen Christen und Juden zur Zeit des Evangelisten widerspiegeln.

2. Diskussion über das Woher Jesu (7,14–30)

Jesus sucht jetzt, nach der Hälfte der Festwoche, die Öffentlichkeit. Er findet sie im Tempelbezirk, dort, wo am Fest die meisten Menschen zusammenkommen. Durch sein öffentliches Auftreten löst er beim Volk *die Frage nach seiner Messianität* aus. Wenn die oberste Behörde ihn in aller Öffentlichkeit an jenem heiligen Ort reden läßt, gibt sie dann damit nicht zu erkennen, daß auch sie ihn für den Messias hält? Doch steht dem entgegen, daß die Herkunft Jesu aus Galiläa bekannt ist. Denn nach einer verbreiteten Meinung sollte der Messias, bzw. seine Herkunft, vor seinem öffentlichen Auftreten unbekannt sein. Ein Niederschlag dieser Auffassung findet sich bei dem christlichen Theologen Justin (†nach 220): »Wenn der Messias auch bereits geboren ist und irgendwo sich befindet, so ist er doch unbekannt.«

Die Frage nach der Herkunft Jesu scheint in der Diskussion mit den Juden z. Zt. des Evangelisten eine wichtige Rolle gespielt zu haben (vgl. 6,42). Weil man über Jesu Herkunft genau Bescheid weiß – so argumentieren die Juden – kann er nicht der Messias sein.

Joh versteht die Frage nach der Herkunft Jesu aber hintergründig als Frage nach dem *wahren Wesen Jesu*. Dieses ist in seiner Herkunft von Gott begründet oder – wie Joh auch sagen kann – in seinem Kommen »von oben«, »aus dem Himmel« (vgl. 1,1 f.; 3,31 f.; 5,36 f.; 6,32 f.; 8,42). Das ist das eigentliche Woher Jesu. Weil die Juden aber nach Meinung des Evangelisten keine wahre Erkenntnis Gottes haben (vgl. 5,37 f.), können sie auch Jesu eigentliche Herkunft nicht erkennen. Diese Erkenntnis erschließt sich nur dem Glaubenden.

Kein Wunder, daß die Gegner auf den Vorwurf fehlender Gotteserkenntnis mit dem Versuch reagieren, *Jesus festzunehmen*. Doch die Stunde der Entscheidung liegt nicht in ihrer Hand. Erst wenn die vom Vater festgelegte Stunde gekommen sein wird, auf die Jesus in voller Freiheit zugeht (vgl. 10,17 f.), wird seinen Feinden die Möglichkeit gegeben werden, ihn zu ergreifen (vgl. 12,23.37). Im Gegensatz zu den religiösen Führern glauben viele aus dem Volk an Jesus. Jesus gewinnt also auch in Jerusalem Anhänger.

Die Bemerkung über den Glauben »vieler« erinnert an eine ganz ähnliche in 2,23, und wie dort läßt der Hinweis auf die Zeichen Jesu als Grund des Glaubens vermuten, daß dieser Zeichenglaube keinen Bestand haben wird. Die Hohenpriester und Pharisäer, die hier als Gruppe vom Volk abgehoben werden und als die eigentlichen Gegner Jesu erscheinen, schreiten nun in dieser gefährlichen

Situation zur Tat. Sie schicken einen Trupp los, der Jesus festneh-
men soll (V. 32). Aber *»seine Stunde war noch nicht gekommen«*
(V. 30; vgl. V. 45 f.).

Die Stunde Jesu – seine Erhöhung und Verherrlichung

Öfter ist im Joh von einer Stunde die Rede, die durch die
Formulierung »seine Stunde« oder »meine Stunde« als Stunde Jesu besonders hervorgehoben ist. Erstmals wird eine
»christologische Stunde« in 2,4 erwähnt. Hier dürfte es sich
aber, wie gezeigt wurde, um die Stunde des Zeichenwirkens
Jesu handeln, durch das seine Herrlichkeit in der Welt offenbar wird (vgl. 2,11 u. S. 32 f.).

Anders verhält es sich mit den anderen Stellen, an denen
auf die Stunde hingewiesen wird (7,30; 8,20; 12,23; 13,1;
17,1; inhaltlich verwandt ist auch 7,6: »meine Zeit«). Es fällt
auf, daß bis 12,23 immer vom *Noch-nicht-gekommen-Sein*
der Stunde die Rede ist und daß sie offensichtlich mit der
Verhaftung Jesu, also *mit seiner Passion,* in Beziehung steht.
Das wird durch den Abschnitt 12,23–33 bestätigt. Denn
danach beinhaltet diese Stunde die Erschütterung Jesu vor
der Passion, das Gericht über die Welt mit der Entmachtung
ihres Herrschers, die Verherrlichung des Vaternamens und
schließlich Jesu »Erhöhung«, das heißt johanneisch: Jesu
Tod am Kreuz (vgl. S. 132 ff.). Diese Ereignisabfolge ist in der
Sicht des Joh aber letztlich Teil eines übergreifenden Ge-
samtgeschehens, nämlich der Verherrlichung Jesu. Die
»Stunde Jesu« ist also vor allem *die Stunde seiner Verherrlichung,* wie ganz deutlich aus 12,23 hervorgeht, der ersten
Stelle, an der vom Gekommensein der Stunde die Rede ist:
»Die Stunde ist gekommen, daß der Menschensohn verherrlicht wird.« Ganz ähnlich betet Jesus in 17,1: »Vater, die
Stunde ist da. Verherrliche deinen Sohn, damit der Sohn dich
verherrlicht.« Aus beiden Stellen geht im übrigen hervor, daß
mit der Verherrlichung des Sohnes auch die Verherrlichung
des Vaters geschieht. In 13,1 wird die Stunde als Zeit des
Hinübergehens Jesu »aus dieser Welt zum Vater« gekenn-

zeichnet, was im Grunde nichts anderes bedeutet als seine Rückkehr in die Herrlichkeit beim Vater (vgl. 17,4f.).

Insofern der Weg Jesu nach dem Joh mit der Verherrlichung Jesu am Kreuz seine endgültige Vollendung findet, ist das ganze Evangelium auf das Kommen dieser Stunde ausgerichtet. Die wiederholten Hinweise auf das »Noch-nicht-gekommen-sein« verleihen ihm eine dramatische Spannung und haben den Sinn, auf die noch ausstehende Vollendung hinzuweisen. Dem entspricht die Ausrichtung des Evangeliums auf das *Kommen des Geistes*, denn auch dieses steht ja unter dem Vorbehalt des Noch-nicht der Stunde der Verherrlichung, wie die Bemerkung des Evangelisten in 7,39 zeigt, daß es (den) »Geist noch nicht gab, weil Jesus noch nicht verherrlicht war«. Erst wenn Jesus am Kreuz verherrlicht sein wird, wird er auch den Geist geben (vgl. zu 19,30; ferner 16,7; 20,22).

Die Verherrlichung Jesu, des Menschensohns, vollzieht sich demnach im Sterben selbst, insofern dieses als Rückkehr zum Vater verstanden ist und sich in ihm die Einheit des Sohnes mit dem Vater am klarsten offenbart.

Zwar gibt es auch schon eine Offenbarung der Herrlichkeit Jesu *durch seine Zeichen* während seines öffentlichen Wirkens und insofern auch eine Verherrlichung. Die vorweltliche Herrlichkeit des »einzigen Sohnes vom Vater« (vgl. 1,14) kann eben nicht ganz verborgen bleiben (vgl. 2,11). Daher hat man das Joh auch – in Umkehrung einer Bezeichnung des Mk-Ev als das »Buch der geheimen Epiphanien« – das »Buch der epiphanen (= erscheinenden, offenbaren) Geheimnisse« genannt. Doch ist diese Verherrlichung während des öffentlichen Wirkens Jesu gleichsam noch eine vorläufige. Die eigentliche, definitive Verherrlichung geschieht erst im Sterben.

Im Hinblick auf die Verherrlichung Jesu unterscheidet Joh also *zwei Zeiten*, denen die Zweiteilung des Evangeliums entspricht: eine Zeit des Noch-nicht, der die Offenbarung in Zeichen und Bildreden zugeordnet ist, und eine Zeitspanne der Stunde, in der sich alles Vorhergehende vollendet (vgl. 17,4; 19,30), Jesus selbst in die endgültige Herrlichkeit eingeht und für die Glaubenden – unter dem Beistand des

Geistes – eine Zeit vollkommener Erkenntnis und reifen Glaubens beginnt (vgl. 16,7–15.25). Beide Zeiten sind aber – das darf nicht übersehen werden – durch die Person Jesu und sein Offenbarungswerk aufs engste miteinander verbunden (vgl. 17,1–5).

Die Abschiedsreden (Kap. 13 – 17) interpretieren und entfalten dieses Verherrlichungsgeschehen, indem sie Jesu Tod als Verherrlichtwerden deuten. Darum sprechen sie nicht vom Sterben Jesu, sondern von seinem Hinübergehen, Fortgehen und Wiederkommen. Das Sterben Jesu kann deshalb als Verherrlichung verstanden werden, weil gerade in ihm – für den Glaubenden – die Einheit des Sohnes mit dem Vater offenbar wird. Bei Joh folgt daher die Verherrlichung nicht etwa erst dem Tod, gleichsam als dessen Lohn. Vielmehr geschieht *im Sterben selbst Verherrlichung.* Das Kreuz ist schon ganz vom Schein der Herrlichkeit umstrahlt, die allerdings nur für den Glaubenden sichtbar ist. Daher kann Joh Jesu Tod am Kreuz auch als *»Erhöhung«* deuten (3,14; 8,28; 12,32), wobei das Kreuz gleichsam den himmlischen Thron zur Rechten des Vaters vertritt, den Jesus nach urchristlicher Anschauung durch seine Erhöhung eingenommen hat (vgl. Apg 2,32f.; Phil 2,9). Es braucht eigentlich nicht mehr eigens erwähnt zu werden, daß dieses Verständnis des Todes Jesu erst aufgrund der Auferstehung und Geistsendung möglich war.

3. Das Wohin Jesu (7,31–36)

Jesu Wort von seinem bevorstehenden Fortgang ist die erste öffentliche (wenn auch verhüllte) Ankündigung seines Todes. Das entspricht der bedrohlichen Situation, den vorausgehenden Hinweisen auf seine versuchte Festnahme und der Tötungsabsicht der Gegner (VV. 25.30.32). Joh spricht vom Sterben Jesu vorrangig und verschlüsselt als von einem *(Fort-)Gehen* (zum Vater) (vgl. 8,21f.; 13,33; 14,2–6; 16,5–7.16–20). »Die Juden« mißverstehen – wie so oft – Jesu Wort und deuten es vordergründig auf ein eventuelles missionarisches Wirken in der griechischen Diaspora.

Nach der Absicht Jesu soll es aber eine letzte Mahnung sein, noch einmal über ihre Stellung zu ihm nachzudenken und sich zu bekehren, ehe es zu spät ist. Nach seinem Tod wird Jesus für die Nichtglaubenden abwesend sein. Die Chance, durch ihn das Leben zu erlangen, wird vertan sein. Nur für die Glaubenden wird es eine neue, nie endende Anwesenheit Jesu während seiner leiblichen Abwesenheit geben. Das wird ein zentrales Thema der Abschiedsreden sein (vgl. Kap. 14 und 16).

4. Jesus, die Quelle des Geistes (7,37–39)

Der letzte Tag des Laubhüttenfestes war durch besondere Feierlichkeiten und Festfreuden gekennzeichnet. Priester zogen siebenmal in feierlicher Prozession mit frischem Quellwasser, das sie am Schiloach-Teich geschöpft hatten, um den Altar und brachten dort die Wasserspende dar. Der Ritus steht in Beziehung zur Bitte um den notwendigen Herbstregen. Auf diese Regenbitte bezogen sich auch die liturgischen Texte. Diese öffneten aber zugleich den Blick auf die erwartete kommende Heilszeit, die als Zeit wunderbarer Fruchtbarkeit geschildert wird (vgl. neben dem besonders wichtigen Text Ez 47,1–12 noch Jes 12,3; 43,20; 44,3; Joël 4,18; Sach 13,1; 14,8).

Jesus knüpft mit einem prophetisch-weisheitlichen Wort an den Festinhalt und den Ritus der Wasserspende an, wenn er wie ein Prophet »steht und (laut) ruft«:

»Wer Durst hat, komme zu mir,
und es trinke, wer an mich glaubt.«

Er lädt damit *jeden*, der nach wahrem Leben dürstet, ein, zu ihm, der Quelle des Lebens, zu kommen. Die Hoffnung, die sich in den Riten ausdrückt, kann schon jetzt durch ihn erfüllt werden. Wer gläubig zu ihm kommt, findet immer zu trinken, d. h. er findet Erfüllung seines ungestillten Verlangens nach sinnvollem, unvergänglichem Leben (vgl. 4,13 f.; 6,35). Eine ähnliche Einladung richtet die Weisheit im Buch der Sprüche an die jungen Leute: »Wer unerfahren ist, kehre hier ein. Zum Unwissenden sagt sie: Kommt, eßt von meinem Mahl, und trinkt vom Wein, den ich mischte« (Spr 9,4 f.).

Das anschließende Schriftzitat (das sich in dieser Form nirgends im AT findet) bezeichnet Jesus selbst als unversiegbare Quelle »lebendigen Wassers«. In einem Kommentar deutet der Evangelist dieses »lebendige Wasser« auf die *Gabe des Geistes,* die die Glaubenden durch Jesus empfangen werden. Diese Geistgabe ist jedoch – so erläutert der Evangelist weiter – *an Jesu Verherrlichung gebunden.* Damit kommen wieder Jesu Tod und Auferstehung in den Blick, in denen sich Jesu Verherrlichung ereignen wird. Sie sind also die notwendige Voraussetzung für die endzeitliche Gabe des Geistes.

Natürlich will der Evangelist nicht behaupten, daß es vor Jesu Verherrlichung den Geist überhaupt nicht gab. Viele Texte des Alten Testaments sprechen ja vom Wirken des lebenschaffenden Geistes Gottes (vgl. z. B. Num 11,25 ff.; Jes 11,1–9; 42,1; Ez 36,25 ff.; Joël 3,1–5), und Joh selbst berichtet von der Herabkunft des Geistes auf Jesus bei seiner Taufe (1,32 f.).

Aber der Geist war gleichsam eingeschlossen in Jesus, und erst sein Tod und seine Auferstehung werden ihn freigeben für alle Glaubenden (vgl. zu 19,30; 20,21 f.). In dem Kommentar des Evangelisten (V. 39) drückt sich die urchristliche Überzeugung aus, daß das Wirken des Geistes nach Jesu Verherrlichung *in neuer, nie dagewesener Weise erfahren wurde.* Diese neue Geisterfahrung war geradezu ein Unterscheidungsmerkmal der nachösterlichen Jesusgemeinde, und sie sollte es eigentlich für immer bleiben (vgl. Apg 2,1–21.32 f.; 1 Kor 12,1–11; Gal 3,1–5).

5. Diskussion über die Messianität Jesu (7,40–52)

Auch diesmal löst Jesu Wort eine heftige Reaktion bei den Hörern aus. Manche sehen in Jesus »den Propheten« aus Dtn 18,15 (vgl. S. 27) oder den Messias. Doch folgen auch gleich die dogmatischen Einwände: Der Messias muß doch aus dem Geschlecht Davids und (daher) aus Betlehem kommen, nicht wie dieser Jesus aus dem galiläischen Nazaret (vgl. 1,46).

Offensichtlich gehörte die Geburt Jesu in Betlehem nicht zum Glaubensgut der joh Gemeinde, sonst wäre dieses Argument der Gegner nicht verständlich. Jedenfalls ist bei Joh von Betlehem als Geburtsort Jesu nie die Rede. Sehr wahrscheinlich kommen hier wieder Einwände der Juden gegen die Messianität Jesu in der Auseinandersetzung mit Christen zur Sprache.

Erst jetzt kommt das schon vor Tagen ausgesandte Eingreifkommando der Tempelpolizei zurück – ohne Jesus. Sie werden ungewollt zu Zeugen der außergewöhnlichen Autorität Jesu. Für die Pharisäer aber ist Jesus ein Volksverführer, dem nur jene verfallen können, die das Gesetz nicht kennen. Gebildete und standhafte Theologen wie sie fallen nicht auf ihn herein.

In der Verfluchung des einfachen, des Gesetzes unkundigen Volkes decken sie selbst ihre menschenverachtende Denkweise auf. (Das gilt sicher nicht für die Mehrheit der Pharisäer, denn sie waren, wie zeitgenössische Berichte bezeugen, beim Volk sehr beliebt.) Einer ihrer eigenen Leute, der aus dem 3. Kapitel bekannte Nikodemus, muß sie darauf aufmerksam machen, daß sie in ihrem Haß gegen Jesus selber dabei sind, das von ihnen immer gegen Jesus angeführte Gesetz zu mißachten. Doch sie lassen sich auf keine weitere Diskussion ein. Für sie steht als unumstößliches Dogma fest: »Der Prophet kommt nicht aus Galiläa.« – Ihr Haß macht sie blind und verschlossen für Gottes Angebot durch seinen Gesandten.

VIII. *Richtet nicht! Jesus und die Ehebrecherin (8,1–11)*

Die Erzählung von der Ehebrecherin gehört zweifellos zu den bekanntesten und eindruckvollsten Texten des Joh. Doch wird der aufmerksame Leser, der nach sieben Kapiteln mit der johanneischen Gedankenwelt und Sprache vertraut geworden ist, auch mit einiger Verwunderung feststellen, daß sie eigentlich wenig typisch Johanneisches enthält. Sie könnte gut in einem der synoptischen Evangelien stehen, z. B. bei Lukas. Zwischen den langen Reden und theologischen Auseinandersetzungen der Kapitel 5 – 8 wirkt sie jedenfalls wie ein Fremdkörper. (Tatsächlich hat diese Geschichte ursprünglich wohl nicht zum Joh gehört. Ein Hinweis auf die Nichturspünglichkeit ist die Tatsache, daß ihr Platz in der Textüberlieferung schwankt. In manchen alten Handschriften steht sie nämlich nach 7,36 oder nach 21,24, in manchen sogar nach Lk 21,38.)

Die Erzählung hat *zwei Teile und Höhepunkte*: die Konfrontation Jesu mit den »Schriftgelehrten und Pharisäern« (diese Zusammenstellung ist übrigens einmalig im Joh), die mit dem Wort Jesu in Vers 7 ihren Höhepunkt erreicht, und die Begegnung Jesu mit der Frau, die mit dem Freispruch der Frau in Vers 11 schließt.

Gegen selbstgerechtes Verurteilen

Eine Frau ist auf frischer Tat, einem Ehebruch, ertappt worden. Nach der Vorschrift des Gesetzes stand auf Ehebruch die Todesstrafe (durch Steinigung oder Erdrosselung, vgl. Dtn 22,22 f.). Die Gegner Jesu ergreifen die Gelegenheit, Jesus eine Falle zu stellen. Wenn sie ihn also nach seiner Meinung fragen, geschieht das nicht, um Klarheit über ihr weiteres Vorgehen zu gewinnen, sondern um Jesus auf die Probe zu stellen und ihn verklagen zu können (vgl. die ähnliche Situation bei Mk 12,13–17). Entscheidet Jesus sich für ein mildes Vorgehen, stellt er sich gegen das Gesetz; entscheidet er sich für die strikte Anwendung des Gesetzes, setzt er sich in Widerspruch zu seiner zentralen Botschaft von der bedingungslosen, erbarmenden Liebe Gottes (vgl. Lk 15). Doch Jesus durchschaut ihre Absicht und läßt sich nicht auf eine spitzfindige Gesetzesdiskussion ein. Angesichts der ihn hartnäckig bedrängenden Frager reagiert er gelassen und souverän: er schreibt »mit dem Finger auf die Erde«. Es ist müßig danach zu fragen, was er wohl geschrieben hat. (Manche denken an Jer 17,13 f.) Entscheidend ist seine Antwort, die die Aufmerksamkeit der Frager von der angeklagten Frau in ihrer Mitte weglenkt und die Ankläger mit sich selber konfrontiert. Sie sind dadurch gezwungen, ihre eigene Sündhaftigkeit anzuerkennen und einzusehen, daß sie als Sünder eigentlich nicht das Recht haben, andere zu richten (vgl. Mt 7,1–5).

Die Reaktion der Frager zeigt, daß sie verstanden haben und ihr moralisches Gewissen und Rechtsempfinden immerhin noch in Ordnung ist. Daß die Ältesten als die Erfahreneren und Weiseren den Anfang machen, spricht eigentlich für sie.

Ermöglichung eines neuen Anfangs

Nun steht die Ehebrecherin Jesus allein gegenüber und hört aus seinem Mund das befreiende Wort der Vergebung. Kein Wort der Verurteilung, keine Moralpredigt, keine Erwähnung der schuldhaften Vergangenheit. Jesus eröffnet vielmehr einen neuen Weg in die Zukunft. Die Frau erhält die Chance eines Neubeginns.

Jesus verhält sich hier genau wie der Vater im Gleichnis vom »barmherzigen Vater und seinen beiden Söhnen« (Lk 15,11–32). Aus der vorbehaltlosen Zuwendung und Vergebung wird die Frau – das ist die Überzeugung Jesu – die Kraft schöpfen, ein neues Leben zu beginnen.

Der spätere Umgang der Kirche mit öffentlichen Sündern zeigt, daß sie sich oft schwer tat, hierin ihrem Herrn und Meister zu folgen. Wenn diese Geschichte es so schwer hatte, einen Platz in den Evangelien zu finden, dann mag das nicht zuletzt auch daran gelegen haben, daß man diesen Umgang Jesu mit Sündern für zu »großzügig« hielt. Solches Verhalten war eher von der Furcht vor Mißbrauch bestimmt als von dem Vertrauen in die verwandelnde Kraft der Liebe und der Vergebung, auf die Jesus setzte.

IX. Weitere Streitgespräche in Jerusalem (8,12–59)

1. Hinführung: Von den Schwierigkeiten mit Jesusreden im Johannesevangelium

Wenn man gesagt hat, daß Jesus im Joh eigentlich immer nur von einem Thema spricht, nämlich von sich selbst und damit notwendigerweise von seiner Sendung durch den Vater und seiner Einheit mit ihm, dann gilt das vor allem von den Kapiteln 5 – 8 und 10. In immer neuen Abwandlungen – Variationen zu einem Hauptthema vergleichbar – kommt stets das gleiche zur Sprache: *Jesus ist als Sohn des Vatergottes der in die Welt des Todes gesandte Offenbarer dieses Gottes, der der Welt das wahre, eigentliche Leben mitteilt* (vgl. S. 40 f.).

Diese Thematik wird auf dem Hintergrund der vorausgegangenen Offenbarung Gottes im Alten Bund entfaltet. Damit ist notwendigerweise die Frage gestellt, wie sich der Glaube und das Offenbarungsverständnis der Christen zum überlieferten alttestamentlichen Glauben verhalten. Die Christen sehen in der Christusoffenbarung die Fortsetzung und endgültige Vollendung der alttestamentlichen Offenbarung (vgl. Hebr 1,1–4). Das aber wird von den Juden gerade bestritten. Für sie ist der Christusglaube ein Bruch mit dem überlieferten Glauben und dessen Leugnung.

In der Auseinandersetzung mit dem Judentum sehen sich die Christen also vor die Notwendigkeit gestellt, ihr Offenbarungsverständnis zu begründen, d. h. sie müssen nachweisen, daß und warum Jesus der von Gott gesandte Offenbarer ist. Daher die ständige Wiederholung der *Legitimationsfrage* in den Diskussionen mit den Juden.

Die joh Offenbarungsreden und Diskussionen spiegeln diese Auseinandersetzung wider. Der Streit zwischen Jesus und den Juden ist also in Wirklichkeit *der Streit zwischen zwei religiösen Gruppen: den Christen und den Juden*. Die Gruppe der an Jesus Glaubenden versucht nun, ihre Position der anderen gegenüber zu rechtfertigen. Sie will ihr beweisen, daß sie im Recht und in der Wahrheit ist und daß die Gegenargumente der anderen nicht stichhaltig sind. So stehen Argumente gegen Argumente. Die Frage ist, wer die besseren hat.

Die Schwierigkeit besteht vor allem darin, daß etwas bewiesen werden soll, was mit rein logischen, objektiven, innerweltlich nachprüfbaren Argumenten gar nicht zu beweisen ist (das Gesandtsein Jesu durch Gott und damit die Wahrheit der Jesusoffenbarung). Zwar werden immer wieder »Beweisverfahren« im Rahmen und unter Voraussetzung alttestamentlich-jüdischer Rechtsvorstellungen und -vorschriften geführt, aber letztlich erweisen sich diese Versuche als unzulänglich, weil gesetzliche Vorstellungen und Rechtssprache der »Sache« eigentlich unangemessen sind. *Jesu Offenbarungsanspruch ist dem rein natürlichen Denken nicht einsichtig zu machen.* Beide liegen auf völlig anderer Ebene. Nur dem Glauben eröffnet sich der Zugang zur Welt Gottes, aus der Jesus kommt.

Von der Notwendigkeit, aber auch der Schwierigkeit des Legitimationsnachweises wird (wenigstens zum Teil) verständlich, daß Joh immer wieder neu ansetzt und schon Gesagtes in gleicher oder ähnlicher Weise wiederholt. Es sind im Grund immer neue Versuche, den Gegnern klarzumachen, warum die Christen sich für Jesus entschieden haben und warum sie an ihn glauben. Dabei wird er nicht nur die Widerlegung der Gegner im Blick haben, es geht ihm auch darum, Juden für das Christentum zu gewinnen und zugleich auch seine eigenen Glaubensbrüder und -schwestern in ihrem Glauben zu stärken. In immer neuen Bildern und Gedankengängen versucht er, das eine Wesentliche zu verdeutlichen. Es ist wie das Kreisen um eine Mitte, von der alles zusammengehalten wird. Vorher Gesagtes nimmt er wieder und wieder auf, beleuchtet es unter anderem Blickwinkel, erweitert, präzisiert und vertieft es. Daher der Eindruck beim Leser, er hätte das alles schon einmal gehört (besonders auffallend in den Kapiteln 5 – 8). Es ist daher vielleicht auch nicht so entscheidend, jede Einzelaussage genau zu erfassen. Wichtiger ist, daß das Eigentliche, worauf alle Einzelaussagen zielen, erkannt wird.

Der Einheit der Thematik entspricht in diesen wichtigen Kapiteln (5 – 8; 10) die *Einheit des Ortes.* Nicht ohne Grund finden die Auseinandersetzungen in Jerusalem, vorrangig im Tempelbezirk, dem religiösen Mittelpunkt des Judentums, statt. Im Vergleich zu den wechselnden Schauplätzen und der bunten Vielfalt des Wirkens Jesu bei den Synoptikern wirkt die joh Darstellung eintönig, wenn an einem Ort endlose Reden und Diskussionen gehalten werden, die nur gelegentlich von Aktionen unterbrochen sind. Das alles macht das Lesen und Verstehen dieses »geistlichen Evangeliums« nicht gerade leicht.

So verhält es sich auch mit dem 8. Kapitel. Es ist für das eben Gesagte ein typisches Beispiel. In ihm wird die im 5. und 7. Kapitel begonnene Diskussion fortgesetzt. (Jesus befindet sich im Anschluß an das Laubhüttenfest immer noch in Jerusalem.) Dort bereits angesprochene Themen werden wieder aufgenommen und weitergeführt. Die Auseinandersetzung mit den Juden nimmt an Schärfe zu und erreicht hier einen Höhepunkt. Wieder wird sie in Form eines Rechtsstreits geführt, in dem es *um den Nachweis der Berechtigung des Anspruchs Jesu* geht, und wieder kommt es auf seiten der Gegner Jesu zu Mißverständnissen.

2. Jesus, das Licht der Welt (8,12–20)

Die Auseinandersetzung entzündet sich an einem *Ich-bin-Wort,* mit dem Jesus sich als »*das Licht der Welt*« offenbart. Wahrhaftig ein provozierender Anspruch im Munde eines Menschen. Licht ist ein menschliches Ursymbol für geglücktes, sinnerhelltes Leben wie Finsternis Sinnbild für Unheil und Todesverfallenheit ist. Im Judentum können die Tora (das Gesetz oder Wort Gottes, vgl. Ps 119,105) aber auch Israel, Jerusalem, der Tempel als »Licht (oder ›Leuchte‹) der Welt« bezeichnet werden, und der »Knecht Gottes« wird bei Jes 42,6; 49,6 »Licht der Heiden« oder »der Völker« genannt.

Jesus erhebt den Anspruch, selbst in einem ausschließlichen und allumfassenden Sinn für jeden, der sich ihm im Glauben anschließt, »*das Licht des Lebens*« zu sein (vgl. schon 1,4–9 und 9,6), ihm also ein sinnerfülltes, unzerstörbares Leben zu schenken. Licht bedeutet daher nichts weniger als das durch Offenbarung und Glauben zugänglich gewordene *Heil.* Dieses heile Leben gibt es nur durch Jesus und nur in der konkreten Nachfolge, d. h. in der lebendigen Glaubensbeziehung zu ihm (vgl. auch 1 Joh 1,5–7). Weil »das Licht der Welt« eine Person und keine Sache ist, kann der Mensch »das Licht des Lebens« nur in der persönlichen Bindung an diese Person empfangen.

Jesu Selbstzeugnis und das Zeugnis des Vaters

Das Ich-bin-Wort der Selbstoffenbarung fordert bei den Gegnern sofort die Frage nach der Berechtigung solchen Anspruchs heraus. (»Das kann ja jeder sagen. Beweise es«, denken sie.) Und schon beginnt ein neuer *Rechtsstreit.*

Hatte Jesus nicht selber gesagt, daß ein Selbstzeugnis nicht genügt (5,31)? Und fordert nicht auch das Gesetz das Zeugnis zweier Menschen für ein wahres und gültiges Zeugnis (Dtn 19,15)? Ein Selbstzeugnis hat keine Beweiskraft.

Doch Jesus steht mit seinem Zeugnis gar nicht allein. Er kann noch das Zeugnis eines anderen anführen. Neben seinem Zeugnis steht nämlich *das Zeugnis des Vaters,* der ihn gesandt hat. Aber – so muß man fragen – ist dieses Zeugnis im Sinne der Gegner überprüfbar? Es ist ja doch nur im Zeugnis des Gesandten, also im Selbstzeugnis Jesu zugänglich. Dieses ist aber innerweltlich nicht beweisbar. *Nur wer schon um Jesu Herkunft und Ziel weiß,* wer also Jesu Gesandtsein von Gott im Glauben anerkennt, *wird sein Zeugnis annehmen.* Diese Voraussetzung ist bei den Juden aber gerade nicht gegeben, wie ihre Frage: »Wo ist dein Vater«?, deutlich zeigt. Würden sie wissen, daß Gott der Vater Jesu ist und daß Gott durch die Worte und Werke Jesu Zeugnis gibt, dann würden sie das Selbstzeugnis Jesu annehmen. Jetzt aber halten sie das Zeugnis Jesu nur für das Zeugnis eines gewöhnlichen Menschen, weil sie Jesus nur menschlich, »dem Fleische nach« beurteilen. Sein eigentliches Wesen bleibt ihnen verborgen, denn das erschließt sich nur dem, der erkannt hat, daß er vom Vater kommt und zum Vater geht. Wahre Erkenntnis Jesu schließt das Wissen um seine besondere Beziehung zum Vater ein. Wer den Vater nicht kennt, kennt auch den Sohn nicht, wie auch umgekehrt niemand den Vater kennt, der den Sohn nicht kennt, der von sich sagen kann: »Wer mich sieht, sieht den Vater« (14,9).

3. Jesu Fortgehen und Erhöhung (8,21–29)

Das vorausgehende Streitgespräch hatte mit einem Hinweis auf die Stunde Jesu geendet (V. 20). Damit wurde der Blick auf seinen Tod und seine Auferstehung gelenkt, die Joh als »Fortgehen« und

»Erhöhung« versteht. Dies wird nun zum beherrschenden Thema der folgenden Auseinandersetzung, in der im Grunde bereits bekannte Gedanken und Positionen in abgewandelter Form zur Sprache kommen.

Jesu Fortgehen und das Mißverständnis der Gegner

Schon beim Laubhüttenfest hatte Jesus von seinem »Fortgehen« gesprochen und dadurch das Mißverständnis der Hörer hervorgerufen, er wolle in der Diaspora missionieren (7,33 ff.). Auch hier verstehen seine Gegner nicht, was Jesus mit dem »Fortgehen« eigentlich meint. Sie deuten es in einem rein natürlichen Sinn als verhüllte Andeutung einer Selbstmordabsicht Jesu. Krasser könnte kaum zum Ausdruck kommen, wie weit die Gesprächspartner voneinander entfernt sind. Welten trennen sie. Tatsächlich stammen sie aus verschiedenen Welten oder Bereichen, durch die ihr ganzes Wesen, Denken und Reden geprägt wird. Während Jesus »von oben«, d. h. aus dem Bereich Gottes stammt, stammen seine Gegner »von unten«. Sie haben ihre eigentlichen Wurzeln in »dieser Welt« (vgl. S. 40 f.).

Unter diesen Voraussetzungen ist ein Verstehen unmöglich. Weil ihr Denken sich auf ganz verschiedenen Ebenen bewegt, müssen sie notwendigerweise aneinander vorbeireden. Ein Verständnis wäre nur möglich, wenn sie – bildhaft gesprochen – ihre Zugehörigkeit zu einer dieser Welten wechselten, d. h. eine andere Abstammung oder einen neuen Ursprung hätten. Dieser Wechsel setzt aber, wie Joh in 3,3–8 dargelegt hatte, eine neue Geburt, ein Gezeugtwerden »von oben«, »aus dem Geist« oder – unbildlich gesprochen – den Glauben voraus (vgl. S. 36 f.). Nur wenn die Gegner an Jesu Sendung und Heilsauftrag glaubten (wie der Evangelist schon im 3. Kapitel gezeigt hatte), wenn sie glaubend anerkannten, daß ihnen in ihm der »Ich-bin« begegnet, könnten sie ihr Wesen ändern und gerettet werden.

Falls sie aber bei ihrer Glaubensverweigerung bleiben, werden sie nie dorthin kommen können, wohin Jesus geht: zum Vater. Sie bleiben vom Heil ausgeschlossen und werden »in ihrer Sünde sterben«. »Die Sünde« (bei Joh fast immer in der Einzahl) ist nicht zuerst eine moralische Verfehlung, sondern *der Unglaube*, der den

Weg zum Leben (= zu Jesus und durch ihn zum Vater) versperrt. Der Nichtglaubende steht unter der bedrohlichen und lebensvernichtenden Macht des Todes. Er stirbt in der Sünde, ohne je eigentlich gelebt zu haben (vgl. dagegen 5,24 f.; 11,25 f.). Wie bedrohlich und ernst diese Gefahr des Heilsverlusts ist, zeigt die dreimalige Wiederholung dieser Androhung (VV. 21.24).

Die Erhöhung Jesu

Die Frage der Gegner: »Wer bist du?« (eigentlich), zeigt überdeutlich die Fremdheit, die zwischen ihnen und Jesus herrscht. Sie ist Zeichen ihres Unglaubens und ihres Nichtverstehens und kennzeichnet sie gleichsam als »Außenstehende«.

Jesus beantwortet die Frage zunächst nicht direkt, sondern verweist auf die Nutzlosigkeit weiterer Offenbarung angesichts des erstarrten und festgelegten Standpunkts der Gegner. Dieser macht eine Fortführung des Gesprächs eigentlich sinnlos. War das die Meinung eines Teils der joh Gemeinde im Hinblick auf das Gespräch mit den Juden? War zwischen ihnen das »Tischtuch zerschnitten«?

Zwar hätte Jesus noch vieles über sie zu sagen und zu richten, aber das ist nicht sein Auftrag. Vielmehr ist er gesandt worden, den Vater zu offenbaren und der Welt das Heil anzubieten (vgl. 12,44–50; 17,6–8).

Tatsächlich erfolgt aber eine *neue Offenbarungsrede,* die Antwort auf die Frage: »Wer bist du?«, gibt. Sie weist in die Zukunft. Wenn die Gegner (»ihr«) Jesus *»erhöht«,* d. h. ihn *gekreuzigt* haben werden (vgl. 3,14; 12,32 f.), werden sie erkennen, wer er ist: der Gesandte und Offenbarer des Vaters, der nichts von sich aus tut, sondern in Wort und Tat nur die »Lehre« das Vaters verkündet. Gerade im gehorsamen Sterben wird die Einheit von Vater und Sohn, von Sendendem und Gesandtem am eindrucksvollsten offenbar werden. Entgegen einer naheliegenden Deutung, daß Gott seinen Sohn im Tode verlassen habe, weiß der joh Jesus, daß der Vater ihn niemals allein lassen wird (vgl. 16,32).

Daß diese Einheit des Sohnes mit dem Vater gerade durch die alttestamentliche Offenbarungsformel »*Ich bin*« (der ›Ich-bin-da‹) ausgedrückt wird, hängt natürlich damit zusammen, daß dieser

Streit mit Juden geführt wird. Mit dem »Ich bin der ›Ich-bin-da‹« hatte Gott sich Mose als der offenbart, der in Treue helfend und schützend für sein Volk Israel dasein wird (vgl. S. 60f.). Wenn die Christen diese Selbstbezeichnung Gottes (Jahwes) nun auch auf Jesus übertragen, dann bekennen sie damit, daß Jesus gottgleich ist und Gott jetzt in Jesus handelt, wie er selbst einst in der Geschichte Israels gehandelt hat. *Jesus ist jetzt »der Ort« der Selbstoffenbarung Gottes.* Wer Gott begegnen will, kann es fortan nur durch Vermittlung seines Gesandten Jesus.

Doch werden die ungläubigen Juden das nach der Erhöhung (also nach Karfreitag und Ostern) erkennen können? Es scheint, daß der Evangelist hier eher Judenchristen seiner Gemeinde im Blick hat, die zum Glauben gekommen sind.

4. Wahre Freiheit und Abrahamskindschaft (8,30–59)

Diesen Judenchristen gilt auch die folgende Mahnung und Verheißung (V. 30f). Vielleicht handelt es sich um Leute, deren Glauben noch nicht gefestigt ist und die in Gefahr stehen, wegen des Drucks »von außen« nicht bei ihrer Entscheidung zu bleiben. Aber wahre Jüngerschaft Jesu ist nicht eine Sache augenblicklicher und vorübergehender Begeisterung. Sie ist eine Lebensentscheidung, die end-gültig und dauerhaft ist und sich in Treue bewähren muß. (Daher spricht Joh so oft vom »Bleiben in...«.)

Wer sich für Jesus entschieden hat, tritt gleichsam in einen Lebensraum ein, in dem er eine neue Bleibe finden kann und sollte. In Jesu *»Wort bleiben«* meint die vollendete und dauerhafte Glaubensbeziehung zu Jesus, die sich im Fruchtbringen äußert (vgl. die Bildrede vom Weinstock, 15,1–9). Nur dem, der so in Jesu Wort bleibt, ist die volle Erkenntnis der *Wahrheit* verheißen. Hier geht es nicht um eine theoretische, verstandesmäßige Wahrheitserkenntnis, deren Gegenstand philosophische oder theologische Wahrheiten im Sinne von wahren Lehrsätzen wäre. Vielmehr ist dieses Erkennen ein Ergriffenwerden von der Wahrheit, die wie eine verändernde Kraft einen Prozeß radikaler und totaler Umwandlung einleitet, der zur Befreiung des Menschen führt. »Dein Wort ist Wahrheit«, heißt es in 17,18. *Wahrheit ist also die Jesusoffenbarung selbst, und Wahrheitserkenntnis ist Heilserkenntnis*, in der

der Mensch sich seines neuen, von Gott geschenkten Lebens inne wird. Das wird noch deutlicher, wenn man bedenkt, daß bei Joh Jesus selbst »die Wahrheit und das Leben« ist (14,6) und auch der Heilige Geist der »Geist der Wahrheit« genannt wird (14,17; 16,13). Die Glaubenserkenntnis dieser Wahrheit eröffnet den Zugang zum Leben (vgl. 17,3).

Zur wahren Freiheit befreit

Kennzeichen dieses neuen Lebens ist die Freiheit als Wirkung der Wahrheit. Der Glaubende und Erkennende (= der »im Wort Bleibende«) ist befreit von dem Gefangensein durch vielfältige Abhängigkeiten in dieser Welt, befreit vor allem von den Unheilsmächten des Todes und der Sünde. Freiheit ist somit im Grunde gleichbedeutend mit dem neuen Leben in Christus.

Die Juden reagieren auf das Verheißungswort mit Empörung. Sie brauchen kein Angebot der Befreiung, denn nach ihrem Selbstverständnis sind sie als Abrahamskinder freie Söhne Gottes. Als Nachkommen Abrahams haben sie eine Art Geburtsadel der Freien. Tatsächlich war der Freiheitsdrang und die Freiheitsliebe der Juden allseits bekannt. Das ist bei einem Volk, das oft von fremden Besatzungsmächten unterdrückt wurde, nur allzu verständlich. Flavius Josephus bezeugt z. B. von den Zeloten, daß »sie nur Gott als den alleinigen Herrn und König anerkennen wollen«.

Wer sind Abrahams wahre Kinder?

Aber stimmt die Voraussetzung der Gegner Jesu? Sind sie wirklich Abrahamssöhne, und berufen sie sich zu Recht auf die Vaterschaft Abrahams? Das ist das Thema, das die folgende Auseinandersetzung beherrscht. Die Vermutung liegt nahe, daß auch die Frage nach den wahren Nachkommen Abrahams zu den strittigen Punkten zwischen den Christen und Juden zählte, zumal sie auch an anderen Stellen des Neuen Testaments ihren Niederschlag gefunden hat (vgl. Mt 3,7–10; Gal 3,6–9; Röm 4).

Die Antwort Jesu auf den Protest der Gegner macht deutlich, um welche Freiheit es hier geht. Nicht um eine politische oder soziale Freiheit, auch nicht um eine philosophische. Es geht um eine viel grundlegendere, existentielle Freiheit von der Versklavung durch die Sündenmacht (vgl. Röm 6,15–23). Daran, daß »die Juden« gerade im Begriff sind, die größte Sünde zu begehen, nämlich den Sohn und Offenbarer Gottes töten zu wollen, wird deutlich sichtbar, daß sie nicht frei sind, sondern Sklaven, Sklaven der Sünde. Nur einer könnte sie daraus befreien, der freie Sohn, der – im Gegensatz zum Sklaven oder Knecht – alle nicht kündbaren Sohnesrechte im Vaterhaus hat.

Natürlich weiß auch Jesus, daß die Juden leibliche Nachkommen Abrahams sind, aber ihr Denken und Tun widerspricht einer wahren Sohnschaft, falls man voraussetzt, daß Söhne an der Übereinstimmung ihres Verhaltens mit dem Handeln der (leiblichen oder geistigen) Väter erkannt werden können. Ihr Verhalten läßt aber unweigerlich darauf schließen, daß sie einen anderen Vater als Abraham haben müssen und daß ihr Vater auch nicht identisch mit dem Vater Jesu sein kann. Die Frage bleibt gestellt: Wer ist also ihr wirklicher Vater?

Gotteskinder oder Teufelskinder?

Fast notwendigerweise führen nun »die Juden« Gott als ihren wirklichen Vater ein, nicht ohne zuvor die vermeintliche Unterstellung zurückgewiesen zu haben, sie hätten einen anderen, illegitimen Vater. Abfall von Gott und Götzendienst konnte im Alten Testament und im Judentum nämlich als Ehebruch bezeichnet werden (vgl. Hos 1,2; 4,12; Jer 2,20–27). Die Überzeugung, daß Gott der Vater Israels ist und umgekehrt Israel Gottes Sohn, ist in zahlreichen alttestamentlichen Texten belegt und gehört neben dem Bekenntnis zum Einen Gott (Dtn 6,5) zum selbstverständlichen Glaubensgut Israels (vgl. Mal 2,10; Ex 4,22; Dtn 14,1; Jer 3,4.19; Hos 11,1).

Doch wie kann Gott ihr Vater sein, wenn sie den Sohn, der im Auftrag dieses Vaters gekommen ist und der nichts anderes sagt und tut als das, wozu ihn der Vater gesandt hat, ablehnen, verfolgen und töten wollen? Wenn Gott wirklich ihr Vater wäre, müßten sie dann nicht auch seinen Sohn lieben, d. h. eine positive, wohlwollende Einstellung ihm gegenüber einnehmen (vgl. 5,37 f.)?

Aber sie wollen ja gar nicht hören und verstehen. Verblendet und taub in ihrem Haß, hören sie nur, was sie hören wollen. Sie können sich gar nicht mehr unvoreingenommen auf Jesu Rede einlassen. Denn »Hören« setzt Offenheit und Bereitschaft zur Veränderung voraus. Durch ihr Verhalten wird offenkundig, daß ein anderer ihr Vater sein muß, nämlich der Teufel, denn das Wesen des Teufels ist gekennzeichnet durch den Vernichtungswillen des Lebens und durch die Lüge, also durch das Gegenteil von dem, was Jesus im Auftrag des Vaters bringt: Leben und Wahrheit (vgl. 1 Joh 3,8).

Hier wird in Anspielung auf bestimmte biblische und nachbiblische Traditionen (vgl. Ijob 1 – 2; Weish 2,24) in mythologischer Sprache der letzte Ursprung der Sünde der Juden aufgedeckt: es ist der Unglaube als widergöttliches Wesen (vgl. 6,70; 13,2; 12,31; 16,11). Wer dagegen »aus Gott« ist, also an Gottes Wesen teilhat, hört in Jesu Offenbarungswort die Stimme des Vaters, er erkennt gleichsam die innere Verwandtschaft mit dem, was in ihm ist (vgl. 7,17). Daß die Gegner Jesu seine »Sprache« nicht verstehen, liegt also nicht nur an ihrem bösen Willen. Der Grund liegt tiefer: Sie und Jesus sind (gemäß dem joh Dualismus) einander wesensfremd und reden deshalb aneinander vorbei (vgl. S. 40 f.).

Die Reaktion der Juden auf diese ungeheure Anschuldigung einer »Teufelskindschaft« und Komplizität mit dem Teufel ist aus ihrer Sicht verständlich: Sie erklären Jesus für einen Samariter und für besessen (vgl. Mk 3,22). »Samariter« ist im Munde der Juden ein Schimpfwort und enthält den Vorwurf der Ketzerei. Das Niveau der Auseinandersetzung ist bedenklich gesunken.

Jesus ist größer als Abraham

Anstatt von seinem Anspruch irgend etwas zurückzunehmen, steigert Jesus das Ärgernis noch, indem er nur um so nachdrücklicher auf seine einzigartige Beziehung zu Gott besteht, sich die ausschließlich göttliche Vollmacht zuschreibt, ewiges Leben zu verleihen, und sich somit (indirekt) Gott gleichstellt. Gott steht ganz auf der Seite Jesu. Ihm kann Jesus daher seine Ehre und das Richten in diesem Streit überlassen.

Den Juden wird dagegen wahre Gotteserkenntnis abgesprochen und das Recht bestritten, Gott ihren Vater zu nennen. Noch einmal wird Abraham von Jesus eingeführt. Auch er steht auf seiner Seite. Nach jüdischer Auffassung wurde den Vätern das Vorrecht geschenkt, die Zukunft zu schauen. Jesus behauptet nun, daß bereits Abraham ihn und sein Heilswerk schaute (vgl. 12,41 von Jesaja). Aber im Gegensatz zu den Juden freute er sich darüber.

Die Gegner mißverstehen diese Behauptung Jesu wieder. Wenn man Jesus nur menschlich beurteilt, ist das – angesichts des Alters Jesu (50 ist eine runde Zahl, die das volle Mannesalter meint) – freilich unmöglich. Doch er ist nicht nur ein Mensch wie Abraham: Ehe Abraham geboren *war*, *ist* er schon. Mit der nochmaligen deutlichen Anspielung auf die alttestamentliche Offenbarungsformel (»Ich bin«) ist der Höhepunkt und das Ende dieses Rechtsstreits erreicht. Die Juden antworten auf dieses von ihnen als Gotteslästerung empfundene Offenbarungswort Jesu nicht mehr mit Argumenten, sondern mit Steinen (vgl. Lev 24,11–16) und bestätigen damit nur den Vorwurf Jesu, sie suchten ihn zu töten (7,19 f.). – Jesus entzieht sich ihnen und verläßt in souveräner Freiheit den Tempelbezirk. Dort werden »die Juden« Gott nicht mehr finden, denn der »Ich-bin« offenbart sich und begegnet den Menschen von nun an nur im Menschen Jesus. Er ist der von Gott erwählte Ort der Gottesbegegnung. »Gleichsam als Mensch flieht er vor den Steinen; aber wehe jenen, vor deren steinernen Herzen Gott flieht«, kommentiert Augustinus.

Der Eindruck, den dieses Kapitel hinterläßt, mag bei den meisten Lesern sehr zwiespältig sein. Einerseits gewährt es einen tiefen Einblick in die joh Christologie, andererseits reizt es zum Widerspruch. Es muß doch traurig und betroffen machen, wie hier zwei Gruppen, die aus einer ursprünglich gemeinsamen Glaubensgeschichte kommen und leben, sich wie zwei »feindliche Brüder« gegenseitig verketzern, einander das Recht absprechen, Gott ihren Vater zu nennen, und sich auch den gemeinsamen Träger der Verheißungen Gottes, den Vater Abraham, streitig machen. Angesichts dieses unguten Streits mag man fragen, ob da wirklich noch der Geist Jesu spricht, wo Christen Juden in der Weise »verteufeln«, wie es hier geschieht (vgl. dagegen Lk 23,34). Wohl kann und muß die Schärfe der Auseinandersetzung aus der besonderen geschichtlichen Situation verstanden werden, in der es um Sein oder Nichtsein ging, und niemals dürfen solche Texte unabhängig von ihr als geschichtlose, absolute, ewig gültige Wahrheiten ausgegeben werden, aber man sollte nicht versuchen, sie heute noch zu rechtfertigen. Ihre Wirkungsgeschichte mit den bekannten entsetzlichen Folgen ist eine eindringliche Warnung davor.

»Die Juden« im Johannesevangelium und die Situation der joh Gemeinde

Die pauschale Bezeichnung der Gegner Jesu als »die Juden« gehört zu den befremdlichen und anstößigen Besonderheiten des Joh. Da diese Eigenart des vierten Evangeliums (verständlicherweise) oft als Antisemitismus verstanden worden ist und zu folgenschweren Mißverständnissen Anlaß gegeben hat, ist eine Klärung dieses Befundes unerläßlich.

Von insgesamt 70 Vorkommen des Begriffs »(die) Juden« sind 33 eindeutig negativ verwendet; 19mal begegnen »die Pharisäer« (davon nur an 4 Stellen nicht negativ), 5mal »die Hohenpriester und Pharisäer« zusammen (7,32.45; 11,47.57; 18,3) als Gegner Jesu.

Das Verhältnis Jesu bzw. der joh Gemeinde zum Judentum wird aber *nicht nur einseitig negativ* dargestellt. So zeugt die Antwort Jesu an die Samariterin in 4,22: »Das Heil kommt von den Juden« von einer überraschend *positiven* Einstellung. (Leider steht dieses Wort in seiner Art einzig da, so daß manche es für einen späteren Einschub halten.) An mehreren Stellen ist auch von »Juden« die Rede, die zum Glauben an Jesus gekommen sind (7,41.40.43; 8,31; 11,45; 12,11.17). Einige Texte lassen überdies zumindest eine Wertschätzung jüdischer Traditionen erkennen (z. B. 2,16; 5,39.45f.; 8,39f.), andere könnte man als *neutral* bezeichnen (z. B. jene, die jüdische Gebräuche erläutern: 2,6.13; 3,1; 5,1; 11,55). Doch zeigt sich bei ihnen auch schon die distanzierte und abgrenzende Einstellung eines Außenstehenden, wenn der Evangelist von »eurem Gesetz« (8,17; 10,34; 15,25) oder von »euren Vätern« (6,49; vgl. 8,56) spricht. So redet einer, der sich selbst nicht (mehr) dazugehörig fühlt (vgl. die Antwort der Samariterin in 4,9!). *Eindeutig negativ* und für Juden im höchsten Maß provozierend und verletzend sind jedoch die Urteile über »die

Juden« im vorhergehenden 8. Kapitel. Sie gehören sicher zu den »antijüdischsten« Äußerungen im ganzen Neuen Testament (vergleichbar nur noch mit den Attacken des Paulus in 1 Thess 2,14–16, falls dieser Text von ihm stammt). Bemerkenswert ist, daß im späteren 1 Joh auch gegenüber christlichen Irrlehrern ähnlich argumentiert wird, vgl. 1 Joh 3,8–15. Solche Sprache gehört offensichtlich zur »Ketzerpolemik«, wie wir sie auch in den Pastoralbriefen finden.

An vielen Stellen erscheinen »die Juden« als jene, die Jesus nicht verstehen, ihm Schwierigkeiten bereiten, nachstellen, ihn verfolgen, steinigen wollen und auf seine Beseitigung hinarbeiten (vgl. z.B. 1,29.24; 5,19.25; 7,30; 8,20.59; 10,34.39; 18,12.14.31.36; 19,7). Doch wird auch einige Male erwähnt, daß es Jesu wegen »eine Spaltung in der Menge« gab (vgl. 7,43; 10,19) und »alle Welt ihm nachläuft« (12,19). Das ist übrigens ein Hinweis darauf, daß mit »den Juden« nicht das jüdische Volk als solches und in seiner Gesamtheit gemeint sein kann, sondern vornehmlich die jüdische Obrigkeit. An zahlreichen Stellen geht aus dem Zusammenhang hervor, daß mit »den Juden« eigentlich *die Pharisäer* oder die *jüdischen Autoritäten* angesprochen sind. Letzteres gilt vor allem für die Passionsgeschichte (vgl. 18,12.14.29.31.36.38; 19,7). Diese sind also die eigentlichen Gegner Jesu im Joh. Sie sind es ja auch, die die Machtbefugnisse haben. Doch läßt sich andererseits die Gleichsetzung »die Juden« = die Pharisäer und die jüdischen Autoritäten nicht an allen Stellen beobachten (vgl. 2,18.20; 5,10.15; 6,41.52; 7,11.15.35; 8,22.48.52.57; 10,20; 11,54).

Nicht nur Jesus, auch die Anhänger Jesu (d.h. die joh Gemeinde) und Symphathisanten haben unter der Verfolgung »der Juden« zu leiden, so daß einige es nicht wagen, sich öffentlich zu Jesus zu bekennen oder sich ihm anzuschließen »aus Furcht vor den Juden« (vgl. 7,13; 12,42; 19,38; 20,19). Hier dürfte es sich um eine Rückprojizierung der Verhältnisse der Entstehungszeit des Joh in die Zeit Jesu handeln.

Neben »den Juden« erscheint im Joh auch *die Welt* als Gegner Jesu und der Jünger (= der joh Gemeinde). Hinter ihr steht »der Herrscher dieser Welt« als der eigentliche Anstifter der Feindschaft (vgl. 14,30; 12,31; 16,11. Beachtenswert ist die Parallele zu 8,44!) Es verwundert daher nicht, daß an einigen Stellen »die Welt« mit den jüdischen Gegnern identifiziert wird und beide austauschbar sind. (Das geht aus dem Zusammenhang an folgenden Stellen hervor: 7,7; 14,17; 15,18 – 16,4; 17,25.) Nach diesen Texten sind »die Juden« geradezu »die Repräsentanten der ›Welt‹ überhaupt, die Jesus den Glauben verweigert« *(R. Bultmann).*

Die Gründe für diese negative Beurteilung der Juden
Wie ist diese überwiegend negative Beurteilung der Juden im Joh zu erklären? Dafür gibt es neben theologischen vor allem *historische Gründe.* Zunächst ist in Erinnerung zu rufen, daß das Joh nicht so sehr die historischen Verhältnisse der Zeit Jesu widerspiegelt als vielmehr die seiner Entstehungszeit (d. h. zwischen 90–100).

Von den jüdischen Gruppierungen zur Zeit Jesu war nach der Katastrophe von 70 (Eroberung Jerusalems, Zerstörung des Tempels) nur noch die (relativ unpolitische) Partei der Pharisäer übriggeblieben. Unter ihrem Einfluß begann das Judentum nach 70 sich wieder zu sammeln und seine neue Identität zu finden, die ihre Grundlage und ihr Zentrum in der Tora und den »Überlieferungen der Väter« hatte. Die christlichen Gemeinden standen also einem wiedererstarkten, verhältnismäßig einheitlichen Judentum unter pharisäischer Führung gegenüber. Zwischen diesen beiden Gruppen fand nunmehr die theologische Auseinandersetzung statt. Die Verhältnisse der Zeit Jesu mit ihren verschiedenen Gruppen waren demgegenüber unter den neuen Voraussetzungen bedeutungslos.

Für das Judentum ging es bei dieser Auseinandersetzung um nichts weniger als um *die Fundamente seines Glaubens,* denn die Christen waren dabei, das jüdische Erbe (den Ein-Gott-Glauben, die Tora mit ihren Verheißungen, die messianischen Erwartungen) exklusiv für sich zu beanspruchen. Vor allem stand *der Alleinanspruch Jesu,* Gottes endgültiger Offenbarer und einziger bevollmächtigter Lehrer zu sein, dem traditionellen jüdischen Glauben unversöhnlich gegenüber.

Die Auseinandersetzung wurde auch von jüdischer Seite nicht nur mit theologischen Argumenten geführt. Das Joh zeigt (wie auch die Apg, vgl. Kap. 3 – 8), daß dort, wo das Judentum die Machtmittel besaß, die christlichen Gemeinden bedrängt und verfolgt wurden. Manches spricht dafür, daß gerade die joh Gemeinde in einer jüdischen Umwelt lebte, in der der jüdische Bevölkerungsteil behördliche Maßnahmen gegen die Christen ergreifen konnte. Die Erwähnungen des *Synagogenausschlusses* in 9,22; 12,42; 16,2, der mit der Einführung des sogenannten »Ketzersegens« in das »Achtzehnergebet« unter Gamaliel II. (um 85) in Zusammenhang steht, sind ein deutlicher Hinweis. Dieser diente vor allem der Entlarvung heimlicher Sympathisanten des Christentums (vgl. 12,42; 19,38). Er war zwar nicht nur gegen Christen gerichtet, doch hatten gerade auch sie unter den z. T. auch sozialen Folgen sehr zu leiden (vgl. 9,18–23). (Über die Situation der joh Gemeinde und die Auswirkung des »Ketzersegens« informiert gut: *K. Wengst,* Bedrängte Gemeinde und verherrlichter Christus.)

Wo es um Sein oder Nichtsein geht, muß vor allem die *eigene Identität* gestärkt werden. Das gilt in unserem Fall für beide Seiten. Stärkung der Identität wird u. a. durch Abkapselung nach außen erreicht, die das Anderssein betont. (So geschah es bei den jüdischen Minderheiten in heidnischer und später in christlicher Umgebung, so läßt es sich bei der joh Gemeinde beobachten.) »Die anderen« werden dabei vereinfachend als einheitliche gegnerische Gruppe gesehen und geradezu »verteufelt« (vgl. 8,44). Es entsteht ein dualistisches Welt- und Feindbild, wobei sich theologische und soziale Gegensätze überlagern (vgl. S. 40 ff.). Daß hier auch tiefenpsychologische (Gruppen-)Prozesse ablaufen, bei denen auch eigene Ängste und Enttäuschungen auf den Gegner projiziert werden, sei wenigstens erwähnt.

Kann somit die Entstehung der eigentümlich negativen Sicht des Judentums im Joh einigermaßen verständlich gemacht werden, so darf sie doch nicht verharmlosend und unkritisch weitergegeben werden. Das betrifft auch die Frage nach den Verantwortlichen für die Hinrichtung Jesu. Es waren nicht »die Juden«, die Jesus getötet haben. Es war vielmehr die – beim Volk überaus unbeliebte – Gruppe des sadduzäischen Priesteradels, die Jesus beseitigen wollte, weil er mit seiner Verkündigung die Grundlagen ihrer Existenz bedrohte (vgl. S. 34f. und S. 199f.). Sie lieferte Jesus an Pilatus aus, der dann aus Angst um seine politische Karriere dem Druck jener einflußreichen sadduzäischen Partei wich und Jesus zum Tode verurteilte.

Gerechterweise darf nach dem obigen Befund aber auch festgestellt werden, daß Joh keine »antisemitische Polemik« betreibt, denn es fehlen bei ihm gerade jene ethischen, rassischen und politisch-sozialen Elemente, die für den Antisemitismus damals und heute typisch sind. Im Joh geht es wirklich um eine (allerdings äußerst scharfe und manchmal auch fragwürdige) theologische Auseinandersetzung. Um unnötige Mißverständnisse zu vermeiden, wäre es daher ratsam und auch zutreffender, statt von »den Juden« von »den Gegnern« zu sprechen.

X. Eine Blindenheilung mit theologischen Folgen (Kap. 9)

Eine Diskussion über den theologischen Sinn einer Krankheit

Nach den langen Reden und Diskussionen der vorangegangenen Kapitel endlich wieder eine Handlungsgeschichte, denkt der Leser. Doch der Verfasser müßte nicht Joh sein, wenn es nicht gleich wieder hochtheologisch zuginge.

Die Geschichte beginnt zunächst, wie Wundergeschichten öfter zu beginnen pflegen. Jesus sieht einen Mann, der von Geburt an blind ist, was schon auf die Schwere der Krankheit und die menschliche Aussichtslosigkeit einer Heilung hinweist (vgl. 5,5). Aber noch bevor Jesus den Blinden heilt, kommt es zu einer theologischen Diskussion über die Ursachen der Krankheit und über den eigentlichen Sinn der Wunderheilung.

»Wer hat gesündigt?« fragen die Jünger sofort. Als ob es selbstverständlich wäre, daß jeder Krankheit eine Schuld zugrunde liegen müsse. Bei Blindheit seit Geburt kämen eigentlich nur die Eltern in Frage. Hinter der Jüngerfrage steht der verbreitete Glaube, daß Gutes von Gott belohnt und Böses bestraft wird. (Die Auseinandersetzung mit dieser theologischen Lehrmeinung vom Tun-Ergehenszusammenhang wird schon in schärfster Zuspitzung vom Verfasser des Ijobbuchs geführt; vgl. auch Ez 18.)

Jesus lehnt diese Auffassung eindeutig ab (anders 5,14). Die Frage nach der moralischen Schuld geht am Eigentlichen vorbei. An dem Blinden soll vielmehr der *Heilswille Gottes offenbar werden*, zu dessen Verwirklichung er seinen Sohn in die Welt gesandt hat (vgl. 11,4; 5,19f.). Die Blindenheilung wird offenbar machen, daß Jesus nicht nur ein Wundertäter ist, der Blinde sehend machen kann, sondern auch »das Licht der Welt«, durch das Menschen wahres, sinnerhelltes Leben empfangen können, wenn sie sich diesem Licht öffnen (vgl. 8,12). Bei der Ausführung dieses Auftrags wird Jesus allerdings auf Widerstand stoßen. Die Macht der Finsternis, der Unglaube, wird versuchen, sie zu verhindern, indem sie Jesus, »das Licht der Welt«, tötet. Daher gilt es zu wirken, »solange es Tag ist«.

So wird gleich zu Beginn deutlich, daß es im folgenden um mehr geht als um körperliche Blindheit und leibliches Sehen. Es geht um *die Auseinandersetzung zwischen der Christusoffenbarung und dem Glauben einerseits und dem Unglauben andererseits,* oder bildlich gesprochen: um den Konflikt zwischen dem Licht und Sehen auf der einen und der Finsternis und Blindheit auf der anderen Seite (vgl. 9,39 ff.).

Erst nach dieser »theologischen Einführung« und Deutung wendet sich Jesus dem Blinden zu, bestreicht seine Augen mit einem Teig aus Erde und Speichel (Speichel galt in der Antike als Heilmittel, vgl. Mk 8,23) und schickt ihn zum Schiloachteich, von wo er geheilt zurückkommt. Die umständliche Prozedur verweist nicht nur auf die menschliche Zuwendung Jesu zum Kranken, sie dient später auch als Beweis dafür, daß Jesus ein Sabbatschänder ist (9,15 f.).

Erste Reaktionen

Der Fortgang der Geschichte wirkt wie eine Gerichtsverhandlung in Abwesenheit des Angeklagten. Denn letztlich geht es doch wieder um die Frage, *wer dieser Jesus ist.* Aber Jesus ist während der ganzen Zeit (körperlich) abwesend und erscheint erst am Schluß wieder (9,35).

Auf diese Weise wird der Geheilte unbeabsichtigt zum Zeugen für Jesus. Damit ist aber wieder die Situation angesprochen, in der sich Christen in einer jüdischen Umwelt befanden. Immer wieder geraten sie in die Lage, vor Juden, besonders vor den jüdischen Behörden, für ihren Glauben an Jesus Zeugnis ablegen zu müssen. Der geheilte Blinde wird zur *Symbolfigur des Christen, der durch den Glauben an Jesus erst »sehend« geworden ist.* In gewissem Sinn vertritt er, wie jeder Glaubende, aber auch seinen leiblich abwesenden Herrn. In seinem Zeugnis wird das Zeugnis Jesu hörbar (vgl. 15,26 – 16,4). Die Art des Verhörs läßt überdies darauf schließen, mit welchen Argumenten und Mitteln jede Seite versucht hat, Anhänger zu gewinnen, bzw. Leute daran zu hindern, zur anderern, der gegnerischen Gruppe überzuwechseln.

Zunächst erregt der Geheilte die Aufmerksamkeit und Verwunderung der Nachbarn und Bekannten, die zum Teil seine Identität anzweifeln. Aber sehr schnell führt die Diskussion auf den abwesenden Wundertäter hin, auf den »*Mann, der Jesus heißt*« (9,11).

Das Verhör durch die Pharisäer

Da die Heilung am Sabbat geschah, ist die Angelegenheit eine Sache für die theologischen Experten, die Pharisäer. Nach kurzer Befragung des Geheilten sind einige mit ihrem Urteil schnell bei der Hand: »*Dieser Mensch* kann nicht von Gott sein, weil er den Sabbat nicht hält.« Doch steht dem – so geben andere zu bedenken – nicht die Tatsache der Heilung entgegen? Sollte Gott mit einem Sünder, mit einem Sabbatschänder sein? Das Argument wird später vom Geheilten selbst aufgegriffen werden (9,31 ff.).

Aber vielleicht stimmt das mit der Heilung gar nicht? Im Konfliktfall zwischen theologischer Lehre und ihr (scheinbar) widersprechenden Tatsachen ist ersterer zunächst das größere Gewicht beizumessen. Nicht die Lehre, sondern die Tatsachen sind zu hinterfragen. So scheinen die theologischen Befrager zu denken. Jedenfalls lassen sie nicht davon ab, hartnäckig nach dem Wie der Heilung zu fragen, doch wohl in der Absicht, das Wunder leugnen zu können.

Doch das erweist sich als schwierig, ja aussichtslos. Der Geheilte bleibt bei seiner Darstellung und nennt überdies Jesus »*einen Propheten*«. Die herbeigerufenen Eltern stellen sich unwissend und wollen aus Angst vor den Folgen nichts mit der Angelegenheit zu tun haben. In einer Erläuterung nennt der Evangelist auch den Grund ihrer Angst. Um das Jahr 90 hatte die jüdische Obrigkeit beschlossen, alle aus der jüdischen Religionsgemeinschaft (der Synagoge) auszuschließen, die Jesus öffentlich als Messias bekannten. Das war eine Art Exkommunikation der Christen (vgl. 12,42; 16,4). Dieser Ausschluß konnte neben religiösen auch soziale Folgen für die Betroffenen nachsichziehen. (Näheres vgl. S. 101.)

Nochmaliges Verhör des Geheilten

Da also die Befragung der Eltern zu keinem Ergebnis geführt hat, kommt es zu einem zweiten Verhör des Geheilten durch die Pharisäer. Es entwickelt sich zu einer heftigen, auch emotional aufgeladenen theologischen Kontroverse. Der konkreten Erfahrung des Geheilten stehen theologische Lehrmeinungen, gepaart mit Vorurteilen, Überheblichkeit und der Unfähigkeit, sich auf Neues einlassen zu können, gegenüber. Der einfache, theologisch nicht gebildete ehemals blinde Bettler bringt dabei durch seine unkomplizierten, aber treffenden Antworten die Argumentation und auch die Selbstsicherheit der Theologen (»wir wissen«) ins Wanken. Ihre Hilflosigkeit zeigt sich darin, daß sie sich mit ihren wiederholten Fragen im Kreis bewegen. Als der Befragte sie gar direkt und mit entwaffnender Offenheit fragt, ob auch sie Jünger Jesu werden wollen, verlieren sie die Beherrschung und reagieren mit Beschimpfungen.

Wieder kehren sie ihr Wissen und ihren Stand heraus. Sie bilden sich etwas darauf ein, Jünger des Mose zu sein. Aber würden sie Mose folgen, würde er sie zu Jesus führen (vgl. 5,45–47). Ihre Aussage, daß sie nicht wissen, *woher* Jesus ist, ist ein unbeabsichtigtes Eingeständnis voller Hintergründigkeit. Tatsächlich kennen sie das eigentliche Woher Jesu nicht, nämlich seine Herkunft von Gott (vgl. 8,14). Sie sind blind für Gottes Offenbarung in ihrer Gegenwart.

Die letzte Antwort des Geheilten wirkt wie eine Belehrung von Unwissenden (vgl. V. 34). Sie ist eine Zusammenfassung der bisherigen Diskussion, eine kurze, theologische Rechtfertigung Jesu, gegen die die Gegner eigentlich nichts mehr vorbringen können, da sie sich ihrer eigenen Argumente bedient: Gott erhört jene, die seinen Willen tun, nicht aber Sünder (vgl. V. 16). Wenn aber erwiesen ist, daß Jesus das Wunder der Blindenheilung wirklich vollbracht hat, dann ist Gott mit ihm und Jesus kein sündiger Sabbatschänder.

Wie dieser sehend gewordene Blinde mögen Christen gegenüber Juden argumentiert haben. Da die Gegner mit theologischen Argumenten nichts mehr ausrichten können, greifen sie zur persönlichen Diffamierung und zu autoritären Mitteln: Sie beschuldigen ihn, ein Sünder zu sein (vgl. dagegen V. 3), und werfen ihn hinaus. In der doppeldeutigen Sprache des Joh ist damit offensichtlich auf den Synagogenausschluß angespielt, von dem in Vers 22 die Rede war.

Das Christusbekenntnis des Geheilten

Nachdem der Geheilte sich vor der jüdischen Obrigkeit als uner-
schrockener Zeuge und Verteidiger Jesu bewährt hat, kommt es
nun zur Wiederbegegnung mit Jesus selbst. Seit der ersten Begegnung hat der Mann einen weiten geistlichen Weg zurückgelegt, wie
seine Aussagen über Jesus zeigen. Sie reichen von dem *»Mann, der
Jesus heißt«* über *»ein Prophet«* bis zur Feststellung, daß Jesus
»Gottes Willen tut« und *»von Gott«* ist (9,31.33). Ihm sind
gleichsam immer mehr die Augen aufgegangen, so daß er zu einem
wahrhaft Sehenden geworden ist. Das Bekenntnis zum *Menschensohn* und *Herrn* ist daher als das zusammenfassende, vollgültige
Glaubensbekenntnis am Ende dieses Glaubensweges zu verstehen.
Es erinnert an das Bekenntnis des Thomas am Schluß des Evangeliums (20,28).

Das Kommen Jesu als Scheidung

Der Vers 39 faßt nochmals die theologische Hauptaussage des
Kapitels zusammen und deutet noch einmal die Blindenheilung als
Bild eines geistlichen Vorgangs: Jesus ist zum Gericht und zur
Scheidung gekommen, *»damit die Blinden sehend und die Sehen-
den blind werden«* (vgl. 3,18 ff.). Angesichts der Offenbarung Jesu
müssen sich die Menschen entscheiden, ob sie sich von Jesus »die
Augen öffnen lassen« wollen, d. h. durch den Glauben »das Licht
des Lebens« empfangen oder in der Blindheit und Finsternis des
Unglaubens verharren wollen. Es gibt »Sehende«, die sich versperren, wie die Pharisäer, und »Blinde«, die sich öffnen, wie der
Geheilte. Die Pharisäer sind in dem Sinn »Sehende«, als sie genau
sehen, was Jesus wirkt, und daraus eigentlich auch die richtigen
Konsequenzen ziehen könnten. Ihr Unglaube angesichts der Zeichen Jesu ist daher schuldhaft, denn sie sehen eigentlich (ein), daß
sie Jesus glauben sollten. Weil sie wider ihre bessere Ein-sicht nicht
glauben, bleibt ihre Sünde (des Unglaubens).
  So sind am Ende dieses Kapitels *die Rollen vertauscht*: Der
Blinde ist in einem doppelten Sinn sehend geworden, die Pharisäer
aber nur noch blinder. Diese Scheidung vollzieht sich immer dort,
wo Menschen Jesus und seinem Wort begegnen. Aber eigentlich

richtet nicht Jesus den Menschen, sondern der Mensch richtet sich selbst durch seine Entscheidung (vgl. 3,17–21; 12,44–50).

Daß Jesu Wirken nicht nur unter den Pharisäern (vgl. 7,16) zur Spaltung führt, sondern auch beim Volk, erwähnt der Evangelist ausdrücklich in 10,19–21 (vgl. 7,43). Vielleicht bildeten diese Verse, wie manche meinen, den ursprünglichen Abschluß der Geschichte von der Heilung des Blinden, denn auf sie wird ausdrücklich Bezug genommen. Während die einen Jesus für besessen halten (vgl. 7,20; 8,48.52), verteidigen andere ihn mit dem Argument, daß kein Besessener so redet und daß ein Besessener auch nicht »die Augen von Blinden öffnen« kann. Der Leser ist gefragt, wie er sich entscheidet.

Vom Ende dieser Geschichte her wird also ganz deutlich: Joh will nicht nur eine Blindenheilung berichten. Die Wundergeschichte muß immer auch auf einer anderen Ebene gelesen werden. Sie spiegelt die aktuelle Auseinandersetzung zwischen dem Judentum und den jungen christlichen (johanneischen) Gemeinden wider. Kern der Auseinandersetzung ist die *Messianität Jesu,* die Frage, *woher Jesus (eigentlich) kommt,* d. h. ob er wirklich *von Gott* kommt oder nur ein Mensch ist.

Die christliche Gemeinde kann sich bei dieser Auseinandersetzung auf ihre konkreten Erfahrungen mit Jesus berufen. Er hat ihnen »die Augen geöffnet«, hat sich ihnen als »das Licht der Welt« erwiesen. Demgegenüber berufen sich die Gegner auf ihre Traditionen und ihre Mosejüngerschaft. Doch hatte bereits die Auseinandersetzung im 8. Kapitel gezeigt, daß auch Mose und die Schrift auf der Seite Jesu stehen.

XI. Die Hirtenrede (Kap. 10)

Wer ist Jesus? Was bedeuten sein Leben und seine Botschaft für die Menschen? Was gibt er der Welt? Das sind die Fragen, auf die der Evangelist Antwort geben will. Es ist eine Antwort mit vielen Variationen, Aspekten und auch wechselnden literarischen Formen. Im 10. Kapitel geschieht das erstmalig im Joh *in Form eines Gleichnisses*, dessen Bilder und Motive dann in gewohnter joh Weise in Reden und Streitgesprächen eher assoziativ als logisch entfaltet werden.

Das Gleichnis – oder die »Rätselrede«, wie der Evangelist sie nennt – war für die Hörer im damaligen Palästina ohne weiteres verständlich. Vorausgesetzt ist eine Schafhürde im Freien oder ein Hof, an deren einzigem Zugang ein Türhüter darauf achtet, daß kein Fremder zu den Schafen hineingeht. Nur ein ihm bekannter Hirt hatte freien Zugang. Dieser ruft, nachdem er hineingegangen ist, die Schafe seiner Herde durch einen Lockruf oder Kosenamen aus der Menge der anderen heraus und führt sie auf die Weide. Seine Schafe folgen nämlich bereitwillig der vertrauten Stimme. Käme dagegen ein Fremder, dessen Stimme sie nicht kennen, würden sie erschreckt fliehen.

1. Jesus, die Tür (10,1–10)

Überraschenderweise spricht Jesus zunächst nicht vom Hirten, sondern greift das Bild von der Tür auf (mit dem allerdings auch das Gleichnis begonnen hatte). Die Tür einer Schafhürde kann man unter einem *doppelten Aspekt* betrachten: einerseits ermöglicht sie dem Hirten den Zugang zu den Schafen, andererseits können die Schafe durch sie ein- und ausgehen. In der Rede werden beide Aspekte aufgegriffen.

Wenn Jesus nun von sich behauptet, er sei »*die Tür*« (zu den Schafen, bzw. für die Schafe), dann erhebt er damit den ungeheuerlichen Anspruch, daß nur er das vermittelt, wodurch Menschen leben können. *Er allein schenkt Lebensmöglichkeit*, ohne ihn ist sie dem Menschen verschlossen. Er ist aber auch der einzige Zugang zu den Menschen, falls dieses Hingehen zu den Menschen deren Leben zum Ziel hat. Wohl sind vor ihm andere gekommen, aber sie kamen wie »Diebe und Räuber« in der Absicht »zu stehlen, zu schlachten und zu vernichten« und deshalb auch nicht durch »die Tür«, sondern unrechtmäßig von »anderswo«.

Man hat viel daran herumgerätselt, wer wohl mit den »Dieben und Räubern« gemeint sein könnte, die vor Jesus gekommen sind. Sicher ist nicht an alttestamentliche Propheten oder den Täufer gedacht, da sie bei Joh durchweg positiv gesehen werden. Vielleicht hat der Evangelist im Rückblick auf das 9. Kapitel speziell die Pharisäer im Auge. Wahrscheinlicher sind aber allgemeiner »Erlösergestalten« gemeint, die mit falschen Heilsversprechungen und -ansprüchen aufgetreten sind oder auftreten. Vor ihnen wird die Gemeinde gewarnt.

Die Rede folgt – wie schon angedeutet – offensichtlich nicht einer strengen Logik. Vielmehr ist sie von dem Interesse geleitet, *aktuelle Gemeindeprobleme* anzusprechen. Zu diesem Zweck werden in freier Auswahl Bilder des Gleichnisses aufgenommen und gedeutet. Gewisse logische Unstimmigkeiten werden dabei in Kauf genommen. Daher kommt es, daß z. B. zum Bild von der Tür Gedankenverbindungen hergestellt werden, die eher mit dem Hirten in Beziehung stehen. Es ging dem Evangelisten ja nicht um logische Richtigkeit, sondern um die Herausstellung des rechtmäßigen Anspruchs Jesu auf die »Seinen«.

2. Jesus, »der gute Hirt« (10,11–21)

Der Gegensatz zwischen Jesus und anderen vermeintlichen Heilsbringern besteht aber nicht nur in dem berechtigten oder unberechtigten Anspruch und in der Zielsetzung (»retten« oder »vernichten«). Er ist vor allem auch ein *Gegensatz der grundlegenden Beziehung zu den Menschen und der Einsatzbereitschaft.* Das wird nun unter Aufnahme der Hauptfigur des Gleichnisses, des Hirten, entfaltet.

Jesus allein ist bereit, für die Seinen alles einzusetzen und hinzugeben, sogar sein Leben. Darin erweist er sich als »der gute Hirt«. Er verhält sich nicht wie ein gemieteter Lohnknecht, der zwar seine Arbeit für Lohn tut, dem aber an den Schafen selbst nichts liegt. Der Tagelöhner hat kein persönliches Verhältnis zu den Schafen.

Demgegenüber ist die Beziehung Jesu zu den Seinen durch ein exklusives gegenseitiges Verhältnis des Kennens und Liebens gekennzeichnet. Dieses »Kennen« darf nicht auf ein verstandesmäßiges, rein theoretisches Wissen beschränkt werden. Im biblischen Sprachgebrauch meint es einen Vertrauen und Gemeinschaft stiftenden Vorgang, ein inniges personales Verhältnis. Nur Freunde oder Liebende können in diesem Sinn von sich sagen, einander zu kennen. Wie tief dieses »Kennen« verstanden ist, zeigt auch der Vergleich mit dem gegenseitigen Sich-Kennen des Vaters und Jesu, des Sohnes. Eine vollkommenere Einheit ist nicht denkbar.

Dieses wechselseitige »Kennen« des Vaters und des Sohnes ist aber nicht nur Vorbild für das gegenseitige »Kennen« Jesu und der Seinen. Es ist auch dessen letzter Grund. *Weil* der Vater den Sohn kennt und er ihm *die »Seinen« gegeben hat* (vgl. 17,6), sind diese überhaupt erst fähig, auch Jesus zu »kennen«. (Daher werden auch das Kennen des Vaters bzw. Jesu an erster Stelle genannt!)

Die Aussage vom gegenseitigen »Kennen« erinnert an andere Worte im Joh, die auch von einem wechselseitigen Tun oder In-Sein handeln. Die Bitte Jesu um Einheit kann besonders deutlich zeigen, was letztlich auch mit dem gegenseitigen »Kennen« gemeint ist: »Alle sollen eins sein: *Wie du, Vater, in mir bist und ich in dir bin,* sollen auch sie in uns sein . . .« (17,21; vgl. 6,56; 14,20).

Spätestens hier merkt man, wie sehr bereits das Gleichnis und die bildhaften Vergleiche von der wirklichen Geschichte Jesu geprägt sind. Daß der Hirt alle Schafe »einzeln beim Namen ruft«, klingt mehr nach Jes 43,1 (»Ich habe dich beim Namen gerufen, mein bist du«) als nach Alltagswirklichkeit eines Herdenbetriebs. Und welcher Hirt setzt wirklich sein Leben für seine Schafe aufs Spiel, selbst wenn er ein »guter Hirt« ist? Schon die Konzentration auf einen einzigen Hirten widerspricht der vorausgesetzten Situation im Gleichnis. In diesen unwahrscheinlichen Zügen, die den Rahmen der Bilder sprengen, kommen eben die Erfahrungen zur Sprache, die die Glaubenden mit *diesem Hirten* Jesus gemacht haben. Sie haben erfahren und erkannt, daß sie aus der Hingabe seines Lebens als äußerstes Zeichen seiner Liebe (vgl. 13,1; 15,13), leben.

Beim Bild vom Hirten konnte die Gemeinde überdies auf eine lange alttestamentliche Überlieferungsgeschichte zurückgreifen und so die Geschichte Jesu als Erfüllung alttestamentlicher Hoffnungen und Verheißungen erweisen.

Der alttestamentliche Hintergrund

Im gesamten Orient war der Hirt ein weitverbreitetes Bild für den göttlichen und menschlichen Herrscher. Große Herden waren ein Zeichen von Reichtum und Macht. Um so bemerkenswerter ist es, daß in Israel der König nicht als Hirt bezeichnet wird. Der einzige und wahre Hirt Israels ist allein Gott. »Der Herr ist mein Hirt, nichts wird mir mangeln«, bekennt vertrauensvoll der Beter in Ps 23,1 (vgl. Gen 48,15).

Dagegen trifft die religiösen und politischen Führer, die gelegentlich als Hirten bezeichnet werden, die scharfe Kritik der Propheten, weil sie das Volk unterdrücken und ausbeuten: »Wehe den Hirten Israels, die sich selbst weiden..., die die Herde meiner Weide zugrunde richten«, lautet die Anklage der Propheten Jeremia und Ezechiel (Jer 23,1; Ez 34,2). Ihre Hoffnung richtet sich auf einen Herrscher aus dem Haus Davids, der »wie ein Hirt seine Herde weiden wird« (vgl. Jes 40,11; Jer 31,10; Ez 34,23; Mi 5,1–3). Wenn der joh Jesus sich betont als der »*gute* Hirt« bezeichnet, dann knüpft er also an das prophetische Bild vom Hirten an, nicht an die herrscherlichen Vorstellungen außerhalb Israels (oder an das pastorale Hirtenidyll im Hellenismus).

Die Freiwilligkeit der Lebenshingabe Jesu

Der frühe gewaltsame Tod Jesu konnte in den Augen der Nichtglaubenden als unausweichliches Schicksal oder unvermeidbares Ereignis erscheinen. Dagegen richtet sich der Schluß der Rede, der die Freiwilligkeit des Todes Jesu betont. Zwar hat Jesus sein Leben in Übereinstimmung mit dem Willen Gottes hingegeben, aber er tat dies in absoluter Freiheit und Vollmacht, nicht aus irgendeinem äußeren Zwang (vgl. 13,1–3 und die Passionsgeschichte). Einzig die *Liebe zum Vater und zu den Seinen* hat ihn dazu bewegt, sein Leben hinzugeben. Deshalb liebt ihn auch der Vater.

Die eine Herde

Zur Zeit der Entstehung des Joh stellten die Heidenchristen bereits
einen großen Anteil der christlichen Gemeinden. Ihre Zugehörigkeit zur neu entstehenden christlichen Kirche war aber nicht
unumstritten, wie die heftigen Auseinandersetzungen darüber in
der Apostelgeschichte und den Paulusbriefen zeigen. Vielleicht gab
es auch bei den Judenchristen der joh Gemeinde Widerstände
gegen eine Öffnung »nach außen«. Ihnen wird nun gesagt, daß
neben den Christen aus dem Judentum auch andere, die nicht »aus
diesem Stall« (= Israel) sind, nämlich Heiden, zur einen Herde
hinzugehören (werden).

Jesus ist nicht nur der Hirt Israels, der im Auftrag Gottes die
zerstreuten Schafe Israels sammeln soll (zur endzeitlichen Sammlung Israels vgl. Mi 4,6–8; Jes 35,8–10; 43,1–7; Ez 20,41;
36,22–24). Sein Heilsauftrag gilt *allen Menschen*, denn »er sollte
nicht nur für das Volk (= Israel) sterben, sondern auch, um die
versprengten Kinder Gottes wieder zu sammeln« (11,52; vgl.
12,20–24).

Nur einer ist der »gute Hirt«

In Predigten (zur Primiz oder Amtseinführung eines Pfarrers) wird
die joh Hirtenrede oft zum Anlaß genommen, das Hirtenamt in
der Kirche, das Leben und die Aufgaben der »Pastöre« (von
»pastor« = Hirt) am Bild des »guten Hirten« kritisch zu messen
oder auch positiv darzustellen. Solche Übertragung auf andere
Hirten mag ihr Recht haben (vgl. 21,16; Apg 20,28; Eph 4,11).
Man sollte aber doch nicht übersehen (und verschweigen), daß Joh
nur *einen* »guten Hirten« kennt und die ganze Rede in Kapitel 10
streng christozentrisch ausgerichtet ist. Was in ihr gesagt wird, gilt
streng genommen und in einem exklusiven Sinn nur von dem
»guten Hirten« Jesus.

3. Der Rechtsstreit um den messianischen Anspruch Jesu (10,22–39)

Die folgende Auseinandersetzung findet wieder während eines
Festes in Jerusalem statt. Das »*Tempelweihfest*« (oder auch

»Lichtfest« = Chanukka) wurde zur Erinnerung an die Wiederein-
weihung des Tempels am 25. Kislew (November/Dezember) 164
v. Chr. durch Judas Makkabäus begangen, nachdem der Tempel
durch Antiochus IV. entweiht worden war (vgl. 1 Makk 4,36–59).
   »In der Halle Salomos«, die im Süden den Tempelplatz ab-
schloß, wird Jesus von »den Juden« »umringt«, als wollten sie ihm
keinen Ausweg lassen. Sie fordern von ihm eine öffentliche Erklärung zur Frage, ob er der Messias sei. Damit ist das Stichwort der
Auseinandersetzung gegeben: Es geht (wieder einmal) um die
Messianität Jesu und um ihre *Legitimation*.

Eine unerfüllbare Forderung

Die Frage kann aber gar nicht mit einem eindeutigen Ja oder Nein
beantwortet werden, weil es sehr verschiedene Messiasvorstellun-
gen gab. Außerdem zielt sie auf einen sichtbaren Nachweis nach
Art eines legitimierenden Zeichens, das die Gegner immer wieder
von Jesus fordern (vgl. 4,48; 6,30; auch Mk 8,11 f.).
   Jesus kann darauf verweisen, daß er darauf schon längst geantwortet hat und ihnen darüber hinaus durch seine »Werke«, nämlich die (messianischen) Zeichen und Reden, ein zusätzliches Zeugnis gegeben hat. Ihre Ungewißheit betreffs seiner Messianität hat
ihren Grund also nicht in mangelnder Information oder Kenntnis,
sondern in ihrem *Unglauben*. Sie sperren sich innerlich dagegen,
ihn als Messias anzuerkennen. Wo aber die Bereitschaft zum
Glauben fehlt, wo Vorurteile und Mißtrauen herrschen, da können
weder Worte noch Werke überzeugen.
   An ihrer Weigerung, ihm (auch innerlich) zu folgen, zeigt sich,
daß sie nicht zu »seinen Schafen«, also zu den Erwählten gehören.
Denn diese hören auf seine Stimme.
   Offensichtlich war die Tatsache, daß viele Juden nicht zum
Glauben an Jesus hingefunden haben, für den Evangelisten ein
schwieriges und wohl auch leidvolles Problem (vgl. zu 6,36 ff.). Es
ist auch nicht zu leugnen, daß er und seine Gemeinde von einem
starken Erwählungsbewußtsein geprägt sind, das der Auffassung
von einer göttlichen Vorherbestimmung (Prädestination) sehr nahe
kommt. (Vgl. die immer wiederkehrende Rede von den »Seinen«,
die aus der Welt herausgenommen sind und ihr als Erwählte

gegenüberstehen. Es sind die, die der Vater Jesus als sein Eigentum »gegeben hat«; vgl. bes. 17,9–26.) Ähnlich wie in 6,37ff. wird auch hier die Möglichkeit des Glaubens auf die Tatsache zurückgeführt, daß der Vater dem Sohn »die Seinen«, d. h. jene, die an ihn glauben, »gegeben hat« (vgl. S. 62f.).

Das Eins-sein Jesu mit dem Vater

Die Beweisführung Jesu in diesem »Rechtsstreit« um seine Messianität ist getragen von der Voraussetzung, daß er mit dem Vater eins ist (nicht »einer«!). Nur unter *dieser* Voraussetzung ist sie überzeugend und verständlich. Als Gesandter und Sohn des Vaters führt Jesus nur den Auftrag des Vaters aus, der nach 12,50 »ewiges Leben« ist. Alle Werke, die er vollbringt, sind letztlich Werke des Vaters, denn Jesus tut nur, was er den Vater tun sieht (vgl. 5,19–27). So verweisen auch sie auf die Einheit beider.

Die abschließende Behauptung Jesu: »*Ich und der Vater sind eins*«, darf nicht aus diesem Zusammenhang gelöst werden und als spekulative theologische Aussage über das göttliche Wesen Jesu verstanden werden. Es geht im Zusammenhang zunächst um das Einssein des Sohnes mit dem Vater *im Wirken*. Allerdings wird dahinter eine tiefere einzigartige Einheit erkennbar.

Die Reaktion »der Juden« zeigt, daß sie Jesu Anspruch als *Gotteslästerung* verstehen. Darauf war im Gesetz die Todesstrafe durch Steinigung vorgeschrieben (vgl. Lev 24,11–16), die sie jetzt als gesetzestreue Jünger des Mose an Jesus vollziehen wollen (vgl. 8,59).

Der Streit um die Gottessohnschaft

Bei der Auseinandersetzung zwischen Christen und Juden hat der *Schriftbeweis* eine ganz wesentliche Rolle gespielt, wie fast alle Schriften des Neuen Testaments belegen. Nur wenn erwiesen werden konnte, daß Jesu Botschaft und Geschick (Leben, Tod und Auferstehung) dem Zeugnis der alttestamentlichen Schriften und damit dem Offenbarungswillen Gottes entsprachen, konnte man damit rechnen, daß auch Juden sich von der göttlichen Sendung Jesu überzeugen ließen. Besonders wichtig war der Schriftbeweis natürlich in bezug auf die Messianität und Gottessohnschaft Jesu. Der folgende Redeteil ist *ein Beispiel dieses schriftgelehrten Disputs* zwischen Christen und Juden.

Ein schriftgelehrter »Beweis«

Nach Art rabbinischer Schriftauslegung, bei der auch eine Stelle ohne Rücksicht auf den Zusammenhang zur Beweisführung dienen kann, versucht Jesus mit einem Schriftbeweis seine Gegner von ihren eigenen Voraussetzungen her zu überzeugen (wobei allerdings die distanzierte Redeweise von »eurem Gesetz« zu beachten ist). In Ps 82,6 f. heißt es: »Wohl habe ich gesagt: *Ihr seid Götter, ihr alle seid Söhne des Höchsten.* Doch nun sollt ihr sterben wie Menschen, sollt stürzen wie jeder der Fürsten.« (Die Frage, ob im Psalm selbst ursprünglich mit »Götter« himmlische Wesen gemeint sind oder Menschen, ist hier ohne Bedeutung. Jesus jedenfalls setzt in Übereinstimmung mit jüdischen Auslegern letzteres voraus.) Nach einer verbreiteten Methode zieht Jesus nun den Schluß vom »Geringeren auf das Größere«: »Wenn er schon jene Menschen Götter genannt hat…«, dann gilt das doch sicher um so mehr für den Gesandten und Offenbarer Gottes. Die Schrift, die doch für die jüdischen Gegner gültig ist, erweist also ihren Vorwurf der Gotteslästerung als nicht begründet.

Eine Präzisierung

Ist dieser Schriftbeweis aber wirklich überzeugend? Ist Jesus denn wirklich nur in dem Sinn »Gottes Sohn«, wie ihn der Psalm versteht, d. h. wie alle Israeliten auch? Dieses abgeschwächte Verständnis der Gottessohnschaft Jesu soll durch den Schluß der Rede wohl ausgeschlossen werden (VV. 37 f.). Er nimmt noch einmal den Gedanken vom Anfang (V. 25) auf, daß Jesu Werke sein Eins-sein mit dem Vater bezeugen und eine Glaubenshilfe für den sein können, der nicht blind ist. Aber die Gegner reagieren wieder mit dem Versuch, ihn festzunehmen. Doch Jesus entzieht sich ihrem Zugriff. Nicht sie, sondern der Vater bestimmt den Zeitpunkt seines Leidens. Seine Stunde ist noch nicht gekommen. Nach dieser Auseinandersetzung zieht Jesus sich in jene Gegend zurück, wo einst mit der Verkündigung des Täufers alles begonnen hatte. Noch einmal wird der Täufer als Zeuge herangezogen, aber zugleich auch ein wichtiger Unterschied zwischen ihm und Jesus herausgestellt: Johannes wirkte keine Zeichen. Im Gegensatz zu den Jerusalemer Juden sind die hier erwähnten Leute aber aufgrund des Zeugnisses des Täufers zum Glauben gekommen (vgl. 5,33 ff.). Ob hier ein Hinweis auf Christen gegeben ist, die ehemals Johannesjünger waren, und vielleicht sogar eine Anspielung auf das Gebiet der joh Gemeinden vorliegt?

XII. Das Zeichen der Auferweckung des Lazarus und seine Folgen (Kap. 11)

Nur der vierte Evangelist berichtet von der eindrucksvollen, »spektakulären« Totenerweckung eines Mannes namens Lazarus in Betanien (etwa 3 km südlich von Jerusalem). Als letztes, alle anderen Wunder überbietendes Zeichen steht die Auferweckung des Lazarus am Ende des öffentlichen Wirkens Jesu. Sie wird, kurz vor der Passion Jesu, zum unmittelbaren Anlaß seiner Verhaftung und seines Todes (vgl. 11,47–52), aber auch (in der Absicht des Evangelisten) zum Zeichen seiner eigenen Auferstehung, das ihn selbst als »die Auferstehung und das Leben« offenbart (V. 25).

1. Eine erweiterte Neufassung

Zahlreiche Hinweise im heutigen Text geben begründeten Anlaß zu der Vermutung, daß es einmal eine ältere (vorjohanneische) »Kurzfassung« der Geschichte gegeben haben muß, die nach Art anderer Totenerweckungsgeschichten in schlichterer Form von diesem »Ereignis« erzählte (vgl. Mk 5,22–24.35–43; Lk 7,11–17; Apg 9,36–42). Ihre jetzige Form (und Länge) hat sie erst in der joh Gemeinde bzw. durch den Evangelisten erhalten, der sie gleichsam zu einem gewaltigen, triumphalen Schlußakkord des öffentlichen Wirkens Jesu umgestaltete. Die ursprüngliche Erzählung mag etwa folgendermaßen gelautet haben:

> »[1] Nun war da einer krank, Lazarus aus Bethanien, aus dem Dorf Marias und ihrer Schwester Martha . . . [3] Da sandten die Schwestern zu ihm und ließen (ihm) sagen: ›Herr, schau, der, den du liebhast, ist krank.‹ . . . [17] Als Jesus nun ankam, fand er ihn bereits vier Tage in der Gruft liegen . . . [38] Das Grab war aber eine Höhle, und vor ihr lag ein Stein. [39] Sagt Jesus: ›Entfernt den Stein!‹ . . . [41] Da hoben sie den Stein weg . . . [43] Und . . . er rief mit lauter Stimme: ›Lazarus, komm heraus!‹ [44] Der Verstorbene kam heraus, an Füßen und Händen mit Binden umwickelt, und sein Gesicht war mit einem Schweißtuch bedeckt. Jesus sagt zu ihnen: ›Macht ihn frei, und laßt ihn gehen!‹«
> (Rekonstruktion von *J. Becker*, Das Evangelium nach Johannes. Kapitel 11–21, S. 345)

Das ist eine Totenerweckungserzählung, die den anderen uns aus dem Neuen Testament bekannten sehr ähnlich ist. Erst wenn man sieht, daß (und wie) der Evangelist im 11. Kapitel eine Vorlage neu bearbeitet hat, erkennt man seine besonderen Anliegen und die Botschaft, die er mit seiner Neufassung weitergeben will. Diese dürfte vor allem in dem Gespräch Jesu mit Marta enthalten sein, denn dieses stellt den umfangreichsten und auch theologisch bedeutsamsten Teil der Neubearbeitung dar. Es fällt auf, daß hier – im Unterschied zu anderen Zeichengeschichten, bei denen die theologische Auseinandersetzung über das Wunder nachfolgt (vgl. Kap. 5; 6; 9) – die Deutung vorangestellt ist. Das hängt wohl damit zusammen, daß Jesus es hier nicht mit Gegnern zu tun hat, sondern mit einer Glaubenden, was wiederum darauf hinweist, daß hier vor allem innergemeindliche Fragen zur Sprache kommen (über das rechte Verständnis von »Totenerweckung« und auch der Person und des Werkes Jesu). Der Evangelist will also mit dem vorangestellten Dialog zwischen Jesus und Marta dem Leser gleichsam vorweg den Schlüssel zum Verständnis der folgenden Wundergeschichte geben.

2. Die theologische Vorgeschichte des Wunders (11,1–16)

Die erste Nachricht, die Jesus »an dem Ort, wo er sich aufhielt« (vgl. 10,40), erreicht, lautet: »Herr, dein Freund ist krank.« Das ist eine indirekte Bitte um Hilfe, und der Leser erwartet, daß Jesus sich sofort auf den Weg macht, um seinen kranken Freund zu heilen. Aber es gibt (wieder einmal) theologische Gründe, die einem sofortigen Aufbruch zu den geliebten Freunden entgegenstehen.

Worum es letztlich geht

Mit einem rätselhaften Wort, das im übrigen sein übermenschliches Wissen offenbart, erklärt Jesus vorweg, was der letzte und tiefste Sinn der Krankheit seines Freundes ist: Durch sie »soll der Sohn Gottes verherrlicht werden«, und das dient letztlich der Verherrlichung Gottes (vgl. 9,3 und S. 80f.). Bemerkenswert an dieser Antwort ist, daß Jesus nicht sagt: »Diese Krankheit führt nicht endgültig zum Tod, denn ich werde Lazarus auferwecken, wenn er sterben sollte.« Der leibliche Tod wird völlig ausgeblendet (zu ihm führt die Krankheit ja), und selbst das Wunder der Auferstehung verdient (zunächst) keine Erwähnung. Worauf es in der Geschichte also letztlich ankommt, ist die *Verherrlichung Gottes und seines Sohnes.*

Es ist, jedenfalls auf den ersten Blick, schon fast bedenklich, wie im Joh menschliche Not und menschliche Beziehungen um der Christologie willen zweitrangig und bedeutungslos werden (vgl. 2,3 f.; 6,5 f.; 9,3). Das ist hier um so befremdlicher, als ausdrücklich auf die freundschaftlichen Bande zwischen Jesus und den Geschwistern in Betanien hingewiesen wird (und zwar begründend). Allerdings kann man darauf verweisen, daß der joh Jesus dann doch die Not der Menschen lindert und daß die Verherrlichung Gottes ja die Hingabe Jesu für die Menschen einschließt, da sie ja gerade in seinem Tod für sie geschieht (vgl. S. 79 f.). Schließlich muß man auch bedenken, daß es im Joh um den Ursprung und den Sinn des Lebens überhaupt geht, nicht nur um Leben im biologischen Sinn. So sagt dieses Wort Jesu auch, daß hinter allem, auch leidvollen Geschehen ein letzter Sinn steht, auch wenn er dem Menschen verborgen ist. Jesus aber, der mit dem Vater ganz eins ist (10,30) und der nur tut, was er den Vater tun sieht (vgl. 5,19), kennt den Willen des Vaters und seine verborgenen Pläne.

Ein Zeichen als Glaubenshilfe

Aus dieser Kenntnis des Willens Gottes geht er dann doch nach Jerusalem trotz der Einwände der Jünger, die sich nur von menschlichen Überlegungen leiten lassen. Das gleichnishafte Sprichwort, mit dem Jesus auf den Einwand der Jünger antwortet, will im Zusammenhang besagen, daß für Jesus die Nacht seines Todes noch nicht angebrochen ist. Er wandelt im Licht des Willens Gottes und wird nicht »stolpern«, d. h. nicht die Juden werden die Zeit seines Todes bestimmen. Sie können ihn jetzt noch nicht töten, weil die vom Vater bestimmte Stunde noch nicht gekommen ist.

Nun erst eröffnet Jesus den Jüngern, daß Lazarus gestorben ist und er ihn auferwecken wird. Allerdings bedient er sich dabei einer verschlüsselten, bildhaften Redeweise, die die Jünger – wie könnte es anders sein? – völlig mißverstehen.

Gegen seine sonstige Gewohnheit klärt Jesus das Mißverständnis auf. Darin haben die Jünger einen Vorzug vor den Gegnern (vgl. 14,5 f.; 16,16 ff.). Sie sollen ja durch das Wunder der Totenerweckung zum Glauben kommen (V. 15). Damit ist neben der Verherrlichung Gottes und seines Sohnes noch ein anderer Grund und Sinn des Verhaltens Jesu (bzw. des Todes des Lazarus) angegeben. Jesu Zeichen *können zum Glauben führen,* falls die Menschen offen für die Zeichenhaftigkeit des Wunders sind (vgl. für die Jünger 2,11; dagegen für das Volk 6,26–30; vgl. S. 52 f.). Da eine Totenerweckung ein größeres Zeichen ist als eine Krankenheilung, ist es besser, daß Jesus nicht vor dem Tod des Lazarus nach Betanien kam, denn so werden die Jünger Zeugen dieses größeren Wunders sein. – Die von Thomas im Namen der übrigen spontan bekundete Bereitschaft, mit Jesus in Jerusalem zu sterben, ist wohl ehrlich gemeint, wird sich aber später wie die des Petrus als Selbstüberschätzung erweisen (vgl. 13,37 f.).

3. Die vorweggenommene Deutung: Jesus, »die Auferstehung und
   das Leben« (11,17–27)

Als Jesus schließlich in die Nähe des Dorfes kommt, liegt Lazarus bereits vier Tage im Grab. (Jesus hatte ja absichtlich zwei Tage gewartet; dazu kommt noch der Weg vom Ostjordantal.) Diese Angabe steigert die Größe des Wunders und drückt aus, daß hier alles menschliche Vermögen an eine unüberschreitbare Grenze gekommen ist. Denn nach jüdischer Auffassung sucht die Seele noch drei Tage den Leib eines Verstorbenen. Mit dem vierten Tag beginnt unaufhaltsam die Verwesung. Lazarus war also wirklich tot und damit auch jede Hoffnung (vgl. V. 21).

Normalerweise wäre zu erwarten, daß Jesus nun gleich zum Grab seines Freundes ginge, um ihn, wie angekündigt, aufzuerwecken. Doch kommt es zuvor zu jenem entscheidenden Gespräch zwischen Jesus und Marta, das die folgende Wundergeschichte im Sinne des Evangelisten deutet (vgl. die Einführung des Kap.).

Ein urchristliches Bekenntnis

Das erste Wort der Marta klingt wie ein versteckter Vorwurf: »Herr, wärest du hier gewesen, dann wäre mein Bruder nicht gestorben.« Eher ist es aber als indirekte Vertrauensäußerung gemeint. Dem »Herrn« traut Marta die Heilung zu und sogar mehr, wie die Fortsetzung andeutet (»Aber auch jetzt weiß ich...«). Die Versicherung Jesu, daß ihr Bruder auferstehen wird, kann sie allerdings nur als Hinweis auf die allgemeine Totenerweckung »am Letzten Tag« verstehen. Immerhin enthält ihre Antwort ein urchristliches Glaubensbekenntnis. Es ist der Glaube an *die allgemeine »Auferstehung der Toten« am »Letzten Tag«*, ein Glaube, den die Christen aus dem alttestamentlich-jüdischen Erbe empfangen und bis heute mit den Juden gemeinsam haben.

Eine Neuinterpretation von »Auferstehung«

Mit der Antwort Jesu (V. 25 f) erreicht das Gespräch seinen Höhepunkt. In einem feierlichen (kunstvoll gegliederten) *Ich-bin-Wort* bezeichnet Jesus sich selbst als »*die Auferstehung und das Leben*« (zur Struktur der Ich-bin-Worte vgl. S. 60). Daß Jesus das Leben (für die Welt) ist und die Menschen nur durch ihn das wahre Leben erlangen können, ist neben dem Bekenntnis zur Gottessohnschaft Jesu die *zentrale Botschaft* des Johannesevangeliums, wie immer wieder deutlich wurde. Davon zeugt vor allem der Schlußsatz des Evangeliums (20,31; vgl. aber auch schon am Anfang des Evangeliums 1,4). »Leben« ist gerade auch in den Ich-bin-Worten der tragende Begriff. Wenn hier noch zusätzlich »die Auferstehung« genannt wird, dann erklärt sich das sicher daraus, daß das Ich-bin-Wort hier in einer Totenerweckungserzählung steht.

Für das Verständnis des ganzen Ich-bin-Wortes ist zu beachten, daß die Begriffe »leben« und »sterben« in den parallelen »Entscheidungsrufen« *doppeldeutig* gebraucht sind:

Wer an mich glaubt, wird *leben*,
auch wenn er *stirbt*,
und jeder, der *lebt* und an mich glaubt,
wird auf ewig nicht *sterben*.
(Joh 11,25 b–26)

Im ersten Satz bedeutet »sterben« den irdischen Tod und »leben« das unvergängliche, ewige Leben. Im zweiten Satz ist es genau umgekehrt: Jeder hier in der Vergänglichkeit dieser Welt »Lebende«, aber an Jesus Glaubende, wird zwar den natürlichen Tod sterben, aber doch »nicht (wirklich, im joh Vollsinn) sterben«. »Auf ewig nicht sterben« ist hier also gleichbedeutend mit »leben« im ersten Satz.

Jesus lenkt also den Blick von den (apokalyptischen) Endereignissen auf *die Gegenwart*. Die eigentliche, das ganze Leben für immer bestimmende Entscheidung fällt nicht erst an einem »Letzten Tag«, sondern *jetzt*, und zwar *im Glaubensakt* jedes einzelnen, wenn er diesem Jesus (auch im Wort seiner Boten) begegnet (vgl. die gleiche Anschauung in 3,18–21; 5,24 f. u. S. 71 f.). Was hier als Geschichte im Leben Jesu erzählt wird, gilt ebenso für die Zeit nach seiner Verherrlichung. Insofern die christliche Gemeinde der Ort ist, an dem man dem Auferstandenen, dem Herrn über Leben und Tod, begegnet, ereignet sich immer wieder im Glauben »Totenerweckung«.

Das joh Bekenntnis

Jeder, der dieses Evangelium hört, ist wie Marta gefragt, ob er »*das*« glaubt. Er soll also nicht nur glauben, daß Jesus ein unvergleichlicher Wundertäter ist, der Tote erwecken kann, und auch nicht nur, daß es eine Totenerweckung »am Letzten Tag« geben wird. Vielmehr soll er in das Bekenntnis der Marta (der joh Gemeinde) einstimmen: »Ja, Herr, ich glaube, daß *du der Messias bist, der Sohn Gottes,* der in die Welt kommen soll« (vgl. 20,31). Dieses Bekenntnis entspricht in auffallender Weise dem Petrusbekenntnis in Mt 16,16, von dem ausdrücklich gesagt wird, daß der »Vater im Himmel« es dem Petrus offenbart hat. Es ist bemerkenswert, daß es hier von einer Frau gesprochen wird (vgl. 4,28 f.39).

4. Die Auferweckung des Lazarus (11,28–44)

Was nun folgt, ist eigentlich nur noch Veranschaulichung und Demonstration des »Ich-bin-Wortes«. Erst jetzt wird auch Maria in das Geschehen einbezogen. Doch hat sie nichts Wesentliches hinzuzufügen. Ihr Wort an Jesus wiederholt das Wort der Marta aus Vers 21, allerdings ohne dessen Fortsetzung. Es drückt hier eher die menschliche Ohnmacht und Resignation angesichts des Todes aus. Ähnlich verhalten sich die sie begleitenden Juden. Dies ergreift Jesus so sehr, daß er »im Innersten erregt und erschüttert« wird.

Das Volk deutet das Erschüttertsein und Weinen Jesu als Ausdruck menschlicher Zuneigung zu Lazarus. Aber sollte der joh Jesus nun wirklich so »nur«-menschlich geworden sein? Wahrscheinlicher ist, daß der Evangelist das Erregt- und Ergriffensein des Lebensspenders im Angesicht der Todesmacht und vor allem des menschlichen Unglaubens zum Ausdruck bringen wollte. Vielleicht ist auch schon die Konfrontation Jesu mit seinem eigenen Sterben angedeutet (vgl. 12,27). Das würde dem Gesamteindruck entsprechen, daß die Auferweckung des Lazarus in der Sicht des Joh eine gleichnishafte Vorwegnahme der Auferstehung Jesu ist.

Das Erweckungswunder am Grab (eine Höhle mit einem Verschlußstein) wird zwar dramatisch, aber auch mit bemerkenswerter Nüchternheit erzählt. Das Ganze ist von der souveränen Gestalt Jesu, des Herrn über Leben und Tod, beherrscht. Der nochmalige Hinweis auf den vierten Tag und den Verwesungsgeruch unterstreicht die Größe des nun unmittelbar bevorstehenden Wunders.

Noch einmal verweist Jesus auf den inneren Zusammenhang von Glauben und Sehen der »Herrlichkeit Gottes« (vgl. V. 4; 1,51). Dem Glaubenden ist alles möglich, aber auch nur ihm (vgl. Mk 9,23). Das feierliche Dankgebet soll die Zeugen des Geschehens auf das Wesentliche lenken: Wie alle seine Wunder soll dieses letzte für die Anwesenden zum *Zeichen seiner Einheit mit dem Vater* werden, damit sie glauben, daß er ihn gesandt hat (vgl. 20,30f.).

Jesus muß nicht wie andere Wundertäter um Erhörung bitten, »denn der Vater liebt den Sohn und zeigt ihm alles, was er tut ...«. Vor allem hat der Sohn auch die Vollmacht erhalten, lebendig zu machen, »denn wie der Vater die Toten auferweckt und lebendig macht, so macht auch der Sohn lebendig, wen er will« (5,20f.). Nur auf das *Machtwort* Jesu hin kommt Lazarus – noch umwickelt mit Binden und mit einem Schweißtuch um den Kopf – aus dem Grab heraus. Binden und Schweißtuch werden auch bei der Entdeckung des leeren Grabes Jesu eine zeichenhafte Rolle spielen (vgl. 20,5 ff.).

Die Wundergeschichte endet eigentümlich nüchtern und abrupt. Keine unmittelbare Reaktion, kein Wort des Auferweckten oder der Umstehenden. Lazarus verschwindet hier »spurlos«. Erst später wird ihn der Evangelist wieder erwähnen, allerdings nur als schweigenden Zeugen und als »Schauobjekt« »vieler Juden« (vgl. 12,1 f.9 f.).

5. Unterschiedliche Reaktionen (11,45–53)

Um so ausführlicher wird im folgenden von der gegensätzlichen Auswirkung des Wunders auf »die Juden« berichtet, besonders von der negativen. Während nämlich nur in einer kurzen, aber erstaunlichen Bemerkung festgestellt wird, daß »viele der Juden« zum Glauben an Jesus kamen, wird die negative Reaktion in einer eigenen Szene breit und lebhaft dargestellt. Sie dient Joh als Überleitung und Einleitung zur Passionsgeschichte.

Der Tötungsbeschluß des Hohen Rates

Einige Augenzeugen der Totenerweckung informieren die Pharisäer. Sofort wird das Oberste Gericht, der Hohe Rat, einberufen. Daß hier und in der Passionsgeschichte die Pharisäer die Hauptrolle spielen (sicher gegen die historische Wahrheit), spiegelt die jüdischen Verhältnisse nach 70, also nach der Zerstörung des Tempels wider. Die Pharisäer waren die einzige Gruppe, die jene Katastrophe überlebt hatten und danach die Opposition gegen die erstarkende Gruppe der Christen anführten (vgl. S. 98 f.).

Die Lage ist bedrohlich. Die Verantwortlichen für »Ruhe und Ordnung« sind ratlos. Was sollen sie tun? Läßt man Jesus weiter gewähren, ist ein Volksauflauf und sogar ein Volksaufstand gegen die Römer mit unausdenkbaren Folgen für den Tempel (und das bedeutet auch für ihre Machtposition) und das jüdische Volk zu befürchten. In dieser Situation schlägt der amtierende Hohepriester (Josef) Kajaphas (18–37 n. Chr.) mit dem nüchternen Urteil des Realpolitikers vor, Jesus, den Urheber der Unruhen, zu beseitigen. Der Tod eines einzigen Menschen sei der zu befürchtenden Vernichtung des ganzen Volkes vorzuziehen.

Ein prophetisches Wort

Der Evangelist schließt diesem Rat des Hohepriesters einen bedeutungsschweren Kommentar an (V. 51 f.). Er sieht in ihm ein prophetisches Wort, das Kajaphas – ohne sich dessen bewußt zu sein – in seiner Eigenschaft als Hohepriester gesprochen hat. Tatsächlich wird der Tod Jesu ein stellvertretender Tod für das Volk sein, aber nicht nur für das jüdische Volk, sondern auch für die nichtjüdischen Völker, die »versprengten Kinder Gottes«. Beide werden durch Jesu Tod zu einem neuen Gottesvolk geeint werden. Bei dieser Deutung hat der Evangelist sich wohl von der prophetischen Verheißung der Sammlung der zerstreuten Stämme Israels inspirieren lassen, auf die er schon in der Hirtenrede angespielt hatte (vgl. zu 10,16).

Der Vorschlag des Kajaphas wird angenommen: »Von diesem Tag an waren sie entschlossen, ihn zu töten.« So wird das letzte große Zeichen Jesu zum *Anlaß und Auslöser des Todesbeschlusses* gegen ihn. Der Unglaube schickt sich an, den Herrn über Leben und Tod zu vernichten.

Es ist eine »tragische Ironie«, daß nach dem Tod Jesu genau das eingetreten ist, was politische Klugheit und weiser menschlicher Rat verhindern wollten: die Zerstörung des Tempels und der nationalen Unabhängigkeit des jüdischen Volkes.

Gespannte Erwartung

Jesus zieht sich nach diesen Ereignissen von der Öffentlichkeit zurück »an einen Ort namens Efraim«. Vielleicht ist damit das heutige et-taijike, 20 km nordöstlich von Jerusalem, gemeint. Es scheint, daß er dort das Paschafest abwarten wollte, das sein »Todespascha« werden sollte.

Von ihm ist dann auch gleich die Rede. Mit wenigen Strichen zeichnet der Evangelist die Stimmung und gespannte Atmosphäre in der Hauptstadt während der Abwesenheit Jesu (vgl. 7,11 ff.).

Schon Tage vor dem Fest (vgl. 12,1) zogen Leute vom Land in die Stadt, um sich dort den vorgeschriebenen kultischen Reinigungsvorschriften zu unterziehen. Wieder (wie in Kap. 7) ist der noch abwesende Jesus Mittelpunkt der Gespräche. Das deutet auf das Interesse und vielleicht auch auf die Sympathien beim Volk hin und bereitet Jesu aufsehenerregenden Einzug vor (12,12ff.). Die Behörden betreiben indessen zielstrebig seine Vernichtung und verordnen steckbrieflich eine »Anzeigepflicht«.

XIII. Vor der Passion (Kap. 12)

Das 12. Kapitel beginnt mit einer Zeitangabe: »Sechs Tage vor dem Paschafest...«. Damit werden alle in diesem Kapitel berichteten Ereignisse zum Paschafest des Leidens Jesu in Beziehung gesetzt. Die letzte Woche seines Lebens ist angebrochen, in der sein irdischer Weg sich vollenden wird. Zwei Ereignisse am Beginn stellen noch einmal die besondere Würde und die Einzigartigkeit Jesu heraus: *die Salbung in Betanien und der Einzug in Jerusalem.*

1. Der Duft des Lebens (12,1–11)

Alle Evangelisten berichten von einer Salbung Jesu vor seiner Passion (vgl. Mk 14,3–9 parr.). Joh hat sie jedoch *vor* den Einzug in Jerusalem gestellt und sie ausdrücklich mit der Auferweckung des Lazarus verbunden (V. 1). Das könnte ein Hinweis darauf sein, daß er die Salbung in engere Beziehung zum Ostergeschehen setzen will. (Im Unterschied zu den Synoptikern wird bei Joh ja der Leichnam Jesu vor dem Begräbnis ordnungsgemäß gesalbt [vgl. 19,39f.], und es fehlt folglich auch der Gang der Frauen zum Grab, um den Leichnam zu salben.)

Dem entspricht auch die Salbungsgeschichte selbst, wie sie von Joh erzählt wird. Sie ist hintergründig und ganz christologisch ausgerichtet. Ihr Merkmal ist die *Fülle, das Übermaß.* (»Ein Pfund echten, kostbaren Nardenöls« war eine ungewöhnliche Menge; der Preis machte rund zehn Monatsverdienste aus.) Wo Jesus ist, da wird mit Recht jedes Maß gesprengt. Normale Maßstäbe – welches Recht sie sonst auch haben mögen – reichen zur Beurteilung nicht aus. Seiner Anwesenheit entsprechen Überfluß und Fülle, die hier auch Zeichen einer ihm allein gebührenden maßlosen Liebe und Verehrung sind. Der Wohlgeruch, der das ganze Haus erfüllt, ist der Duft des Lebens, der im krassen Gegensatz zum Leichengeruch am Grab des Lazarus steht (vgl. 11,39).

Die Geschichte zeigt auffallende Verwandtschaft mit der Salbung durch die Sünderin bei Lk 7,37f. Doch ist es dort, wie auch bei Mk 14,3, eine namenlose Frau, die Jesus salbt, nicht Maria, die Schwester der Marta (vgl. Lk 10,38–42). Erst spätere Überlieferung hat aus der salbenden Frau »die Sünderin« Maria Magdalena gemacht. Sie war aber weder »die Sünderin« noch die Salbende (vgl. Lk 8,2).

Ein unberechtigter Einwand

Daß das verschwenderische Tun der Maria Protest wachruft, ist »normal« und verständlich. Objektiv und nach normalen Maßstäben ist es auch nicht zu rechtfertigen. Das ist nur dem möglich, der die Einzigartigkeit Jesu erkannt hat und der maßlos liebt. Zu ihnen gehört Judas sicher nicht. Während bei Mk 14,4 »einige« und bei Mt 26,8 »die Jünger« ihren Einwand äußern, kommt bei Joh die Kritik von Judas. Joh läßt ja kaum eine Gelegenheit aus, Judas in den schwärzesten Farben zu schildern (vgl. 6,70f.; 13,2.21–30). Hier unterstellt er ihm unlautere Absichten und bezeichnet ihn als Dieb, dem an den Armen in Wirklichkeit nichts liegt. War das auch eine Art, mit Gegnern umzugehen?

Das die Handlung Marias rechtfertigende Wort Jesu (»Die Armen habt ihr immer bei euch, mich aber habt ihr nicht immer bei euch«) verweist auf seinen *bevorstehenden Tod*, aber auch auf *die Unvergleichbarkeit der Situation*. Jesus ist nicht mit normalen Maßstäben zu messen. Im übrigen werden die Jünger noch Gelegenheit genug haben, ihre Liebe zu den Armen unter Beweis zu stellen. Es geht dem Evangelisten also um die Herausstellung der Einzigartigkeit Jesu, nicht etwa um eine Prophezeiung des unabänderlichen Fortbestehens der Armut (was sicher manchem Reichen als Alibi willkommen wäre!).

Noch einmal erscheint Lazarus als Objekt neugieriger Schaulust, nicht als Zeichen der Lebensmacht Jesu. Die Erwähnung des Beschlusses der Hohenpriester, auch Lazarus zu töten, enthält vielleicht einen Hinweis darauf, daß man nicht nur den Herrn, sondern auch seine Jünger (die Christen in der Gemeinde) verfolgen und töten will. Der Kontrast zwischen der durch Jesus verkörperten Lebensmacht und der Todesmacht der Gegner erscheint nochmals deutlich.

2. Der Einzug des Königs (12,12–19)

Der Einzug Jesu in Jerusalem ist von Johannes als feierliche »Einholung eines Königs« gestaltet. Die große Schar der Festpilger zieht mit Palmzweigen in den Händen Jesus wie in einer Prozession aus der Stadt kommend entgegen. So pflegte man Könige und Feldherrn einzuholen. Entsprechend wird Jesus vom Volk ausdrücklich als »der König Israels« begrüßt.

Das ist ein anderes Bild als jenes, das die Synoptiker vom Einzug zeichnen. Bei ihnen begleiten die Leute Jesus schon länger auf dem Weg nach Jerusalem und breiten Kleider und Zweige von Büschen auf dem Weg aus (Mk 11,7f.). (Man kann sich fragen, wo die Leute in Jerusalem Palmenzweige fanden; aber Joh ist nicht an einer botanischen Wahrheit gelegen, sondern an der theologischen Bedeutung.)

Mit der auffälligen Hervorhebung königlicher Züge in der Einzugsgeschichte bereitet Joh den Leser schon auf eine Besonderheit seiner Passionsgeschichte vor, in der das *Königsmotiv* eine beherrschende Rolle spielt.

Es bedarf bei Joh auch keiner Eselssuche (vgl. Mk 11,1–6), denn *Jesus selbst* »findet einen jungen Esel«, auf den er sich setzt. Das erinnert den Evangelisten an ein Wort des Propheten Sacharja, das den Einzug des messianischen Königs in Jerusalem schildert:

> Fürchte dich nicht, Tochter Zion! Siehe, dein König kommt; er sitzt auf dem Fohlen einer Eselin.
> (Sach 9,9)

Ein König auf einem Eselchen ist allerdings ein ungewöhnliches Bild. Aber gerade dieser besondere Umstand ist ein Zeichen der Besonderheit des Königtums Jesu. Er ist kein König im Sinne dieser Welt, und sein Reich ist deshalb auch nicht »von dieser Welt« (18,36). Er ist ein Friedenskönig, wie ihn schon die Fortsetzung des Sacharjazitats beschreibt:

> Ich vernichte die Streitwagen aus Efraim und die Rosse aus Jerusalem, vernichtet wird der Kriegsbogen.
> (Sach 9,10)

So wird der Einzug Jesu zu einer *Absage an jede Gewaltherrschaft* und zu einer Art Friedenskundgebung. Mit diesem Verständnis seines Königtums entsprach Jesus allerdings nicht den Erwartungen vieler in Jerusalem und in seinem Volk. Der Evangelist erwähnt ausdrücklich, daß auch die Jünger damals den tiefen, zeichenhaften Sinn des Geschehens nicht verstanden. Der ist ihnen erst nach Ostern, in der geistgewirkten Erinnerung aufgegangen (vgl. 2,22; 14,26). Eine kurze Notiz stellt nochmals die Verbindung zur Lazarusgeschichte her. Die Auferweckung des Lazarus war ein wirkungsvolles Zeichen gewesen, denn »viele der Juden... kamen zum Glauben an ihn«. Doch wird die Passionsgeschichte zeigen, daß dieser nur auf Wunder gestützte Glaube und diese Begeisterung den Prüfungen nicht standhalten kann. Die Erzählung vom Einzug endet mit dem Hinweis auf die Ratlosigkeit der Pharisäer, läßt aber Schlimmes befürchten. Alles drängt auf eine Entscheidung hin.

3. Das letzte Wort an die Welt (12,20–36)

Auf den Einzug läßt der Evangelist unvermittelt eine längere Rede Jesu folgen, die nur von kurzen Reaktionen des Volkes unterbrochen wird. Es ist die *letzte öffentliche Rede* Jesu und schließt die Selbstoffenbarung Jesu vor der Welt(öffentlichkeit) ab. Zugleich führt sie zur nahe bevorstehenden Passion hin. Wie die Rede in 3,14–21, mit der sie manches gemeinsam hat, bietet sie noch einmal eine *Gesamtschau des Heilswerks Jesu* und eine *Zusammenfassung grundlegender Themen joh Theologie bzw. Christologie* wie die Erhöhung und Verherrlichung des Menschensohns, die Bedeutung des Todes Jesu für das Heil der Menschen, die Glaubensentscheidung in der Begegnung mit Jesus und seinem Wort. Trotz der Vielfalt der Themen ist die Rede in ihrer »Tiefenstruktur« doch von einem einheitlichen Grundgedanken getragen: Durch seinen Tod wird Jesus verherrlicht und schenkt den Glaubenden das Leben.

Ein Ausblick auf die Zukunft

Ausgelöst wird die Rede durch das Kommen einiger Griechen, die Jesus »sehen«, d. h. ihn kennenlernen wollen. Mit den Griechen sind nicht Heiden gemeint, sondern Halbproselyten (sie sind ja

Jerusalempilger, »die beim Fest Gott anbeten wollten«). Das sind Heiden, die sich zwar dem Judentum angeschlossen haben, aber keine Volljuden geworden sind, weil sie sich nicht beschneiden lassen wollten, und daher nicht verpflichtet waren, das Gesetz in seinem ganzen Umfang zu befolgen. Diese Gruppe der Halbproselyten waren in der Urkirche gleichsam die Brücke zu den Heiden, die ersten Ansprechpartner der urchristlichen Missionare nach Ostern. Daher läßt der Evangelist sie wohl auch nicht direkt mit Jesus in Kontakt treten, sondern über die Vermittlung der beiden Jünger Philippus und Andreas (vgl. ihr eigenes Kommen zu Jesus in 1,40–44). Vielleicht gehörten diese beiden zu den herausragenden Missionaren im Gebiet der joh Gemeinden.

Die entscheidende Stunde

Wie bei der Begegnung mit Nikodemus scheint Jesus gar nicht auf ihr Anliegen einzugehen, sondern beginnt von »seiner Stunde« zu sprechen: »Die Stunde ist gekommen, daß der Menschensohn verherrlicht wird.« Damit ist das Stichwort gegeben, das die folgende Rede beherrscht. Alles, was Jesus im Folgenden sagt, ist Bestimmung und Erläuterung dessen, was diese Stunde beinhaltet (vgl. S. 79 f.). Zum Inhalt dieser Stunde gehört neben der Verherrlichung Jesu, des Menschensohns, vor allem auch sein Tod, in dem sich in joh Sicht die Verherrlichung vollzieht. Auf diesen Tod beziehen sich die folgenden Sprüche.

Leben aus dem Tod

Das anschauliche Bildwort vom sterbenden und fruchtbringenden Weizenkorn gilt zwar für jeden Menschen, im Zusammenhang sagt es aber Grundsätzliches über Jesu eigene Haltung aus. Man könnte es das Grundgesetz seines ganzen Lebens nennen. Er wollte nicht sich selber egoistisch bewahren, sondern war bereit, sein Leben hinzugeben.

Der folgende Spruch, der seine Parallelen bei den Synoptikern hat (vgl. Mk 8,35 parr), nimmt die wesentliche Aussage des Bildworts auf und entfaltet sie weiter. Es geht darum, unter welchen Bedingungen der Mensch wahres Leben erlangen kann. Die Antwort klingt widersinnig: Gerade wer »sein Leben liebhat«, d. h. es unter allen Umständen festhalten will und sich selbst nicht los-lassen kann, wird es verlieren. Eigentliches, erfülltes Leben findet er nicht. Wer dagegen »sein Leben in dieser Welt«, in der es doch ständig vom Tod bedroht ist, »haßt«, d. h. es nicht als letzten, unbedingt festzuhaltenden Wert betrachtet, wird es gewinnen. Die Preis-gabe des Lebens ist nach diesem Wort wahrhaft der Preis des Lebens. Leben lebt aus dem Sichverschenken und Sichlassen. Das war das Lebensgesetz Jesu, und jeder, der diesen Lebensweg des Dienens als Lebenshingabe mit ihm geht, wird am Geschick Jesu teilhaben im Sterben wie im Leben (vgl. 15,18 ff.). Nur eine so verstandene und gelebte Nachfolge verbindet so mit Jesus, daß der Nachfolgende auch dort ist, wo Jesus ist (vgl. 17,24).

Hat Jesus damit auf das Kommen der »Griechen« geantwortet? Vordergründig scheint das nicht der Fall zu sein. Dennoch: Wenn das Sterben die Voraussetzung des Fruchtbringens ist, dann ist Jesu Tod die Voraussetzung der Heidenmission, denn sie gehört zur reichsten Frucht des Todes (und Verherrlichtwerdens) Jesu (vgl. 12,32).

Die johanneische Ölbergstunde

Mit dem Stichwort »Stunde« kehrt der Gedankengang wieder zum Anfang der Rede zurück. Das dreifach wiederholte *»Jetzt«* (VV. 27.31.32) zeigt deutlich an, daß *die Stunde nun wirklich gekommen ist.* Es leitet auch jedesmal einen Aspekt dieser Stunde ein: *die Erschütterung der Seele Jesu, das Gericht über diese Welt, die Entmachtung des Herrschers dieser Welt.*

Joh berichtet nicht vom Gebetsringen Jesu in Getsemani (vgl. Mk 14,32–42 parr). Aber Jesu Wort von der »Erschütterung« seiner Seele und das Zwiegespräch mit dem Vater erinnern doch sehr stark an das Geschehen in Getsemani, so daß man mit Recht von der *»johanneischen Ölbergstunde«* gesprochen hat. Doch bei Joh kämpft Jesus nicht mit der Todesangst und bittet auch den Vater nicht, daß der Kelch des Leidens an ihm vorübergehe. Daher ist die »Erschütterung« nicht psychologisierend als Angst vor dem

Tod zu deuten, sondern als Betroffenheit vom Geschehen der beginnenden Passion, der Jesus mit vollem Wissen und angstloser Freiheit entgegengeht.

Die Stunde der Verherrlichung

Da die Stunde des Leidens auch die Stunde der Verherrlichung (des Vaters und des Sohnes) ist, betet Jesus nicht darum, aus ihr gerettet zu werden, sondern darum, daß der Vater seinen »Namen« verherrliche. Das ist semitische Redeweise. »Der Name« steht für die Person bzw. für das, was diese Person besonders kennzeichnet. (Wir würden sagen: er steht für die »Persönlichkeit«.) Das zeigt z. B. die parallele Bitte in 17,1 und 4: »Vater, die Stunde ist da. Verherrliche deinen Sohn, damit der Sohn dich verherrlicht... Ich habe dich auf der Erde verherrlicht und das Werk zu Ende geführt, das du mir aufgetragen hast.« Im Wirken Jesu war der Vater am Werk (vgl. 5,19f.36; 9,4; 10,25.37f.; 14,10), und deshalb wurde der Vater durch den Sohn und der Sohn durch den Vater verherrlicht. In den Werken des Sohnes (die die Werke des Vaters sind) wurde die Größe oder Herrlichkeit des Vaters und des Sohnes offenbar. Dieses Verherrlichungsgeschehen wird auch (oder gerade) im Leiden und Sterben des Sohnes weitergehen, weil in ihm die Liebes- und Wirkeinheit zwischen Vater und Sohn am deutlichsten zum Ausdruck kommt. In diesem Sinne ist die Passion Jesu das größte (Verherrlichungs-)Werk des Sohnes (vgl. S. 79f.).

Die Stunde des Gerichts über die Welt und ihren Herrscher

Das anwesende Volk versteht die Antwort des Vaters nicht. Wie sollte es auch? Es hat keinen Zugang zum Geschehen der Stunde, weil dieser sich nur den Glaubenden eröffnet. Die Deutungsversuche der Menge zeigen, wie weit sie von Jesus und seinem Geheimnis entfernt sind. Jesu Antwort nennt zwei weitere Aspekte bzw. Auswirkungen des Geschehens der Stunde: in ihr vollzieht sich das *Gericht über »diese Welt«* und die *Entmachtung des »Herrschers dieser Welt«*. Die Stunde führt also einen Herrschaftswechsel herbei. Während Jesus zum König und Herrn inthronisiert wird (vgl. S. 198 f.), wird der »Herrscher dieser Welt«, der Satan (vgl. 13,27; 14,30; 16,11), von seinem Herrschaftsthron gestürzt.

Das ist eine bildhaft-mythologische Sprache, die für uns heute schwer verständlich ist, weil uns das vorausgesetzte (apokalyptische) Weltbild fremd ist. Nach weitverbreiteten Vorstellungen im Judentum zur Zeit Jesu versucht die Macht des Bösen – personifiziert in Satan – die Herrschaft über die Welt zu gewinnen, bzw. übt sie diese tatsächlich über einen Teil der Welt aus. (Joh nennt diesen von der Macht des Bösen beherrschten und im Unglauben verharrenden Teil betont »diese Welt«; vgl. S. 40 f.)

Der vierte Evangelist greift nun auf diese bekannten Vorstellungen zurück, um das umstürzend Neue, das Jesus bewirkt hat, und dessen »kosmische« Ausmaße zum Ausdruck zu bringen (vgl. das verwandte Bild bei Lk 10,18 u. Offb 12,9 f.). Was Joh sagen will, ist im wesentlichen dies: »Er, der gekreuzigte und auferstandene Christus, ist in seiner Person und durch seine Geschichte, die Kreuz und Auferstehung zusammenfaßt, das Ende der alten, todverfallenen Welt und der Anfang der neuen Lebenswelt Gottes. In ihm selbst geschieht jene Wende, die ›diesem Kosmos‹ den endgültigen Todesstoß versetzt« (J. *Blank*, Das Evangelium nach Johannes, 4/1b, S. 318). Entscheidend ist, daß dieses Gericht und dieser Herrschaftswechsel bereits »*jetzt*«, in der Stunde des Sterbens und der Verherrlichung Jesu, geschehen (vgl. 16,11). Das entspricht dem besonderen joh Verständnis, demgemäß sich das traditionellerweise erst für das Ende der Welt erwartete Gericht bereits in der Gegenwart vollzieht (vgl. 3,18 f.; 5,24 f. u. S. 71 f.).

Die Erhöhung als Vorbedingung der Rettung

Das Gericht über die Welt und ihren Herrscher ist aber nur die negative Auswirkung des Geschehens der Stunde. Bedeutsamer ist der positive Aspekt, den Jesus in einem (für Joh typischen) doppeldeutigen Wort offenbart: »Und ich, wenn ich über die Erde erhöht bin, werde alle zu mir ziehen.« Wie die Erläuterung in Vers 33 zeigt, ist mit dem »Erhöhtwerden« zunächst die Kreuzigung gemeint, bei der der Verurteilte mit dem Kreuz oder Querbalken »erhöht« wurde. Doch deutet schon die nähere Bestimmung »von der Erde« darauf hin, daß mehr gemeint ist. Joh sieht die Erhöhung am Kreuz als *Bild der Erhöhung Jesu in seine Herrschafts-stellung.* Das Kreuz ist gleichsam der Thron, auf den Jesus erhöht wird.

Diese Erhöhung ist die Voraussetzung dafür, daß Jesus alle zu sich ziehen wird (vgl. 3,14). Als der Erhöhte und Verherrlichte wird Jesus die Menschen gleichsam aus der Finsternis und Bedrohung der unteren Todeswelt zu sich in die obere Welt des göttlichen Lichts und des Lebens ziehen. Für das Verständnis dieser joh Sicht von »Erhöhung« ist es also wesentlich, die »Doppeldeutigkeit« nicht aufzulösen. Beides, die Erhöhung am Kreuz und die Erhöhung in die Herrschaftsstellung, gehören als *ein* Verherrlichungsgeschehen unauflöslich zusammen. Im Tod wird Jesus in diesem doppelten Sinn »erhöht« und verherrlicht (vgl. S. 79 f.).

Wer ist dieser Menschensohn?

Die Menge versteht wiederum nicht den eigentlichen Sinn der Worte Jesu. Sie hört aus ihnen wohl nur das Gekreuzigtwerden heraus. Ein gekreuzigter Menschensohn oder Messias paßt aber gar nicht in ihr Bild vom Messias, denn sie haben aus der Überlieferung gelernt, daß der Messias bzw. seine Herrschaft von ewiger Dauer sein wird (vgl. Jes 9,6; Dan 7,14.27; auch Lk 1,33). Wenn Jesu Leben im frühzeitigen Tod endet, kann er nicht der Messias sein. Oder was für ein Menschensohn ist das dann, von dem Jesus redet?

In dieser Frage der Leute dürfte wieder ein Einwand der jüdischen Gegner gegen den christlichen Glauben an die Messianität Jesu zum Ausdruck kommen. Ein Hinweis auf diese Diskussion findet sich bei Justin in seinem »Dialog mit dem Juden Trypho«. Dort bringt Trypho folgenden Einwand gegen die Messianität Jesu vor:

> »Mein Herr, die erwähnten Schriften und ähnliche veranlassen uns, daß wir den, der als Menschensohn von dem Bejahrten die ewige Herrschaft erhält, in Herrlichkeit und Größe erwarten. Dieser sogenannte Christus aber ist ohne Ehre und Herrlichkeit gewesen, so daß er sogar dem schlimmsten Fluch verfiel, den das Gesetz verhängt: er ist nämlich gekreuzigt worden.«
> (32,1)

Die Antwort auf diese Fragen gibt letztlich der joh Passionsbericht. Jesus antwortet hier jedoch (übrigens wie im Nikodemusgespräch, vgl. 3,18–21) mit einem *Ruf zur Glaubensentscheidung*. *Jetzt* ist »Gnadenzeit«, jetzt gilt es, sich zu entscheiden und sich auf den Weg des Glaubens zu Jesus, dem Licht, zu machen, denn es gibt ein Zuspät (vgl. 9,4.41). Der Glaube aber kann die Menschen umwandeln zu Söhnen des Lichts, die der Finsternis des Unheils entronnen sind und nichts mehr zu fürchten brauchen (vgl. 3,18 ff.).

Nach diesem letzten Aufruf zur Glaubensentscheidung zieht Jesus sich aus der Öffentlichkeit zurück; er wird nicht mehr zu »den Juden« sprechen. »Das Licht der Welt« verläßt die Welt, zurück bleibt »diese Welt« der Finsternis (in der es allerdings auch jene geben wird, die ihn aufnahmen [vgl. 1,12; 17,9–16]).

Der Unglaube der meisten Juden war für die joh Gemeinde wie für das ganze Urchristentum ein unbegreifliches, undurchschaubares Geheimnis und auch ein »Stachel im Fleisch« (vgl. Röm 9 – 11). Darum kommt der Evangelist in einer Art Rückblick auf das Wirken Jesu noch einmal darauf zu sprechen. Der Abschnitt 12,37–50 ist eine Reflexion des Evangelisten über das Geheimnis des Glaubens und Unglaubens.

4. Eine Reflexion über das Geheimnis des Unglaubens (12,37–50)

Warum glaubte die Mehrheit des jüdischen Volkes nicht an Jesus, obwohl er ihnen mit seiner Offenbarung in Zeichen und Worten einen Weg geöffnet hatte? Das ist die Frage, auf die der Evangelist eine Antwort sucht. Er findet sie in zwei Schriftstellen des Jesajabuchs, d. h. er sucht die Antwort in Gottes Wort und Handeln.

In Jes 53,1 klagen die Jünger des unverstanden gebliebenen »Knechtes Gottes« (einer geheimnisvollen Prophetengestalt im Exil) darüber, daß niemand ihm geglaubt und niemand in seiner Botschaft Gottes machtvolles Wirken erkannt hat. Das gleiche hat sich nun in der Sicht des Evangelisten auch in bezug auf das Wirken Jesu ereignet. Die meisten haben ihm nicht geglaubt.

Die »Erklärung« für dieses unbegreifliche Verhalten findet der Evangelist in einem anderen Schriftwort, dem sogenannten »Verstockungsbefehl« aus der Berufungsvision des Jesaja. Dort spricht Gott zum Propheten:

> Geh und sag diesem Volk: Hören sollt ihr, hören, aber nicht verstehen. Sehen sollt ihr, sehen, aber nicht erkennen. Verhärte das Herz dieses Volkes, verstopf ihm die Ohren, verkleb ihm die Augen, damit es mit seinen Augen nicht sieht und mit seinen Ohren nicht hört, damit sein Herz nicht zur Einsicht kommt und sich nicht bekehrt und nicht geheilt wird.
> (Jes 6,9 f.)

Joh hat diesen Text allerdings nicht unverändert übernommen, sondern ihn im Hinblick auf sein Anliegen abgewandelt. Er wählt daraus die »Verblendung der Augen« – sicher in bezug auf die Zeichen Jesu – und die »Verhärtung der Herzen«, weil das Herz als das eigentliche Entscheidungszentrum des Menschen galt. Nach der Deutung des Evangelisten entspricht es also letztlich dem geheimnisvollen Willen Gottes, wenn »die Juden« nicht an Jesus glauben und – so interpretiert er neu – sich von *Jesus* (= »ich«) nicht heilen lassen wollen.

Jes 6,9 f. ist auch von anderen Theologen der Urkirche zur Bewältigung dieses Problems herangezogen worden, was zeigt, daß sie alle vor dem gleichen Rätsel gestanden haben und dafür keine plausible menschliche Antwort fanden. Markus verwendet den Text, um das Nichtverstehen der Gleichnisse Jesu durch die Nichtglaubenden zu »erklären« (vgl. Mk 4,10–12; dazu *M. Limbeck*, Markus-Evangelium, SKK/NT 2, S. 63–67), und Lukas benutzt ihn am Ende der Apostelgeschichte in einem ähnlichen Sinn wie Joh (vgl. Apg 28,17–28). Paulus, der sich in Röm 9 – 11 mit dem Problem des Unglaubens Israels auseinandersetzt, zitiert zwar nicht Jes 6,9 f., greift aber auch auf das Verstockungsmotiv zurück. In Röm 11,7 f. schreibt er: »Was soll das heißen? Was Israel erstrebt, hat nicht das ganze Volk, sondern nur der erwählte Rest erlangt; die übrigen wurden verstockt, wie es in der Schrift heißt: Gott gab ihnen einen Geist der Betäubung, Augen, die nicht sehen, und Ohren, die nicht hören, bis zum heutigen Tag« (Jes 29,10; Dtn 29,3).

Daß Gottes Verstockungswille auch nach Joh nicht das ganze jüdische Volk zu einer »massa damnata« (zu einer »verdammten Masse«) macht, wie Christen später in unchristlicher Überheblichkeit meinten, zeigt die Fortsetzung. Sogar von den führenden Männern kamen »viele« zum Glauben an Jesus (vgl. eine ähnliche Berichtigung einer ausschließlichen Feststellung in 1,10ff.). Doch fehlte ihnen der Mut zum offenen Bekenntnis. Ihr Besorgtsein um den guten Ruf, um Ehre und Stellung hinderte sie daran, sich Jesus bzw. der Gemeinde anzuschließen. Das war sicher nicht nur z. Zt. des Joh eine tägliche Erfahrung (zum Synagogenausschluß vgl. 9,22).

Gott will das Heil der Menschen

Unerwartet setzt der Evangelist (in V. 44) noch einmal mit einer kurzen, abschließenden Offenbarungsrede Jesu ein, die die joh Christusbotschaft zusammenfaßt. Sie richtet sich jetzt aber an alle Menschen und will vor allem die bleibende Mittlerrolle Jesu und die universale Bedeutung seiner Botschaft herausstellen. Jesus ist der einzige Heilsweg für alle, weil in seinem Wort Gottes Absicht mit der Welt in einmaliger Weise hörbar und erkennbar geworden ist. Wer sich auf dieses Wort nicht glaubend einläßt und es befolgt, der richtet sich selbst (vgl. 3,18f.). Denn Gott will das Heil des Menschen, nicht sein Verderben – und also letztlich auch nicht seine Verstockung! Das den Menschen zu verkünden, war der Auftrag, den Jesus vom Vater empfangen hatte (vgl. 17,2f.). Er bleibt als »Einladung zum Leben« für alle Menschen bestehen, die dieses Wort im Zeugnis seiner Boten hören.

B. Die Offenbarung der Herrlichkeit des Sohnes vor den Seinen (Kap. 13 – 20)

Mit dem 13. Kapitel beginnt der zweite Teil des Johannesevangeliums, der außer der Fußwaschung und den Abschiedsreden (Kap. 13 – 16; 17) die Passionsgeschichte (Kap. 18 – 19) und die Auferstehungsgeschichten (Kap. 20) enthält. (Kap. 21 ist ein späterer Nachtrag.) Hatte der Evangelist in den Kapiteln 1 – 12 die Offenbarung der Herrlichkeit Jesu vor der Welt geschildert, so haben diese Kapitel die Offenbarung seiner Herrlichkeit vor den Seinen zum Thema, wobei die Passionsgeschichte allerdings eine Sonderstellung einnimmt. Sie ist in gewissem Sinn zugleich Offenbarung vor der Welt und vor den Seinen.

Man könnte diesen zweiten Teil auch das »Buch der Stunde« oder »der Herrlichkeit« nennen, weil in ihm das Geschehen der Stunde als Verherrlichung beschrieben wird.

I. Das Zeichen der Fußwaschung (13,1–20)

Das schon in 12,1 erwähnte Paschafest ist nahegerückt. Wie die anderen Evangelisten kennt auch Joh die Überlieferung von einem letzten Mahl Jesu mit seinen Jüngern kurz vor seinem Tod. Doch fehlt bei ihm jeder Hinweis darauf, daß es ein Paschamahl war. Das ist sogar dadurch ausgeschlossen, daß Jesus nach joh Chronologie am Vorabend des Paschafestes (dem »Rüsttag«, vgl. 18,28; 19,31) stirbt.

Im übrigen spielt das Mahl selbst bei Joh außer bei dem Hinweis auf den Verräter (13,21–30) überhaupt keine Rolle. Es gibt nur den Rahmen für das Geschehen ab. So fehlt bei ihm auch die eigentliche Mahlhandlung mit der »Einsetzung der Eucharistie«, die bei den Synoptikern den zentralen Platz einnimmt. (Sein Eucharistieverständnis hatte er ja bereits im Anschluß an die Brotrede in 6,51–58 dargelegt.) Für Joh ist dagegen ein anderes Ereignis von wesentlicher Bedeutung: die Fußwaschung.

In Freiheit

Doch bevor er dieses Geschehen schildert und deutet, liegt ihm daran, ausdrücklich auf das Wissen Jesu um das Gekommensein der Stunde hinzuweisen. Jesus geht ganz bewußt in sein Leiden, es überfällt ihn nicht wie ein unabänderliches Schicksal. Das Sterben ist für ihn nicht einfach das Ende des Lebens, sondern »*Hinübergehen aus dieser Welt zum Vater*«. Auf ihn ist der Blick des joh Jesus gerichtet, nicht auf den Tod.

Gleich zu Beginn fällt der Blick aber auch auf das Dunkle dieser Stunde, verkörpert in der Gestalt des Verräters. Auch darum weiß Jesus. Was Judas tun wird, übersteigt so sehr alle menschlichen Erklärungsversuche, daß der Evangelist es nur auf eine Eingebung des Teufels zurückführen kann. Der Scheinmacht des Teufels steht jedoch die Vollmacht Jesu gegenüber, sein Leben hinzugeben und »es wieder zu nehmen« (vgl. 10,18). Nicht der Teufel lenkt das Geschick Jesu (etwa durch den Verrat des Judas), sondern der Vater. »Der Herrscher der Welt« hat über ihn keine Macht (vgl. 14,30).

Zeichen heilbringenden Todes

Jesus beginnt nicht mit einer Rede, sondern mit einer Handlung, die aber mehr sagt als viele Worte: Er wäscht den Jüngern die Füße. Daß Jesus, der Herr und Meister, ihnen die Füße wäscht, ist für die Jünger unbegreiflich, denn es gehörte zum Dienst des Sklaven (oder auch der Frau des Hauses), den Gästen die verstaubten Füße zu waschen.

Diese Zeichenhandlung – denn das sollte sie sein – wird anschließend gleich *zweifach gedeutet*. Die *erste* Deutung (VV. 6–10) betrifft die (durch Jesu Tod gestiftete) Gemeinschaft der Jünger mit Jesus. Sie versteht die Fußwaschung als ein *Zeichen der Selbsthingabe Jesu in seinem Tod* und will die *Heilsbedeutung dieses Todes* herausstellen. Mit dieser Dienst-handlung der Fußwaschung faßt Jesus gleichsam noch einmal sein ganzes Leben zusammen, insofern es ein Leben für andere war. Sein bevorstehender Tod wird die äußerste Konsequenz dieses Lebens sein, gleichsam sein letzter Dienst an den Seinen. Mk 10,45 ist vielleicht der beste Kommentar dazu: »Denn auch der Menschensohn ist nicht gekommen, um sich dienen zu lassen, sondern um zu dienen und sein Leben hinzugeben als Lösegeld für viele« (vgl. Lk 22,27; Phil 2,5–8). So ist die Fußwaschung Zeichen jener äußersten Liebe, mit der Jesus die Seinen liebte »bis zur Vollendung« und die ihren höchsten sichtbaren Ausdruck in der Todesstunde am Kreuz finden wird, wenn Jesus sagen wird: »Es ist vollendet« (19,30).

Wer dieses zeichenhafte Handeln nicht an sich geschehen lassen will wie Petrus, kann daher keinen Anteil an Jesus und seinem Heilswerk haben. Aber das kann Petrus »jetzt noch nicht« (d. h. vor Ostern und der Geistsendung) verstehen. Sein Denken bewegt sich noch ganz im rein Diesseitigen. Da ist es dann nur konsequent, wenn er sich in seinem Überschwang zusätzlich auch noch Hände und Kopf waschen lassen will. Der zeichenhafte Sinn dieser Bitte und der Antwort Jesus ist schwierig auszumachen und umstritten (wie schon die verschiedenen Verbesserungen im Text zeigen). Unter Voraussetzung des Kurztextes: »Wer gebadet ist, ist ganz rein und braucht sich nicht zu waschen«, soll die Antwort wohl besagen, daß das Heil, das Jesus durch sein Sterben anbietet, nur ganz oder gar nicht zu haben ist. Dem, der glaubt, wird es ganz geschenkt, er braucht keine teilweisen Ergänzungen.

Ein Beispiel gegenseitiger Liebe

In Form einer Jüngerbelehrung gibt Jesus noch eine *zweite* Deutung der Fußwaschung (VV. 12–15). Sie zielt auf *das Verhältnis der Jünger zueinander*. Mit seinem Tun hat Jesus ein Beispiel gegeben, das die Jünger zur Nachahmung verpflichtet. Auch ihr Leben soll gekennzeichnet sein durch den Dienst, den einer dem anderen erweist, d. h. sie sollen einander wahrhaft lieben. Damit wird bereits das »Liebesgebot« von 13,34 f. vorbereitet (vgl. 1 Joh 4,11).

An diese Deutung schließen sich Einzelsprüche an, die durch Stichworte miteinander und mit dem Kontext verbunden sind und ihre Parallelen auch bei den Synoptikern haben (vgl. Mt 10,24.40 parr). Wenn Jesus, der Herr, an ihnen den Sklavendienst getan hat, dann ist es nur billig und recht, wenn auch sie, die »Sklaven« und »Abgesandten«, einander dienen. In der Annahme des Bruders wird Jesus, der Sendende, aufgenommen und mit ihm der Vater, der ihn gesandt hat. Hinter diesen Weisungen und Verheißungen Jesu steht die Vorstellung, daß der Gesandte den Sendenden repräsentiert. Der Gesandte kommt ja im Namen und Auftrag des Sendenden. Wer den Gesandten aufnimmt, nimmt daher den Sendenden auf.

Es ist bemerkenswert, in welch neuer Weise Joh das letzte Mahl Jesu mit seinen Jüngern deutet, wenn man es mit der synoptischen Überlieferung vergleicht. Wo bei den anderen Evangelisten der eucharistische Mahlbericht den Mittelpunkt bildet, da steht bei Joh die Fußwaschung. Beide sind zwar eine vorweggenommene Deutung des Todes Jesu. Aber bei Joh ist diese Deutung ganz unkultisch und durch die zweite Deutung ganz auf das brüderliche Miteinander und Füreinander ausgerichtet. Das ist bei seiner sonstigen »christologischen Konzentration« um so erstaunlicher. In joh Sicht ist eine Eucharistiefeier, in der diese horizontale Ebene fehlt oder nicht stimmt, offensichtlich kein »Herrenmahl« im Sinne und im Geist Jesu.

II. Die Kennzeichnung des Verräters (13,21–30)

Der Verrat Jesu durch einen aus dem engen Zwölferkreis war – wie bereits früher erwähnt – für die joh Gemeinde offensichtlich ein schwer begreifbares Problem, denn es taucht im vierten Evangelium immer wieder auf (vgl. 6,64f.70f.; 13,1.18f.; 17,12f.). Man spürt das intensive Nachdenken über dieses Geheimnis, die Suche nach Beweggründen des Verräters und nach »Erklärungen« für sein Handeln. Keiner urteilt – auch menschlich – so hart über Judas wie Joh. Nur er hat die Enttarnung des Verräters zu einer eigenen Szene ausgestaltet, die überdies durch die Gegenfigur des Jüngers, »den Jesus liebte«, mit Spannung geladen ist. Dieser namenlose und geheimnisvolle Jünger wird hier ganz unvorbereitet zum ersten Mal eingeführt und erscheint von nun an an entscheidenden Stellen des Evangeliums. Die Bedeutung des Geschehens wird an der tiefen Erschütterung Jesu, einer Art prophetischer Erregung, erkennbar (vgl. 11,33.38; 12,27). Was der Evangelist vor allem herausstellen will, ist das *Vorherwissen Jesu,* mit dem er das ganze Geschehen durchschaut, und seine *absolute Freiheit*, mit der er ihm entgegengeht, ja mit der er es sogar lenkt, wie er es hier tut. Denn es ist Jesus selbst, der Judas das Zeichen gibt, sein noch verheimlichtes Vorhaben auszuführen.

Die Jünger dagegen stehen dem Ganzen ratlos und ahnungslos gegenüber. Einige von ihnen unterliegen sogar dem platten Mißverständnis, Jesus habe Judas aufgefordert, das Nötige für das Fest einzukaufen oder »den Armen etwas zu geben«. Das Erkennungszeichen des Brotbissens war schon in 13,18 mit einem Schriftzitat aus Ps 41,10 angekündigt worden. Das soll darauf hinweisen, daß auch der Judasverrat von Gottes Plan umfangen war. Nichts in der Passion des Menschensohns geschieht ohne Gottes Wille (vgl. 17,12; Lk 24,26f.). Wahrscheinlich ist diese ausführliche Erörterung des Judasproblems auch gegen die Gegner gerichtet, die in dem Verrat einen Beweis gegen die Messianität Jesu sahen. Wäre Jesus der Messias – so werden sie argumentiert haben – dann hätte er den Verrat voraussehen müssen und Judas folglich nicht in seinen engen Jüngerkreis aufnehmen dürfen. Gegen eben diesen Einwand ist die joh Judasszene gerichtet.

Nach seiner Enttarnung verläßt Judas den Jüngerkreis. Hintergründig bemerkt der Evangelist: »*Es war aber Nacht.*« Judas ist dadurch, daß er sich gegen Jesus, das Licht der Welt, entscheidet, aus dem Raum des Lichts in den Raum der Finsternis, d. h. des Unglaubens, des Unheils und des Todes gegangen (vgl. 12,46). Damit ist die Voraussetzung für die erste Abschiedsrede gegeben, in der Jesus sich nur noch den auserwählten Seinen offenbaren wird (vgl. 15,15; 17,9–16).

»Der Jünger, den Jesus liebte«
Die Gestalt des namenlosen Jüngers, »den Jesus liebte« (unter dieser Bezeichnung begegnet er in 13,23–25; 19,26f.; 20,2–10; 21,2–8.20–24; wahrscheinlich ist er aber auch in 18,15f.; 19,34f. gemeint), hat der Forschung bis heute viele Fragen aufgegeben. Sie sind noch keineswegs wirklich zufriedenstellend gelöst. Doch sind die Bemühungen auch nicht ganz ergebnislos geblieben. Sie seien hier kurz zusammenfassend dargestellt.
Vom 2. Jh. an bis zum Ende des 19. Jh. identifizierte man diesen namenlosen Jünger mit Johannes, dem »Sohn des Zebedäus« und Bruder des Jakobus (vgl. Mk 1,19f.; 3,17), und sah in ihm den »Evangelisten Johannes«, den Verfasser des vierten Evangeliums. Dieser Gleichsetzung stehen aber erhebliche Schwierigkeiten entgegen, so daß sie heute von fast allen Forschern aufgegeben worden ist. Verständlicherweise ist die Frage nach der Identität dieses Jüngers jedoch nicht zur Ruhe gekommen. Wer war er?
Zwei Beobachtungen sind zunächst beachtenswert und aufschlußreich: Er wird *niemals mit Namen genannt*, und er erscheint *zum ersten Mal in den Abschiedsreden* (13,23–25). Das deutet darauf hin, daß er nicht zu der namentlich bekannten Gruppe des engeren Jüngerkreises, also der Zwölf, gehörte und somit auch nicht Augenzeuge der Ereignisse vor der Passion war (besonders des galiläischen Wirkens Jesu). Zwar meinen einige, daß er sich hinter dem nicht mit Namen genannten zweiten Jünger von 1,37.40 verberge, doch ist das sehr unwahrscheinlich.
Manche sahen in dem geliebten Jünger überhaupt keine

geschichtliche Person, sondern hielten ihn für eine rein symbolische Gestalt oder für eine literarische Figur, also für eine Schöpfung des Evangelisten (bzw. der »johanneischen Schule«). Dagegen spricht aber, daß in 21,23 offensichtlich *sein Tod vorausgesetzt ist* – eine symbolische Figur stirbt nicht, zumindest bereitet ihr Tod keine Schwierigkeiten, wie es hier der Fall ist – und daß er öfter zu *Petrus in Beziehung gesetzt* wird. Da dieser sicher keine (reine) Symbolgestalt ist, kann auch die andere nicht als solche gelten. Historische Person und Symbolfigur schließen sich im übrigen nicht aus, wie das Beispiel anderer (namentlich genannter) Personen in der Evangelienüberlieferung zeigt. (Außer Petrus z. B. Thomas, Nikodemus, die Samariterin, negativ auch Judas. Ein anderes oft zitiertes Beispiel ist der namentlich ebenfalls nicht bekannte »Lehrer der Gerechtigkeit« in den Schriften von Qumran.) So ist es durchaus berechtigt, auch in dem geliebten Jünger eine *geschichtliche Person* zu sehen, die darüber hinaus noch eine symbolische Bedeutung hat. – Wer war er, und welche Funktion hat er in der joh Gemeinde bzw. im Joh?

Einer aus dem engen Kreis der bekannten Jünger Jesu scheidet aufgrund der angegebenen Gründe aus. Man hätte einen solchen sicher nicht ohne Namensnennung eingeführt, und er selbst hätte sich wohl kaum die anspruchsvolle Bezeichnung »der Jünger, den Jesus liebte« zugelegt. Da auch andere bekannte Personen ausscheiden (manche haben an Lazarus oder an Johannes-Markus gedacht), muß er für uns der namenlose Unbekannte bleiben. Die Tatsache, daß er erst mit den letzten Tagen Jesu in Jerusalem in Verbindung gebracht wird, erlaubt vielleicht den Schluß, daß er *ein Jerusalemer* war. Dafür spricht auch die in 18,15 berichtete Begebenheit, falls der dort erwähnte »andere Jünger« mit dem geliebten Jünger identisch ist, was zumindest sehr wahrscheinlich ist.

Für die joh Gemeinde war er demnach wohl ein Jünger Jesu (jedoch nicht einer von den Zwölf) in Jerusalem, eine herausragende theologische Persönlichkeit, die – im Unterschied zu Petrus und den anderen Jüngern – durch eine besondere Unmittelbarkeit zu Jesus gekennzeichnet ist (vgl.

bes. 13,23ff.): Er ist als einziger Zeuge der letzten Stunden Jesu am Kreuz (19,26f.35f.), er kommt als erster zum Glauben an den Auferstandenen (20,8), er erkennt zuerst den Herrn (21,7).

Daher gilt er der joh Gemeinde als der *Garant ihrer Jesusüberlieferung*, die sie letztlich auf sein Zeugnis zurückführt. Er ist also nicht der Verfasser des Joh, er ist aber die Quelle der in ihm verarbeiteten Traditionen.

In gewissem Sinn repräsentiert er durch sein besonderes Verhältnis der Unmittelbarkeit zu Jesus (im Glauben, Erkennen und Lieben) auch *das Selbstverständnis der joh Gemeinde*. Das heißt: In der Art und Weise der Beziehung, die das Verhältnis des Jüngers zu Jesus kennzeichnet, sieht sie ihr eigenes Verhältnis zu Jesus vorgebildet und ausgesprochen. Wahrhaftig, kein geringer Anspruch! Während Petrus als Repräsentant der übrigen, gesamtkirchlichen Tradition gelten kann und ihm daher auch im Joh ein Vorrang eingeräumt wird (vgl. 20,5ff.; 21,15–19), repräsentiert der geliebte Jünger also die Eigenart der joh Überlieferung und der darin zum Ausdruck kommenden Beziehung der joh Gemeinde zu ihrem Herrn.

III. Die erste Abschiedsrede (13,31 – 14,31)

1. Erste Ankündigung des Fortgangs (13,31–38)

Der Abschnitt 13,31–38 führt in die Thematik der Abschiedsreden ein, die vom Fortgang Jesu, von seiner Verherrlichung und seinem Wiederkommen beherrscht sind. Alles, was in ihnen darüber hinaus noch zur Sprache kommt, ist in irgendeiner Weise Folge des Fortgehens Jesu. Gleich zu Beginn wird dem Leser gesagt, wie er den Fortgang Jesu (und d. h. sein Sterben) verstehen soll: als *Verherrlichung des Vaters und des Sohnes.*

Wie schon in 12,23 faßt Vers 31 das ganze jetzt beginnende Geschehen von Tod und Auferstehung Jesu nochmals als gegenseitige Verherrlichung des Vaters durch den Sohn und des Sohnes durch den Vater zusammen. Gerade in diesem Geschehen wird die Einheit von Vater und Sohn für die Glaubenden sichtbar werden (vgl. 14,10 f.). Aber auch schon im Wirken des irdischen Jesus war der Vater verherrlicht worden, weil darin immer wieder der Vater als letzter Grund und Verursacher der Werke Jesu sichtbar wurde. Zugleich war darin aber auch Jesus verherrlicht worden, weil in seinem Wirken seine Einheit mit dem Vater offenbar wurde. Dieses Verherrlichungsgeschehen geht nun – zusammen mit der Zeit des irdischen Jesus – seinem Ende entgegen. Es wird aber auf neue Weise weitergehen in der Zeit des Geistes, wenn der verherrlichte Jesus durch den Geist (und in der Kraft dieses Geistes durch die Glaubenden) noch »größere Werke« vollbringen wird (vgl. 14,12; 16,14 f.).

Das Unverständnis der Jünger

In seiner Glaubensschau sieht Joh die Zeit des irdischen Jesus und die Zeit des Verherrlichten in eins. Für ihn und die Glaubenden ist Jesus ja bereits verherrlicht und lebt als Verherrlichter beim Vater. Aber der beim Vater als Verherrlichter lebt und jetzt zur Gemeinde spricht, ist derselbe, der einst in der Welt gewirkt hat und gestorben ist. Im Verherrlichten spricht der Irdische. So durchdringen sich Vergangenheit, Gegenwart und Zukunft in den Abschiedsreden ständig. Solches verstehendes In-eins-sehen ist aber nur den

Glaubenden möglich. Der Nichtglaubende kann es so nicht sehen und verstehen.

Diesen Unterschied zwischen *der Zeit des glaubenden Verstehens nach Ostern* und *der Zeit des Nichtverstehens vor Ostern* wollen die Verse 33.36–38 herausstellen. Die Jünger werden Jesus auf seinem (Kreuz-)Weg zum Vater jetzt nicht nachfolgen können, weil erst sein Sterben für die Glaubenden den Zugang zum Vater eröffnet und ihnen die Befähigung zur Nachfolge schenkt. Erst als der Verherrlichte und Erhöhte wird er für sie der Weg sein (vgl. 3,13; 12,32). Das wird an der Person des Simon Petrus noch verdeutlicht. Seine Reaktion zeigt, daß er vom Wohin des Weges Jesu und dem Weg selbst nichts verstanden hat. Zugleich offenbart sie auch die Fehleinschätzung der menschlichen Fähigkeiten im Hinblick auf die Nachfolge Jesu. Verstehen und Nachfolgen sind nur dem möglich, der glaubt. Aus eigener Kraft ist der Mensch dazu unfähig. Glauben im Vollsinn ist aber erst nach der Auferstehung und Geistsendung möglich. Daher betont Jesus so sehr den Unterschied zwischen dem Jetzt und dem Später.

Das Erkennungszeichen der Jesusjünger

Das »*neue Gebot*« Jesu, einander zu lieben, kommt an dieser Stelle überraschend und wirkt im Zusammenhang zunächst beziehungslos. Es ist wohl auch erst nachträglich eingefügt worden. Dennoch hat es einen tiefen Sinn, wenn es hier steht. So wird nämlich gleich zu Beginn der Abschiedsrede *die Liebe als das zentrale Vermächtnis Jesu* und als die (einzige) *richtunggebende Norm* für die Jünger während der Zeit der Abwesenheit Jesu herausgestellt. Was bereits in der Fußwaschung zeichenhaft zum Ausdruck kam und den Jüngern als Verpflichtung aufgetragen wurde, das wird hier als Weisung des scheidenden Herrn weitergegeben.

Auffallend ist, daß Joh nur von der Liebe der Jünger *untereinander* spricht und nicht von der Nächstenliebe überhaupt wie die anderen Evangelisten – von der Feindesliebe ganz zu schweigen. Er hat eine Gemeinde im Blick, die vor allem durch ihre vorgelebte Liebe überzeugen soll. Die Liebe zueinander soll ihr *Güte- und Erkennungszeichen* sein. (Das Thema der Bruderliebe als Erkennungszeichen wahren Christseins wird vor allem im 1. Johannes-brief entfaltet, vgl. 1 Joh 2,1–17; 3,1–24; 4,7 – 5,4.)

»*Neu*« heißt dieses Gebot nicht in Abgrenzung zum AT, wo es das Gebot der Nächstenliebe ja gab (vgl. Lev 19,18, zitiert bei Mk 12,32 parr), oder zu anderen Religionen, sondern weil es in Jesu neuem Verhalten Menschen gegenüber und in seinem Sterben grundgelegt ist und weil es in beidem seinen Maßstab hat. Die Jünger/Glaubenden sollen einander lieben, wie Jesus sie geliebt hat. Sie sind dazu aber nur fähig, *weil er* sie so geliebt hat. Jesu grenzenlose, in der Lebenshingabe gleichsam besiegelte Liebe ist der Ermöglichungsgrund der Liebe zueinander (vgl. auch 15,9–14). Dieses »neue Gebot« ist *die einzige konkrete ethische Forderung im Joh.* Wie die zwei Brennpunkte einer Ellipse bilden »glauben« und »lieben« im Joh die beiden Bezugspunkte, auf die das christliche Leben ausgerichtet ist, bzw. von denen es ausgeht und zusammengehalten wird (vgl. auch Mt 22,39 f.; Röm 13,9).

2. Der Hingang zum Vater (14,1–17)

Angesichts der Ankündigung des Fortgangs Jesu, der menschlich gesehen ihr Alleinsein in der Welt zur Folge haben wird, ergreift Verwirrung, Angst und Verzagtheit die Herzen der Jünger. Was soll aus ihnen werden, wenn der Herr nicht mehr bei ihnen ist? Was ihnen in dieser Situation helfen kann, ihre Angst zu überwinden, ist allein der Glaube an Gott und an den, der ihnen den Glauben vermittelt und vorgelebt hat. Darum beginnt Jesus die Abschieds-rede mit einem Aufruf zur Angstlosigkeit und zum Glauben: »Euer Herz lasse sich nicht verwirren. Glaubt an Gott, und glaubt an mich!«

Verheißung nie endender Gemeinschaft

Jesus läßt es aber nicht bei dem Aufruf zum Glauben bewenden. Er kann den Jüngern die begründete Verheißung geben, daß die Trennung von ihm nicht ewig dauern wird. Zwar wird er sie verlassen, aber er geht nur fort, um ihnen eine »Bleibe« zu bereiten. Dann wird er wiederkommen, um sie zu sich zu nehmen, damit sie für immer dort seien, wo er ist. Es besteht also kein

Grund zu Angst und Verzagtheit. Ihr Alleinsein wird nur von kurzer Dauer sein. Der vorübergehenden Trennung wird die Zeit nie endender Gemeinschaft folgen. Um sie vorzubereiten und zu ermöglichen, muß er jetzt fortgehen. Später wird Jesus den Vater noch einmal ausdrücklich darum bitten, daß alle, die er ihm gegeben hat, dort seien, wo er ist (17,24).

Die Heimholung in das Haus des Vaters wird sich nach Joh für jeden Glaubenden in der Stunde des Todes vollziehen. Was sich nach allgemeiner urchristlicher Erwartung erst am Ende der Weltgeschichte bei Jesu zweitem Kommen zum Gericht ereignen wird, das verlegt Joh also in die Stunde des Todes (vgl. aber auch Phil 1,21–23; 2 Kor 5,6–8). Damit hat er nicht nur die Enderwartung auf die Gegenwart bezogen, sondern sie auch individualisiert. Das entspricht einer Tendenz, die auch schon an anderen Stellen seines Evangeliums zu erkennen war (vgl. 3,18; 5,24 f.). – Das »Trostwort« (14,2 f.) nennt im übrigen mit den Stichworten »fortgehen« und »wiederkommen« bereits das beherrschende *Thema* der Abschiedsrede im 14. Kapitel und dient gleichsam als Überschrift. Der Abschnitt 14,4–17 wird zunächst das *Fortgehen* entfalten, während die Verse 18–26 das *Wiederkommen* behandeln.

Jesus, der Weg zum Vater

Bei den folgenden Gesprächen fällt auf, daß einzelne Jünger bestimmte Fragen stellen, die durch Jesu Worte geradezu herausgefordert werden. Zum Verständnis der Fragen und Antworten ist es wichtig, sich an das früher Gesagte zu erinnern, daß nämlich Joh Vergangenheit, Gegenwart und Zukunft nicht scharf voneinander trennt und vor allem aktuelle und zukünftige Situationen seiner Gemeinde im Blick hat (vgl. S. 16 f., 162 f.). In den Fragen der Jünger kommen also Sorgen und Probleme der Gemeinde und indirekt auch Einwände der Gegner zur Sprache.

Die entscheidende Frage für die Gemeinde (oder für einen Teil der Gemeinde) war offensichtlich die Frage nach dem *Wohin* Jesu. Wohin ist Jesus gegangen, und wo ist er jetzt? Wie kommt man dorthin, wo er ist, oder anders: Wie kann man jetzt, während seiner (leiblichen) Abwesenheit, in Beziehung zu ihm treten, ihn erreichen, Gemeinschaft mit ihm haben?

An der Beantwortung dieser Fragen hängt ihre ganze Existenz als Glaubende. Denn Jesu Weg ist ja auch ihr Weg, und Jesu Ziel ist auch ihr Ziel (vgl. V. 3 und auch 13,33). Wenn Jesu Weg nicht zum Vater führt und er nicht beim Vater ist, hat ihr Glaube kein Fundament. Er hinge gleichsam in der Luft, denn dann wäre Jesus tot und ihr Glaube an den Auferstandenen und Verherrlichten wäre eine Illusion.

Auf die Frage des Thomas nach dem Weg (die er stellvertretend für alle stellt) antwortet Jesus mit einem Offenbarungswort in der Form eines *Ich-bin-Wortes* (vgl. S. 60): »Ich bin der Weg und die Wahrheit und das Leben; niemand kommt zum Vater außer durch mich« (14,6). Damit erhebt er den Anspruch, der einzige und ausschließliche Zugang zum Vater zu sein (vgl. 10,9). *Weg* bedeutet Orientierung, (Sinn-)Richtung, Festigkeit, Gewißheit. Das schenkt Jesus dem, der glaubt, und zwar er allein. Die Glaubenden brauchen daher keinen anderen Weg zu suchen, weder im Judentum noch in einer der nichtjüdischen Religionen.

Jesus ist der Weg, weil und insofern er die *Wahrheit* ist. Die Wahrheit, die hier gemeint ist, ist nicht mit unserem Wahrheitsbegriff gleichzusetzen. Es geht nicht um eine philosophische oder moralische Wahrheit im Sinn der Irrtumslosigkeit oder der Übereinstimmung von Denken und Wirklichkeit, Reden und Tun.

Wenn die Bibel von der Wahrheit Gottes spricht, meint sie seine Treue und Zuverlässigkeit, auf die der Mensch sich unbedingt verlassen kann und in der er sein Heil findet. Diese Wahrheit Gottes ist nun in der Person Jesu als personale Wirklichkeit in der Welt anwesend (vgl. 1,17). Wer sich ihr öffnet und sich von ihr ergreifen läßt, wird von Angst und jeder Art Knechtschaft befreit (vgl. 8,31 f.). Als »die Wahrheit« eröffnet Jesus den Lebensweg zu einem befreiten, sinnerfüllten, in Gottes und seiner (Jesu) Treue gegründeten Dasein. Daher kann Jesus auch hinzufügen, daß er das Leben ist. In ihm – und in ihm allein – begegnet der Mensch dem wahren Leben, und von ihm empfängt er es.

Leben ist – worauf schon öfter hingewiesen wurde – der johanneische Zentralbegriff, der alle Gaben Gottes an den Menschen, alle positiven, sinngebenden und beglückenden Aspekte menschlicher Existenz umgreift (vgl. S. 13 f.). Leben ist die Gabe Jesu, das Heilsgut schlechthin. Es geht also nicht um ein naturhaftes Leben im biologischen Sinn, sondern um ein qualitativ neues Leben, um eine andere »Lebensqualität«, die der Mensch nur als Gabe Gottes empfangen kann. Jesus sagt von sich, daß er gekommen sei, damit die Menschen dieses Leben in Fülle haben (10,10). Es wird ihnen geschenkt in der gläubigen Annahme der Botschaft Jesu bzw. durch den Glauben an ihn (vgl. 3,14 ff.; 5,24 f.; 6,47; 20,31; auch 1 Joh 1,1 f.). – Wer Jesus so als »den Weg, die Wahrheit und das Leben« annimmt, kommt zum Vater. Die durch Jesus vermittelte Gemeinschaft mit ihm ist das letzte Ziel und die letzte Erfüllung menschlichen Suchens und Sehnens. So ist dieses Ich-bin-Wort letztlich die joh *Antwort auf die Sinnfrage des Menschen*. Wer sich auf Jesus einläßt, dessen Leben hat Sinn.

Jesus, der Ort der Gottesschau

Jesu Offenbarungswort hatte bereits mit einem Hinweis auf den Vater geendet. Aber die Glaubenden bewegt noch eine Frage. Es ist die Frage nach *der Möglichkeit der Gottesschau*. Die Bitte des Philippus, den Vater sehen zu dürfen, spricht zunächst das uralte Verlangen der Menschen nach unmittelbarer Gottesschau aus (die auch von heidnischen Kulten als Höhepunkt mystischer Einweihung verheißen wurde). Doch gibt sie hier Jesus einen Anlaß, das Vorhergehende zu vertiefen und nun über *sein* besonderes Verhältnis zum Vater zu sprechen (VV. 7–11). Weil Jesus mit dem Vater ganz eins ist, war er gleichsam die anschauliche Gegenwart Gottes unter den Menschen (vgl. 1,14.18). Sein Wirken war immer auch Offenbarung des Vaters, denn er tat nur, was er den Vater tun sah (vgl. 5,19). Ja, die Einheit zwischen Jesus und dem Vater ist so vollkommen, daß Jesus sagen kann, der Vater vollbringe durch ihn seine Werke. Daher kann auch diese Einheit aufgrund der Werke erkannt werden.

»*Die Werke*« sind nicht einfach identisch mit den Zeichen. Sie beinhalten vielmehr das ganze Wirken Jesu, die *Zeichen* und die *Wortverkündigung*. Nach Jesu Fortgang werden auch die Glaubenden solche Werke und sogar noch größere vollbringen. Das Wirken Jesu ist mit seinem Fortgang nicht zu Ende. Es wird weitergehen im Wirken der Glaubenden hinsichtlich seiner geographischen und auch zeitlichen Ausdehnung. Vor allem wird es sich vollziehen in der Kraft des Geistes, den Jesus nach seinem Fortgang senden wird. Die Begründung »denn ich gehe zum Vater« markiert also nicht nur den zeitlichen Beginn der »größeren Werke«, sie nennt auch den eigentlichen Grund. Erst wenn Jesus zum Vater gegangen ist, wird der Geist kommen, weil er ihn »vom Vater« senden wird (vgl. zu 16,7). Auf diese Sendung des Geistes scheint sich auch die Verheißung der Gebetserhörung zu beziehen. Durch sein Wirken wird sich erfüllen, was die Glaubenden »im Namen« Jesu bitten, und es wird zur Verherrlichung des Vaters und des Sohnes gereichen (vgl. 16,13–15).

»Liebe ist nicht nur ein Wort«

V 15 Auf den ersten Blick überraschend und unvermittelt wendet sich das Gespräch einem *neuen Thema* zu: der Liebe zu Jesus. Doch trügt der erste Eindruck. Im Zusammenhang hat der Hinweis auf die Liebe den Sinn, klarzustellen, unter welchen Bedingungen und in welcher Weise die bleibende Gegenwart Jesu (im Geist) bei den Seinen erfahrbar und sichtbar wird. Jesus ist dort gegenwärtig, wo man seine Worte nicht nur im Munde führt, sondern nach ihnen handelt. Darin allein zeigt sich die wahre Liebe zu ihm. Hier ist vor allem an das »neue Gebot« und an die Fußwaschung zu erinnern. Wer Jesus liebt, muß leben und handeln wie er.

Wie sehr dem Evangelisten an einem rechten Verständnis dessen liegt, was wahre Liebe zu Jesus ist, zeigt sich auch daran, daß er wenig später noch einmal (in einer ganz parallelen Formulierung) darauf zu sprechen kommt (VV. 21.23) und auf diese Weise das Zwischenstück durch den Hinweis auf die Liebe gleichsam einrahmt.

Wahre Liebe zeigt sich auch im »Festhalten« oder Bewahren der Worte Jesu. »Am Wort festhalten« meint nicht »am Wort*laut* festhalten«, wie man den Satz leicht mißverstehen könnte. (Dann wäre der Evangelist selbst der erste, der sich nicht daran hielte!) Der Ausdruck ist vielmehr eine Umschreibung für die Treue im Glauben. Damit dieser Glaube lebendig und wirksam bleibt, muß die ursprüngliche Botschaft jedoch immer neu – entsprechend den Voraussetzungen der Hörer – formuliert werden. Dafür ist gerade das Johannesevangelium ein beredtes Beispiel.

Der Stellvertreter Jesu

v. 16

Um die bleibende Gegenwart Jesu bei den Seinen geht es auch im folgenden Geistspruch. Die Bitte Jesu hat die Zeit seiner leiblichen Abwesenheit im Blick. Bisher war er selbst für die Jünger ein Beistand und Helfer gewesen (vgl. 13,33; 14,30; 16,4; 17,12). Diese Rolle wird nach seinem Fortgang der Geist als der »andere Beistand« übernehmen (vgl. S. 161 ff.). Aber während die sichtbare Gegenwart Jesu zeitlich begrenzt war, wird der Geist »für immer« mit den Jüngern sein.

v. 17

Die Gegenwart des Geistes ist gekennzeichnet und erfahrbar als ein Mit-sein, Bei-sein und In-sein (in der EÜ steht statt »mit« zweimal »bei«). Während das *Mit-sein* den Gedanken der Hilfe, des Schutzes und der Stärkung betont (vgl. die häufige Beistandszusicherung »der Herr [oder Gott] ist mit dir« im AT und NT: z. B. Ex 3,12; Jer 15,20f.; Lk 1,28; Apg 18,9; der Vater stärkt Jesus in der Passion, weil er »mit« ihm ist, Joh 16,32), kennzeichnet das *In-sein* die besondere Art der tiefen und innerlichen Gegenwart des Geistes bei den Jüngern. Das *Bei-sein* enthält ebenfalls den Gedanken des Schutzes, aber auch den des Vertrautseins und der Beständigkeit einer Beziehung. In dieser Weise weilte Jesus bei den Jüngern (V. 25) und werden Vater und Sohn bei den Glaubenden »Wohnung nehmen« (V. 23). Weil der Geist mit, in und bei den Jüngern bleibt, kennen sie ihn. Von *der Welt* heißt es dagegen, daß sie »ihn weder sieht noch kennt«. Im Gegensatz zu den Jüngern hat die Welt keine Beziehung zum Geist. Er ist ihr fremd und gleichsam abwesend für sie (vgl. 16,8), weil er nur im Glauben gesehen und erkannt werden kann.

3. Das Wiederkommen Jesu (14,18–31)

v. 18

Mit Vers 18 wendet sich die Rede ausdrücklich dem Thema des Wiederkommens Jesu zu. Gegen allen Augenschein und gegen die Behauptung der ungläubigen Welt steht Jesu Verheißung: »Ich werde euch nicht als Waisen zurücklassen, sondern ich komme wieder zu euch.« Dieses Kommen Jesu wird sich erstmalig an Ostern ereignen, wenn die Jünger erfahren werden, daß Jesus lebt. Doch ist diese Erfahrung nicht auf Ostern allein beschränkt.

»*Jener Tag*« des Wiederkommens und (Wieder-)Erkennens ereignet sich immer wieder, *wenn ein Mensch zum Glauben an den Auferstandenen kommt* und erkennt, daß Jesus im Vater ist und als Verherrlichter in neuer Weise auch in den Glaubenden ist und die Glaubenden in ihm sind. Das Kommen Jesu schafft also eine Gemeinschaft, wie sie vollkommener und innerlicher nicht gedacht werden kann. Aus dem Zusammenhang ist zu schließen, daß die neue Weise der Gegenwart Jesu bei und in den Seinen durch den Geist vermittelt ist. Christusgegenwart ist Geistesgegenwart. Das In-sein des Geistes und das In-sein des Auferstandenen sind für Joh untrennbar miteinander verbunden wie auch das Kommen des Geistes und das Wiederkommen Jesu. Der Geist ist gleichsam die wirksame, schützende, offenbarende Gegenwart des Auferstandenen in der Gemeinde der Glaubenden. So ist die Zeit des Geistes (die mit Jesu Hingang zum Vater beginnt) keine Zeit der Abwesenheit Jesu, sondern vielmehr Zeit der gefüllten Gegenwart des verherrlichten Jesus und damit geisterfüllte Heilszeit.

Eine neue Sicht des Wiederkommens Jesu

Jesus hatte verheißen, daß er sich nur dem Liebenden offenbaren werde (V. 21). Das veranlaßt Judas zu der Frage, warum er sich nicht auch »der Welt«, d. h. den Ungläubigen, offenbare. Wahrscheinlich wird damit der naheliegende Einwand der Gegner aufgenommen, daß Jesus sich nach seiner Auferstehung nur den Seinen und nicht auch den Ungläubigen als objektiven Zeugen gezeigt habe.

In seiner Antwort verweist Jesus nochmals darauf, daß seine Gegenwart nur im Glauben und in der Liebe erfahrbar ist. Es gibt keinen neutralen oder objektiven Zugang zum Geheimnis der Person Jesu. Denn sein Einssein mit dem Vater und das »Einwohnen« in den Glaubenden ist nur für den erfahrbar und erkennbar, der sich im Glauben öffnet.

Zugleich enthält die Antwort Jesu auch eine *Neuinterpretation urchristlicher Vorstellungen vom Wiederkommen Jesu in Macht am Ende der Geschichte*. Das Wiederkommen Jesu ereignet sich nach Joh auf andere Weise und auch nicht erst beim »Jüngsten Gericht« am »Ende der Welt«. Letztlich wird hier auch Vers 2 f.

neu ausgelegt. Nicht das Heimgeholtwerden der Glaubenden in die himmlischen Wohnungen ist das entscheidende Heilsereignis, sondern das *Wohnungnehmen des Vaters und des Sohnes bei den Glaubenden*. Aber im Grunde ist damit auch die Verheißung von Vers 2 f. erfüllt, da es sich nach Joh bei dem In-sein immer um eine gegenseitige Beziehung handelt. Wenn der Vater und der Sohn kommen, um beim Glaubenden Wohnung zu nehmen, sind auch die Glaubenden dort, wo Jesus ist (vgl. 17,24). Hier zeigen sich die Grenzen menschlicher Sprache, besonders wenn sie sich räumlicher Vorstellungen bedient, wie das bei Joh oft der Fall ist. Es geht letztlich nicht um ein »Gehen« und »Kommen«, sondern um eine neue, geheimnisvolle Gegenwart Gottes im Menschen.

Sinnerschließendes Lehren und Erinnern

Mit Vers 25 kommt wieder die Abschiedssituation und damit die Sendung des Geistes (der hier mit der üblichen Bezeichnung »Heiliger Geist« eingeführt wird) in den Blick. Bis jetzt war Jesus als Lehrer und Offenbarer bei den Jüngern gewesen. Nun wird der Geist sein Offenbarungswirken weiterführen, indem er die Jünger *»alles lehren«* und sie *»an alles erinnern«* wird, was Jesus gesagt hat. Lehren und Erinnern sind eigentlich nicht zwei getrennte Tätigkeiten des Geistes, sondern zwei Aspekte der einen Offenbarertätigkeit des Geistes. Mit *»Lehren«* ist natürlich nicht nur ein theoretisches, nur auf den Verstand bezogenes Lehren gemeint. Es ist *Verkündigung*, die den ganzen Menschen ansprechen und erfassen will. Schon Jesu Offenbarungswirken war in diesem Sinn ein »Lehren« und seine Botschaft eine »Lehre« (vgl. 6,59; 7,14.28.35; 8,20.28; 9,34; 18,10; auch 1 Joh 2,27). Ihr göttlicher Ursprung konnte aber nur von dem erkannt werden, der bereit war, »den Willen Gottes zu tun« (vgl. 7,17). Im Unterschied zum Lehren Jesu wird das Lehren des Geistes aber ein innerliches (Be-)Lehren sein, das keiner Laute und Worte bedarf.

Auch das *»Erinnern«* des Geistes könnte leicht als eine Art »Gedächtnisauffrischung« mißverstanden werden, die ein Vergessen der Worte Jesu verhindern soll. Gemeint ist aber eine *Vertiefung und Aktualisierung* der Botschaft Jesu, die auf neue, vertiefte

Erkenntnis zielt und dadurch zu neuen geistgewirkten Ein-sichten führen soll.

An solch ein Erinnern ist gedacht, wenn es in 12,16 heißt, daß die Jünger die messianische Bedeutung des Einzugs Jesu in Jerusalem zunächst nicht verstanden. Erst nach seiner Verherrlichung – was auch immer bedeutet: nach der Sendung des Geistes – »erinnerten« sie sich, »daß dies über ihn geschrieben stand und sie ihm dies getan hatten«. Auch Jesu Tempelwort in 2,19 f. verstanden die Jünger in seiner christologischen Bedeutung erst nach seiner Auferstehung, als sie sich »erinnerten« (2,22; vgl. 16,4; 20,8).

Das »Erinnern« ist also keine rückschauende und möglichst genaue Rekonstruktion vergangener Ereignisse oder Worte, sondern ein neues, besseres Verstehen, eine Erschließung des eigentlichen Sinnes eines Wortes Jesu oder eines Ereignisses. Das ganze Joh ist in diesem Sinn eine geistgewirkte, sinnerschließende Erinnerung des Lebens und Wirkens Jesu.

Keine neue Offenbarung

Allerdings bringt der Geist nicht eine neue, von Jesus unabhängige Offenbarung. Er erinnert ja an das, was Jesus gesagt hat. Die *Offenbarung (die Lehre) des irdischen Jesus ist also das bleibende Kriterium,* nach dem alle Geistoffenbarung zu beurteilen ist. Das Wirken des Geistes ist stets auf die Offenbarung Jesu ausgerichtet, in dessen Namen er ja auch vom Vater gesandt wird. Wie Jesus »im Namen« des Vaters, d. h. in seinem Auftrag und mit seiner Autorität gekommen bzw. gesandt ist, so kommt auch der Geist »im Namen« Jesu. Wenn der Evangelist so sehr die bleibende Bezogenheit des Geistwirkens auf das Werk des irdischen Jesus betont, hat er sicher Leute im Blick, die sich auf neue Geistoffenbarungen berufen, die mit Jesu Botschaft aber nicht in Einklang stehen (vgl. zu 16,13–15).

Die Abschiedsgabe des Friedens

Am Ende dieser Abschiedsgespräche schenkt der scheidende Jesus den Jüngern seinen Frieden. »Friede« (Schalom) kann Begrüßung wie auch Abschiedsgruß sein (vgl. 20,19.21.26; 1 Thess 5,23; Gal

6,16; Röm 16,20). Doch ist hier mehr gemeint. Friede ist (wie Leben) *die Gabe, die alle anderen in sich schließt*. Friede ist nicht nur ein »Seelenfriede«, er meint das Ganzsein, das Heilsein, die endgültige Vollendung des einzelnen und der Gemeinschaft. Die Welt versucht, Friede durch Gewaltherrschaft und Unterdrückung, durch Angstmachen und Terror oder auch durch Be-friedigung aller menschlichen Bedürfnisse zu schaffen.

Jesu Friede ist von anderer Art und ist nur als Gabe zu empfangen. Nach Gal 5,22 sind Friede und Freude Frucht des Heiligen Geistes. Es ist bemerkenswert, daß auch hier bei Joh *Geist, Friede* und *Freude* im gleichen Zusammenhang genannt werden. Nur der durch den Geist von Angst befreite und von Gottes Gegenwart erfüllte Mensch kann erfahren, was der Friede Jesu ist.

Ein Grund zur Freude

Das Folgende greift noch einmal wichtige Gedanken der Abschiedsrede auf und lenkt zugleich zum Anfang zurück (bes. zu 13,21–30; vgl. V. 27 mit V. 1 f.). Die Verwandlung der Trauer in Freude wird später nochmals angesprochen. Sie ist also ein Hauptmotiv der Abschiedsreden – verständlicherweise (vgl. 15,11; 16,20–24; 17,13).

Daß die Jünger sich über Jesu Fortgang freuen sollen, klingt allerdings befremdlich, und noch unverständlicher ist für manchen wahrscheinlich die Begründung: »denn der Vater ist größer als ich«. Das ist keine dogmatische Definition. Der Vater ist größer, weil *er der Sendende* ist und weil er den Geist sendet, der all das vollbringen wird, was Jesus in dieser Abschiedsrede verheißen hat. Dazu gehört vor allem die Erschließung des Sinnes von Jesu Hingang zum Vater. Darüber sollten die Jünger sich freuen, denn dieser Hingang eröffnet auch für sie den Zugang zum Vater und ist die Voraussetzung für das Kommen des Geistes (vgl. ähnlich 16,6 f.).

Die Jünger, denen die Gabe des Friedens geschenkt ist, brauchen sich also von den kommenden Ereignissen nicht beunruhigen zu lassen. Sie haben ja das Wort Jesu, das ihnen das Kommende deutet. Wenn alles eintrifft, kann die Erinnerung daran für sie zum Glaubensmotiv werden (vgl. 16,4).

Nun kann das Geschehen der Stunde, zu dem das Leiden Jesu, aber auch die Entmachtung des »Herrschers dieser Welt« gehören, seinen Fortgang nehmen (vgl. 8,44; 12,31). Gerade in der Passion wird die vollkommene Liebeseinheit zwischen Vater und Sohn offenbar werden, und das kann auch für die Welt Anlaß zu der Frage sein, wer dieser Jesus ist, der so als gehorsamer Sohn und Gesandter des Vaters stirbt.

Die Aufforderung zum Weggang zeigt deutlich an, daß die Abschiedsrede beendet ist. Nun könnte der Passionsbericht einsetzen (d. h. es könnte mit 18,1 weitergehen). Doch folgen jetzt völlig unerwartet noch zwei Kapitel mit einer neuen Abschiedsrede (und das 17. Kap. mit dem abschließenden Gebet Jesu zum Vater). Diese zweite Abschiedsrede ist ein späterer Entwurf, in dem noch ausführlicher als in der ersten aktuelle Gemeindeprobleme berücksichtigt sind.

Zunächst aber beginnt das 15. Kapitel unvermittelt mit der Rede vom Weinstock, die keinen direkten Bezug zur Abschiedssituation hat. Gleichwohl kehren in ihr Motive in abgewandelter Form wieder, die bereits in der vorhergehenden Abschiedsrede angeklungen sind (z. B. Einheit, Freude, Halten der Gebote als Ausdruck der Liebe). Das könnte die Wahl des jetzigen Platzes in der zweiten Abschiedsrede erklären.

Das Wirken des Geistes nach den Geistsprüchen der Abschiedsreden

Im Unterschied zu den synoptischen Evangelien, in denen vom Geist nur an wenigen Stellen ausdrücklich die Rede ist, wird der Geist bei Joh auffallend oft erwähnt. (Abgesehen von der Kindheitsgeschichte des Lk wird der Geist bei den Synoptikern nur noch im Zusammenhang mit der Taufe und Versuchung Jesu [Mk 1,8.10.12 parr], den Dämonenaustreibungen [Mt 12,28; Lk 11,20], dem »Jubelruf« Jesu [Lk 10,21 parr] und den künftigen Verfolgungen der Jünger [Mk 13,11 parr] genannt. Nur Lukas verweist noch zu Beginn des öffentlichen Wirkens Jesu [4,14.18] und bei den Verheißungen des Auferstandenen auf den Geist [24,48; vgl. 11,13]). Das Wirken des Geistes ist mit dem vierten Evangelium so eng verbun-

den, daß man es mit Recht das »*geistliche (pneumatische)
Evangelium*« genannt hat. Wie ein roter Faden durchziehen
die Aussagen über das Wirken des Geistes dieses Evangelium, und ohne Übertreibung kann man sagen, daß es dynamisch auf die Gabe bzw. das Kommen des Geistes ausgerichtet ist. Dies ist vor allem darin begründet, daß das Kommen des Geistes unauflöslich mit der Verherrlichung Jesu in
seinem Sterben verbunden ist (vgl. bes. 7,39 und S. 79f.).

Es fällt allerdings auf, daß sich die Aussagen über das
Wirken des Geistes im ersten Teil des Evangeliums von
denen im zweiten Teil nicht unerheblich unterscheiden. Während der Geist in den ersten zwölf Kapiteln eher als eine
göttliche, lebenschaffende Kraft gesehen ist, die Jesus erfüllt
(1,30.34; 3,34) und die Menschen zum Glauben und zur
rechten Gottesverehrung befähigt, trägt er in den Abschiedsreden deutlich *personale Züge*. Das kommt auch in den
unterschiedlichen Bezeichnungen zum Ausdruck: Im ersten
Teil wird er gemäß urchristlicher Tradition einfach »(der)
Geist« (griechisch: pneuma) genannt (1,32f.; 3,5–8.34; 4,23f.;
6,63; 7,39), in den Abschiedsreden heißt er dagegen »*der
Geist der Wahrheit*« oder »*der Beistand*« (griechisch: parakle-
tos. Vgl. 14,16; 14,26; 15,26; 16,7–15). Nur in 14,26 und
20,22 erscheint auch die übliche Bezeichnung »(der) heilige
Geist«. Sowohl das gehäufte Vorkommen als auch die unübli-
chen Namen des Geistes in den Abschiedsreden verlangen
nach einer Erklärung. Sie ist zum einen in der *aktuellen
Situation* der joh Gemeinde, zum anderen aber auch in der
besonderen *literarischen Gattung* der Abschiedsreden zu
suchen, die in der Evangelienüberlieferung ja auch eine Besonderheit des Joh ist (Ansätze dazu finden sich jedoch
schon bei Lk 22,24–30).

Kennzeichen und Absichten von Abschiedsreden
Abschiedsreden sind eine Art letztes Testament oder Ver-
mächtnis. Sie begegnen im biblischen Bereich schon im Alten
Testament und in der Literatur des Frühjudentums. Dort
kennt man z. B. die sogenannten »Testamente der zwölf
Patriarchen«. Das ganze Buch Deuteronomium ist als Ab-

schiedsrede des Mose aufgefaßt (vgl. auch Gen 47 – 50). Im Neuen Testament ist die Abschiedsrede des Paulus in Milet an die Ältesten der Gemeinde von Ephesus ein gutes Beispiel (Apg 20,17–35). Auch die Briefe an Timotheus und der zweite Petrusbrief sind im Grunde Abschiedsreden, insofern sie das Vermächtnis des Paulus bzw. des Petrus sein wollen.

Für die Abschiedsreden sind einige Merkmale typisch, die auch für das Verständnis der joh Abschiedsreden bedeutsam sind: Wie schon der Name sagt, gehört dazu die *Situation des Abschieds* (meist, wenn auch nicht immer, die Todesnähe) mit dem Zusammenrufen der Familie oder eines »Jüngerkreises«. Die Zusammenkunft ist oft mit einem *Mahl* verbunden. Der Scheidende blickt in einer Art *Rechenschaftsbericht* auf sein Leben und Werk zurück, *ermahnt* und *tröstet* zugleich die Zurückbleibenden. Er verpflichtet diese darüberhinaus auf die *Erfüllung seines letzten Willens*, zur *Treue und zum Festhalten an seinen Weisungen*. Schließlich bestimmt er zur Sicherung der Kontinuität einen *Nachfolger*, der dadurch als Garant und Vollstrecker seines Willens legitimiert wird.

Abschiedsreden deuten also meist auf eine Situation des Übergangs, der möglichen Gefährdung und Bewährung hin. Sie markieren einen gewissen Einschnitt und verfolgen daher die Absicht, die *Kontinuität mit dem Bisherigen zu sichern*. Als literarische Gattung verwendet, haben sie nicht in erster Linie die (fiktiv) vorausgesetzte historische Situation im Blick (also etwa den Tod des Mose, Jesu oder des Paulus), sondern die *Zeit des Verfassers*. Für die joh Abschiedsreden bedeutet das, daß sie im Hinblick auf die Probleme der joh Gemeinde (zwischen 90–100) geschrieben sind. Ihr will der Verfasser Mut machen, Trost spenden, Hoffnung geben. Von der Gattung der Abschiedsrede her gesehen, wird auch die häufige Nennung und die herausragende Rolle des Geistes verständlich: Er ist gleichsam der »Hoffnungsträger«, der legitimierte Nachfolger und Stellvertreter Jesu auf Erden, der Garant der Kontinuität und wirksame Beistand der Jünger nach dem Fortgang Jesu. Doch ist er genau genommen nicht etwa ein »Ersatz« für Jesus. Vielmehr ist sein Wirken gerade darauf ausgerichtet, die bleibende und wirksame Gegenwart

Jesu und seiner Offenbarung in der Gemeinde zu sichern und lebendig zu erhalten.

Die Beziehung zwischen den Namen und Funktionen des Geistes

Daß der Geist in den Abschiedsreden als »*Geist der Wahrheit*« und »*Paraklet*« bezeichnet wird, hängt aber auch und vor allem mit der konkreten Situation der joh Gemeinde zusammen. Sie ist – wie bereits erwähnt (vgl. S. 98 ff.) – gekennzeichnet durch theologische Auseinandersetzungen mit der jüdischen Umwelt und durch Verfolgungen seitens der Gegner (vgl. zu 15,18 – 16,4). Der Geist wird ihr gegeben, um beide Anfechtungen bestehen zu können.

Als der »Geist der Wahrheit« führt er das Offenbarungswirken Jesu fort, hilft den Jüngern, in der Wahrheit Jesu zu bleiben und sie immer tiefer zu erkennen. Als der »Paraklet« wird er sie zugleich stärken und verteidigen (vgl. die ähnliche Funktion des Geistes bei Mk 13,11 parr). Denn ein Paraklet ist ein zur Hilfe und Verteidigung Herbeigerufener, ein Anwalt oder (Rechts-)Beistand also. (Näheres bei *F. Porsch,* Anwalt der Glaubenden, S. 38 ff., und zusammenfassend in BiKi 4/ 1982, S. 133–138). Der Titel gehört demnach in den Vorstellungsbereich des *Rechtsstreits* oder *Prozesses.*

Es wurde bereits darauf hingewiesen, daß nach dem Joh das Kommen Jesu die Welt in eine Entscheidungssituation gestellt hat und in ihm die Auseinandersetzung zwischen Jesus und der Welt als ein großer Prozeß verstanden ist, in dem es letztlich um den Nachweis geht, auf wessen Seite Gott und die Wahrheit ist.

Bis zu seinem Tod war Jesus selbst der Beistand der Jünger gewesen, auch wenn er selbst niemals ausdrücklich »Paraklet« genannt wird (vgl. 17,12; auch 13,33; 14,30; 16,4). Nach seinem Fortgang wird nun der Geist als der »andere Paraklet« diesen Prozeß weiterführen, bzw. ihn in einer Art Revisionsprozeß wieder aufnehmen (vgl. *F. Porsch,* Anwalt, S. 105 f.).

Zusammenfassend läßt sich also zur Gestalt und zum Wirken des Geistes nach den joh Abschiedsreden sagen: Der

»andere Paraklet« und »Geist der Wahrheit« wird den Jüngern (d. h. den Glaubenden) im Hinblick auf ihre Situation in der Welt gegeben, die durch das (äußerliche) Getrenntsein von Jesus, die theologische Auseinandersetzung mit den Gegnern und dem Haß »der Welt« gekennzeichnet ist. Der Geist bewirkt, daß die Jünger Jesu, die »in der Welt, aber nicht von der Welt« sind, befähigt werden, als Glaubende in der Welt zu leben und von Jesus als dem beim Vater Verherrlichten Zeugnis geben zu können.

IV. Die zweite Abschiedsrede (15,1 – 16,33)

1. Glaube, der in der Liebe fruchtbar wird (15,1–17)

Zwei Stichworte, die in der Rede vom *wahren Weinstock* immer wiederkehren, sind ein nicht zu übersehender Hinweis darauf, worum es geht: um das *Fruchtbringen* (8mal) und das *Bleiben* (16mal). Beides bedingt einander, denn das Bleiben ist die Voraussetzung für das Fruchtbringen und damit auch der wahren Jüngerschaft. Denn wahre, »fruchtbringende« Jüngerschaft kann nur in innigster und bleibender Lebensgemeinschaft mit Jesus verwirklicht werden. Mit einem paulinischen Wort könnte man sagen, es geht in dieser Rede um den Glauben, »der in der Liebe wirksam wird« (vgl. Gal 5,6).

Der wahre Weinstock

Das Bild vom Weinstock ist sowohl in der gnostischen Literatur als auch in der alttestamentlichen Überlieferung ein bekanntes Motiv. Mehrere Propheten vergleichen *Israel* mit einem Weinstock, den Gott gepflanzt und gepflegt hat, der aber keine Frucht gebracht hat. So klagt der Prophet Jeremia: »Ich hatte dich als Edelrebe gepflanzt, als gutes, edles Gewächs. Wie hast du dich gewandelt zum Wildling, zum entarteten Weinstock!« (Jer 2,21; vgl. Jes 5,1–7; Ez 17; Hos 10,1). Demgegenüber kann Jesus sich selbst – wiederum in einem joh Ich-bin-Wort – als den »*wahren* Weinstock« bezeichnen, der erfüllt, was man von einem wahren Weinstock erwartet: reiche Frucht. Die Verse 1–8 entfalten zunächst in bildhafter Sprache das Ich-bin-Wort, während die Verse 9–17 das Thema des Fruchtbringens direkt, d. h. ohne Bild weiterführen und vertiefen.

Das Bild vom fruchtbringenden Weinstock ist in sich verständlich und bedarf eigentlich keiner Erklärung. Wichtig ist, daß man es als ganzes nimmt und nicht Einzelzüge isoliert betrachtet. Es geht um die *Lebenseinheit* der Rebzweige mit dem Weinstock als *Vorbedingung für das Fruchtbringen.* So dient z. B. auch das Reinigen durch den Winzer dem Fruchtbringen; es hat keine Eigenbedeutung.

Die ganze Rede ist in erster Linie *christologisch* ausgerichtet und erst in zweiter Linie gemeindebezogen. Sie entfaltet ja das Ich-bin-Wort. Alle Initiativen gehen von Jesus aus. Er allein setzt die Bedingungen des Fruchtbringens. Diese Beziehung ist nicht umkehrbar. Getrennt von ihm können die Jünger nichts vollbringen (vgl. auch V. 17).

Fruchtbringen ist nicht das gleiche wie Leistungen und Werke erbringen. Nicht um besondere Leistungen geht es, sondern um das Sichtbarwerden des neuen Lebens aus dem Glauben, das seinen bleibenden Grund in Jesus hat. Wie die Lebendigkeit eines Weinstocks daran erkennbar ist, daß er Frucht trägt, so erweist sich auch der Glaube darin als lebendig, daß er Früchte bringt. »Keine Frucht bringen« ist umgekehrt ein Zeichen dafür, daß der Glaube »verdorrt« ist. Die Zusicherung Jesu an die Jünger, daß sie schon durch sein Wort rein sind, könnte leicht in einem moralischen Sinn verstanden werden. »Reinsein« bedeutet hier aber, daß sie bereits das neue Leben empfangen haben und mit Jesus eins sind.

Wenn die Glaubenden in der Gemeinschaft mit Jesus bleiben und seine Worte in ihnen, dann wird ihnen jede Bitte erfüllt werden. Die Zusage der *Gebetserhörung* ist Ausdruck der Gemeinschaft mit Jesus, und diese Gemeinschaft ist selbst wieder die eigentliche Gabe, die alle anderen Gaben in sich schließt, um die die Jünger beten könnten. Mit ihr ist ihnen alles geschenkt. Vielleicht darf man auch an die Gabe des Geistes denken, die der Vater ihnen im Namen Jesu geben wird (vgl. 14,26 und Lk 11,13). Indem die Jünger durch ihre Verbindung mit Jesus Frucht bringen, wird der Vater auch durch sie verherrlicht werden. Ihr Leben hat damit dasselbe Ziel, dem auch das Leben und Wirken Jesu dient: die Verherrlichung des Vaters.

Die Liebe als die eigentliche Frucht

Was ist nun aber die Frucht, von der bisher die Rede war? Darauf geben die Verse 9–17 eine eindeutige Antwort: Es ist die *Bruderliebe* (vgl. den Rahmen: VV. 9f. u. 17). Sie ist ja auch das einzige Gebot, das Jesus als sein Testament hinterlassen hat und an dessen Erfüllung seine Jünger erkannt werden sollen (vgl. 13,34). Liebe ist aber »nicht nur ein Wort« und nicht nur ein erhebendes Gefühl. »Wenn ihr mich liebt, werdet ihr meine Gebote halten«, so hatte Jesus schon vorher mit aller Deutlichkeit gesagt (14,15.21.24). Wie der Wechsel von der Mehrzahl (V. 10) zur Einzahl zeigt (V. 12), geht es aber letztlich nicht um viele Gebote, sondern um das eine Gebot, einander zu lieben. Johannes nennt im Unterschied zu den Synoptikern nicht viele Einzelgebote, weil für ihn alle anderen in der Liebe enthalten sind. (Im Grunde ist das aber auch die Überzeugung aller ntl. Verfasser, die in der Liebe die Zusammenfassung christlicher Ethik und Moral sehen. Vgl. die »goldene Regel« bei Mt 7,12 und auch die Argumentation des Paulus in Gal 5,14 und Röm 13,9! Vgl. ferner Mk 12,28–34 parr. Damit geben sie zweifellos den Kern der Ethik Jesu richtig wieder.) Man könnte diese Ethik mit den Worten des Augustinus kennzeichnen: »Liebe – und (dann) tue, was du willst«, es wird richtig und gut sein, weil alles Tun von der Liebe geleitet und durchdrungen ist. In dieser Ethik wird der Einsicht, dem Verantwortungsbewußtsein und der persönlichen Entscheidungsfähigkeit des einzelnen viel zugetraut. Es ist *eine Moral für Mündige und Liebende*, die weit entfernt ist von jeder einengenden gesetzlichen Kasuistik, die immer nur negativ auf das Verbotene schaut und deren Beweggrund mehr die Angst als die Liebe ist. Aber Liebe macht bekanntlich erfinderisch. Sie wird das Richtige finden, das in einer bestimmten Situation zu tun ist.

Freude als Kennzeichen des neuen Lebens

Wer sich in seinem Handeln von diesem Grundgebot der Liebe leiten läßt, wird die Erfahrung der Freude machen. Daß die Erfüllung eines Gebotes Freude bereitet, ist gewiß nicht eine allgemein verbreitete Ansicht. In der Vorstellung vieler ist Religion und Christentum, besonders christliche Moral, eher mit Freudlosigkeit, mit Kreuz und Leid und ständiger Selbstverleugnung verbunden. Es ist aber Jesu erklärter Wille und seine Verheißung, daß seine Freude in den Glaubenden sei und ihre Freude vollkommen werde. Nicht nur an der Liebe, auch an der Freude müßte man daher die wahren Jünger Jesu erkennen können. Beide sind nach Jesu Überzeugung offensichtlich unlösbar miteinander verbunden.

Das hat man leider zu oft vergessen. Natürlich ist diese Freude etwas anderes als ein oberflächliches Vergnügtsein. Sie ist als Wesenszug des neuen Lebens eine den Menschen im Tiefsten und Innersten erfüllende Freude, die sich aber wie jede Frucht auch nach außen manifestieren muß. Vor allem ist sie Anteil an Jesu Freude (»*meine* Freude«), also Geschenk, nicht »gemachte Freude«.

Freunde, nicht Knechte

Indem die Jünger Jesu Weisung erfüllen, erweisen sie sich als seine Freunde. Dasselbe wollen und dasselbe nicht wollen ist nach Augustinus Ausdruck wahrer Liebe. Die Übereinstimmung des Handelns der Jünger mit dem Tun Jesu wird somit zum Zeichen ihrer Freundschaft mit ihm. Doch haben nicht die Jünger Jesu Freundschaft erworben, sich ihn zum Freund gemacht (wie der kleine Prinz den Fuchs), sondern *Jesus hat sie erwählt*, seine Freunde zu sein. Dieses Freundschaftsverhältnis zeigt sich u. a. daran, daß Jesus ihnen »*alles mitgeteilt*« hat, was er vom Vater gehört hat. Zwischen Freunden herrscht ein einmaliges Vertrauensverhältnis und eine einzigartige Offenheit. Zwischen ihnen gibt es – wie man sagt – keine Geheimnisse. Das unterscheidet eine Freundschaft von einer Herr-Knecht-Beziehung. Der Knecht empfängt nur Befehle, ohne daß er ihre Sinnhaftigkeit einsehen kann, weil diese ihm nicht mitgeteilt wird. Jesus aber hat seinen Jüngern »alles« anvertraut, weil er sie zu seinen Freunden erwählt hat.

Die Verse 16 f. greifen noch einmal zusammenfassend die tragenden Begriffe des ganzen Abschnitts auf und unterstreichen damit noch einmal, worum es im letzten geht: um die Liebe als Frucht des von Jesus geschenkten und genährten neuen Lebens.

2. Eine verfolgte Gemeinde und ihr Beistand (15,18 – 16,15)

Mit 15,18 beginnt eine *neue Rede*, die den Blick wieder auf die konkrete Situation der Gemeinde lenkt. Sie ist deutlich von der Thematik des Abschieds und den sich daraus ergebenden Konsequenzen für die Jünger bestimmt. Dies wird in *zwei* Gedankengängen entfaltet (15,18 – 16,4a und 16,4b–15).

Der Haß der Welt

War eben noch von der Liebe die Rede, so ist das Leitwort jetzt der Haß der Welt. Der Jesusgemeinde, die durch die Bruderliebe gekennzeichnet ist, steht »die Welt« gegenüber, die vom unversöhnlichen Haß gegen diese Gemeinde geprägt ist. Die Situation der Gemeinde ist also nicht nur durch ihr (äußerliches) Alleinsein bestimmt, sondern auch durch den Haß und die Verfolgung von seiten der Welt, die sich bis zur Tötung der Jünger steigern kann. Hinter diesen Aussagen dürften wieder ganz konkrete Erfahrungen der joh Gemeinde stehen. Ein deutlicher Hinweis auf die aktuelle Verfolgungssituation ist jedenfalls die Erwähnung des »Synagogenausschlusses« in 16,2, der die Christen als Ketzer aus der Heilsgemeinschaft des jüdischen Volkes ausschloß und nicht vor 85 n. Chr. anzusetzen ist (vgl. 9,22; 12,42 und S. 98 ff.). Diese Feindschaft »der Juden« – gemeint ist vor allem die pharisäische Führungsschicht – erklärt wenigstens z. T. die scharfe Polemik der joh Gemeinde gegenüber »den Juden«, die hier übrigens ganz selbstverständlich mit der ungläubigen Welt gleichgesetzt werden. (Vgl. den Übergang von der »Welt« in V. 1 zu den Aussagen in V. 20–24 und 16,2 f., die sich nur auf Juden beziehen können.)

Der wahre Grund des Hasses

Den Grund des Hasses und der Verfolgungen sieht der Evangelist in der *Zugehörigkeit der Jünger zu Jesus.* Lebensgemeinschaft mit Jesus bedeutet auch Schicksalsgemeinschaft. Weil die Glaubenden wie Jesus aus einem anderen Geist und nach anderen Maßstäben leben als die Welt, geraten sie – darin wiederum Jesus gleich – in Widerspruch zu ihrer Umgebung. Ihre *Andersartigkeit* macht sie zu Fremdlingen im eigenen Volk mit allen Erfahrungen, die Ausländer und Andersgläubige gewöhnlich machen. (Vgl. eine ähnliche Erfahrung der Juden im Ausland, wie sie in Weish 2,10–20 beschrieben wird.) »Die Welt« liebt nur das Angepaßte und Gleichgeschaltete.

In den Jüngern will »die Welt« letztlich *Jesus selbst* treffen. Ja, der Evangelist geht so weit, das Nichtkennen Gottes als tiefste Ursache des Hasses zu bezeichnen – ein ungeheurer Vorwurf gegenüber Juden, die nicht ohne Grund gerade darauf stolz sind, als einzige Gott wahrhaft zu kennen, weil er sich nur ihnen auf unvergleichbare Weise geoffenbart hat.

Letztlich geht es also wieder um die *göttliche Herkunft Jesu*, um sein Gesandtsein vom Vater. Das war (wie schon immer wieder deutlich wurde) der eigentliche Streitpunkt der Auseinandersetzung. Sie hatte theologische Gründe, und es geht dem Evangelisten darum, das ganz deutlich herauszustellen.

Hätte Jesus ihnen nicht den Vater offenbart und hätte er seine göttliche Sendung nicht durch Wort und Zeichen legitimiert, wären die Gegner entschuldbar. Aber sie haben sich auf diese neue Offenbarung Gottes nicht eingelassen und sich innerlich gegen sie gesperrt. Weil man Gott jetzt nur durch seinen Gesandten wahrhaft erkennen kann, ist der Vorwurf berechtigt, daß sie Gott eigentlich nicht kennen. Jetzt, nachdem sie Jesu Werke gesehen haben, ist ihre Feindschaft daher doch eine wissentliche und willentliche Ablehnung Gottes und seines Gesandten, denn wegen der Einheit zwischen Gesandtem und Sendendem kann man sich nicht gegen den Gesandten wenden, ohne zugleich auch den Sendenden abzulehnen. So sieht es jedenfalls der Evangelist.

Immerhin scheint die Bemerkung, daß »jeder, der euch tötet, meint, Gott einen heiligen Dienst zu leisten«, doch ein gewisses Verständnis für das Handeln der Verfolger anzudeuten. Sie haben aus innerer Überzeugung gehandelt. Aufschlußreich ist in dieser Hinsicht ein jüdischer Kommentar zu Num 25,13, in dem es heißt: »Wer das Blut der Frevler vergießt, ist anzusehen, als hätte er ein Opfer dargebracht.«

Die Verfolgung durch ihre jüdischen Landsleute und ehemaligen Glaubensbrüder könnte für die Jünger zu einer schweren Glaubensprüfung werden. Daher bereitet Jesus sie darauf vor. Glaubensverfolgung und Leiden sind kein Argument gegen die Wahrheit und Echtheit des Glaubens, vor allem nicht gegen Jesu Messianität, denn er hat den Seinen keine leidlose Zeit und keine heile Welt versprochen. Die Erinnerung an sein Wort wird ihnen, wenn alles eintrifft, helfen, im Glauben nicht wankend zu werden. Die ganze Rede dient daher letztlich der Vorbereitung der Jünger auf die Stunde der Bewährung und damit der *Stärkung ihres Glaubens*.

Das Zeugnis des Geistes

Der Glaubensstärkung dient auch der erneute Hinweis auf das Kommen des »Beistands«, des »Geistes der Wahrheit«. Die Jünger werden in der Zeit der Verfolgung nicht allein sein. Schon in der vorjohanneischen Tradition finden sich Aussagen über das Wirken des Geistes in einer Verfolgungssituation, die sich eng mit dem joh Geistspruch in 15,26 berühren (vgl. dazu *F. Porsch*, Anwalt der Glaubenden, S. 69–74). Wie bei Joh werden den Jüngern auch dort Verfolgungen vorausgesagt. Sie sind dort sogar noch konkreter beschrieben (vgl. Mk 13,9–13; Mt 10,17–25; Lk 12,11 f.). So heißt es z.B. bei Mk 13,11: »Und wenn man euch abführt und vor Gericht stellt, dann macht euch nicht im voraus Sorgen, was ihr sagen sollt, sondern was euch in jener Stunde eingegeben wird, das sagt! Denn nicht ihr werdet dann reden, sondern der Heilige Geist.« Eine Illustration dieses Zusammenwirkens des Geistes mit den Jüngern bietet *Apg 5,27–32*. Das Zeugnis, das die Apostel vor dem Hohen Rat für Jesus ablegen, beschließen sie mit dem Satz: »Zeugen dieser Ereignisse sind wir und der Heilige Geist, den Gott allen verliehen hat, die ihm gehorchen.« Ihre Richter reagieren auf dieses Glaubenszeugnis mit dem Beschluß, sie zu töten (V. 33).

Bei Joh bildet das Zeugnis des Geistes gleichsam den Gegenpol zum Verhalten der ungläubigen und feindlichen Welt, denn es ist das Zeugnis des Anwalts für Jesus in der (theologischen) Auseinandersetzung mit dieser Welt.

Worin besteht nun das Zeugnis des Geistes, und wie vollzieht es sich nach Joh? Es fällt auf, daß das Zeugnis des Geistes und das der Jünger bei Joh nicht so eng miteinander verbunden sind wie bei den Synoptikern. Bei Joh inspiriert der Geist nicht direkt die Verteidigungsrede der Jünger vor Gericht (wie es z. B. bei Lk 12,12 deutlich zum Ausdruck kommt). Es scheint, daß Joh eher an ein *inneres Zeugnis* des Geistes »im Herzen« oder »im Gewissen« der Jünger denkt, das ihrem öffentlichen Zeugnis vorangeht. Im Zeugnis der Jünger ist das Zeugnis des Geistes bereits als dessen tragender Grund enthalten, denn nur als vom Geist Überzeugte sind sie fähig, auch ihrerseits Zeugnis zu geben.

Durch die Anklagen und Behauptungen der Welt und nicht zuletzt auch durch ihre bedrängte Situation wird der Glaube der

Jünger immer wieder neu in Frage gestellt. In dieser Lage kommt ihm das Jesuszeugnis des Geistes, das er »in sich« hat, zur Hilfe.

Ein bestimmter Inhalt des Zeugnisses wird nicht angegeben. Es heißt nur, daß er *für Jesus*, der beim Vater ist und von dorther den Geist senden wird, Zeugnis geben wird. Aus dem Gesamtzusammenhang der Abschiedsreden ergibt sich aber, daß gerade dieses »Beim-Vater-Sein« bzw. das »Gehen-zum-Vater« der eigentliche Gegenstand des Zeugnisses sein wird (vgl. bes. 16,7 ff.). Der Geist wird den in seine Herrlichkeit beim Vater Zurückgekehrten bezeugen.

War in den vorausgehenden Sprüchen der Vater als der Gebende (14,16) oder Sendende (14,26) genannt worden, so erscheint hier (und in 16,7) der Sohn selbst als der Sendende. Der Sohn steht damit zum Geist im gleichen Verhältnis wie der Vater zum Sohn: Er ist »der Sendende« (vgl. Lk 24,49; Apg 2,33). Letzter Ursprung ist jedoch der Vater (vgl. 16,15).

Ein Prozeß wird revidiert

Von der zukünftigen Verfolgungssituation wird der Blick der Jünger nun wieder auf den unmittelbar bevorstehenden Fortgang Jesu gelenkt. Der Hinweis darauf erfüllt sie – verständlicherweise – mit Trauer. Für Jesus ist diese *Trauer* aber auch ein *Zeichen ihres mangelnden Glaubens und Verstehens*. Sie können sich mit diesem Fortgang nicht abfinden und denken nicht daran, nach dem Wohin, also nach dem Sinn dieses Fortgehens zu fragen (vgl. dagegen 14,4 f.). Sie sind ganz mit sich selbst und ihrem Schicksal beschäftigt. Und doch hängt für sie alles davon ab, zu wissen, wohin Jesus geht, denn nur der Glaube an Jesu Fortgang als Hingang zum Vater und als Rückkehr in die Herrlichkeit könnte ihre Traurigkeit in Freude verwandeln (vgl. 14,28).

Doch zu diesem Glauben sind die Jünger jetzt, vor dem Kommen des Geist-Parakleten, noch nicht fähig, denn erst dieser wird ihnen die richtige Deutung des Fortgangs Jesu geben. Daher betont Jesus nochmals ausdrücklich und feierlich: »Ich sage euch die Wahrheit: Es ist besser für euch, daß ich fortgehe, denn wenn ich nicht fortgehe, wird der Paraklet nicht zu euch kommen« (vgl. 7,39).

Das ist zunächst eine überraschende und erstaunliche Feststellung. Meinen nicht auch wir – wie die Jünger –, daß es viel besser wäre, wenn Jesus da wäre und wir ihm alle unsere ungelösten Fragen stellen könnten? Warum soll Jesu Fortgang gut für uns sein? Der Evangelist gibt auf diese Frage keine direkte Antwort, und die Ausleger tun sich daher auch schwer, eine befriedigende Deutung zu geben.

Manche meinen, die leibliche Gegenwart Jesu wäre ein Hindernis für die Reinheit des Glaubens, da dieser sonst allzu sehr durch die Anhänglichkeit an das Sichtbare getrübt wäre. Ein Glaube, der noch des Sehens und Fühlens, also der leiblichen Gegenwart bedarf, sei kein Glaube im Vollsinn (vgl. 20,17.24 ff.).

Aber es ist fraglich, ob der Evangelist wirklich so spiritualistisch dachte. Er begründet das Gute des Fortgangs Jesu ja nicht mit der Reinigung des Glaubens, sondern *positiv mit dem Kommen des »Beistands«*. In dem Wort kommt eher die Überzeugung der johanneischen Gemeinde zum Ausdruck, gegenüber den Zeitgenossen Jesu nicht im Nachteil zu sein. Jesus ist für sie nicht in unerreichbare Ferne gerückt. Sie braucht über seinen Fortgang nicht traurig zu sein, denn im Wirken seines Geistes erfährt sie seine Gegenwart sogar noch machtvoller als die Augenzeugen des Lebens Jesu. Erst seitdem Jesus beim Vater ist, überschreitet sein Wirken Zeit und Raum, vor allem die engen Grenzen Israels. Und wer von uns hätte ihm wohl geglaubt, wäre er ihm als Mensch begegnet?

Der »Prozeßgegenstand«

Was wird der Geist tun, wenn er kommt? Er wird gewissermaßen einen Revisionsprozeß durchführen, indem er zeigen wird, daß Jesus im Recht und die Welt im Unrecht war, wenn sie Jesus ablehnte und tötete. Dieses *Aufdecken der Schuld der Welt* durch den Geist geschieht im Hinblick auf *Sünde, Gerechtigkeit und Gericht*. Sie sind gleichsam der »Prozeßgegenstand«.

Am Aufdecken ihrer *Sünde* kann die Schuld »der Welt« am deutlichsten nachgewiesen werden. Diese Sünde besteht nicht in moralischen Vergehen. Sie ist viel grundsätzlicher: Die eigentliche Sünde ist eine den ganzen Menschen bestimmende *Grundhaltung* des *Sich-Versagens, Sich-Verschließens, des Mißtrauens und Unglaubens* gegenüber Gott und seinen Gesandten (vgl. 8,21–47; 12,44 ff.). Dieses eigentliche Wesen der Sünde der Welt wird der Beistand ans Licht bringen.

Außerdem wird der Beistand zeigen, »was *Gerechtigkeit* ist«. Das ist eine für uns kaum noch verständliche Formulierung, weil sie an Gerechtigkeit im ethisch-moralischen Sinn denken läßt oder an die paulinische Rechtfertigung des Sünders. Das kann hier aber nicht gemeint sein, wie der Nachsatz zeigt (»daß ich zum Vater gehe und ihr mich nicht mehr seht«). Gerechtigkeit bedeutet hier vielmehr fast das gleiche wie Herrlichkeit bzw. Verherrlichung. In diesem Sinne heißt es in einem alten Christuslied, daß Jesus »gerechtfertigt wurde durch den Geist... aufgenommen in die Herrlichkeit« (1 Tim 3,16). Gegen die Behauptung des Unglaubens wird der Geist also den Nachweis führen, daß Jesus verherrlicht ist (und die Jünger ihn daher nicht mehr sehen können).

Schließlich wird der Beistand enthüllen, daß »der Herrscher dieser Welt gerichtet ist«. Jesu Tod, verstanden als seine Erhöhung und Verherrlichung, ist zugleich das *Gericht* über die ungläubige Welt und ihren Herrscher (vgl. 12,31). Das werden die Glaubenden durch das Wirken des Geistes erkennen. Er wird ihnen die Gewißheit schenken, daß sie mit ihrem Glauben an Jesus im Recht sind und die Welt im Unrecht ist, wenn sie Jesus als den Herrn der Welt ablehnt. Das Gericht über die Welt ist die Folge ihrer Weigerung, an Jesus zu glauben, wie in 3,19 ausdrücklich festgestellt wird: »Dies aber ist das Gericht: Das Licht kam in die Welt, doch die Menschen liebten die Finsternis mehr als das Licht; denn ihre Taten waren böse.«

Das Überführen der Welt muß sich nicht in spektakulären öffentlichen Demonstrationen des Geistes vollziehen. Wie all sein Wirken ist es zuerst und direkt auf die *Jünger* gerichtet, um deren Glauben zu stärken. Vor ihrem Gewissen, in ihrem Herzen wird der Geist-Paraklet diesen Nachweis führen, so daß sie klar erkennen können, daß die *Welt* im Unrecht ist, daß *sie* letztlich die Besiegte, Jesus aber der Sieger ist (vgl. 16,33; 1 Joh 5,4).

Verstehen ist ein Prozeß

Die Bemerkung Jesu, daß er den Jüngern »*noch vieles zu sagen*«
habe, es aber nicht sage, weil sie es »*jetzt (noch) nicht tragen*«
können, deutet auf einen Abschluß dieses Teils der Rede über das
Wirken des Geistes hin. War dieses bisher im Hinblick auf die
Verfolgungssituation und die dadurch hervorgerufene Glaubensprüfung dargestellt worden, so bezieht sich der abschließende
Geistspruch (16,13–15) wieder direkt auf die *zukünftige Offen-*
barerfunktion des Geistes. Er entspricht damit dem zweiten Geistspruch der ersten Abschiedsrede (14,26), dessen Gedanken er
aufnimmt und vertieft.

Was den Jüngern noch fehlt

Nach 15,15 hat Jesus den Seinen alles mitgeteilt, weil sie seine
Freunde sind. Er hat ihnen nichts vorenthalten. Die Wahrheit ist
ihnen daher nicht unbekannt. Sie ist in der Person Jesu sogar
leibhaft unter ihnen (vgl. 14,6; 1,17; 8,32.40.44 f.).
  Was sie aber noch nicht kennen und was ihnen noch fehlt, ist die
»*ganze* Wahrheit«, die vertiefte Einsicht in die volle Bedeutung
dieser Wahrheit, zu der vor allem auch der Tod Jesu als Hingang
zum Vater mit allen Konsequenzen für sie gehört. Das »Vieles«,
das Jesus ihnen jetzt noch nicht sagen kann, weil sie es noch nicht
verstehen (»tragen«) können, ist also nicht ein mengenmäßiges
Mehr an Offenbarung, sondern ein *Mehr an Erkenntnis und Ein-*
sicht.
  Diese wird erst »der Geist der Wahrheit« bringen, wenn er
kommt. Ohne sein sinnerschließendes Wirken sind die Jünger
unfähig, die Bedeutung des Wirkens und Sterbens Jesu zu erkennen. Es ist für sie wie eine schwere Last, die zu tragen ihre Kräfte
übersteigt.

Keine »neuen Wahrheiten«

Der Geist bringt also keine »neue Wahrheiten«. Er führt vielmehr
»nur« in die Fülle der Wahrheit, die Jesus geoffenbart hat und die
er selber ist. Wie ein Wegführer wird er die Jünger immer tiefer in

das Geheimnis Jesu und seiner Offenbarung hineingeleiten. Im Licht des Auferstandenen und Verherrlichten wird er ihnen neue Einsichten schenken und noch nicht erkannte Aspekte und Dimensionen der Wahrheit sichtbar werden lassen. *Zwei* wichtige Sachverhalte will der Evangelist in diesem Geistspruch also hauptsächlich herausstellen: Einmal, daß es auch nach dem Fortgang Jesu einen *Fortschritt in der Erkenntnis* der Person und des Werkes Jesu geben wird, und zum anderen, daß der Geist *keine neue*, von Jesus unabhängige *Offenbarung* bringen wird.

In geradezu umständlicher Weise wiederholt er dies darum mit großem Nachdruck: Der Geist »wird nicht aus sich selbst heraus reden, sondern er wird sagen, was er (von Jesus) hört... Er wird von dem nehmen, was mein ist, und es euch verkünden«. Das klingt ganz so, als wolle er damit eine andere Auffassung widerlegen. Offensichtlich gab es Leute, die sich auf neue Offenbarungen des Geistes beriefen, die aber nicht im Einklang mit der Botschaft des irdischen Jesus standen. Ihnen gegenüber betont der Evangelist, daß alles, was der Geist an neuer Erkenntnis schenkt, nichts anderes als eine Erläuterung und Vertiefung dessen sein kann, was Jesus verkündet hat (vgl. zu 14,26).

Der Garant der unverfälschten Wahrheit

Das gilt auch für sein eigenes Evangelium. Wegen seiner Andersartigkeit mögen manche es für eine Verfälschung der ursprünglichen Botschaft Jesu, wie sie bei den Synoptikern dargestellt ist, gehalten haben. Ihnen gegenüber räumt der Evangelist durchaus ein, daß Jesus das *so* noch nicht gesagt hat. Es gibt tatsächlich einen Unterschied zwischen der Zeit Jesu und der Zeit des Geistes. Aber dieser besteht in der fortschreitenden Erkenntnis und im Wie der Offenbarung, nicht im Was. Dieser geschichtliche Prozeß der vertieften Erkenntnis der Wahrheit vollzieht sich – und das ist das Entscheidende – unter der Führung des »Geistes der Wahrheit«. Er, der von Jesus verheißene Beistand, ist letztlich der Garant der Wahrheit, nicht ein für immer unveränderlicher Wortlaut. Unter seiner Inspiration hat Joh dieses neue Evangelium geschrieben. Damit hat der Evangelist die *Rechtfertigung seines Evangeliums* geliefert, das sich so stark von den anderen unterscheidet.

Keine Angst vor der Zukunft

Das Wirken des Geistes ist auf die Zukunft ausgerichtet. Er wird ja »verkünden, *was kommen wird*«. Damit sind nicht »geheime Zukunftsoffenbarungen« im Stil der Apokalyptik gemeint, sondern die Deutung des auf die Glaubenden je und je Zu-kommenden im Licht der Botschaft Jesu. Der Geist wird den Glaubenden »die Zeichen der Zeit« deuten und ihnen damit die Angst vor der Zukunft nehmen. Das Verkünden des Kommenden ist somit ein Teil des Führens in die ganze Wahrheit.

Das ganze Wirken des Geistes dient letztlich – so stellt der Evangelist abschließend fest – der *Verherrlichung Jesu*. Wie Jesus durch sein Offenbarungswirken den Vater verherrlicht hat – dadurch, daß der Vater als der letzte Ursprung und das letzte Ziel seines gesamten Wirkens offenbar wurde –, so wird der Geist seinerseits Jesus dadurch verherrlichen, daß Jesus als Ursprung und Ziel seines Offenbarungswirkens erkannt wird.

3. Verheißung des Wiedersehens (16,16–33)

Nach der Verheißung des Beistands für die Zeit der (leiblichen) Abwesenheit Jesu kommt der Evangelist noch einmal auf das Thema des *Fortgehens Jesu* und des *Wiedersehens* zurück und nimmt damit die Grundthematik der ersten Abschiedsrede wieder auf. Wie dort wird sie durch den Wechsel von Fragen der Jünger und Antworten Jesu entwickelt, und auch hier sind die Gespräche von der Absicht bestimmt, die Jünger auf den Fortgang Jesu vorzubereiten, ihnen durch die Verheißung des Wiedersehens Trost zu schenken und damit ihren Glauben zu stärken.

Nur eine kurze Zeit

Wie so oft reagieren die Jünger auf die Ankündigung Jesu, daß sie ihn bald nicht mehr sehen, »nach kurzer Zeit« aber wiedersehen werden, zunächst mit Unverständnis. (Der Leser weiß bereits, daß hier die Fragen der johanneischen Gemeinde zur Sprache kommen.) Jesus nimmt die Sorgen und Ängste der Jünger ernst und versucht ihnen Mut zu machen, indem er ihren Blick von der schmerzlichen Trennung hinweg auf die positive Erfahrung des freudigen Wiedersehens lenkt.

Mit einem einprägsamen Bild veranschaulicht er ihre Situation: Sie ist vergleichbar mit dem Zustand einer schwangeren Frau, die dem »freudigen Ereignis« der Geburt ihres Kindes entgegensieht. Wie nach der Geburt des Kindes alle Ängste und Schmerzen vergessen sind und nur noch Freude über das Neugeborene herrscht, so wird es auch mit den Jüngern sein (zum Bild vgl. Jes 21,3; 26,7 f.; 37,3; 66,7–10). Der bevorstehende Fortgang Jesu (d. h. sein Tod) wird sie zwar in Trauer stürzen (vgl. 14,27 f.; 16,16), aber die Trauer wird sich beim Wiedersehen in nie endende Freude verwandeln (vgl. 14,19 f.). Vor allem: Sie werden nicht lange auf das Wiedersehen warten müssen.

Gerade die Verheißung, daß die Trennung von Jesus nur »kurze Zeit« dauern wird, soll für die Jünger ein Motiv des Trostes und der Hoffnung sein. Daher wird diese Tatsache durch ständige Wiederholung so nachdrücklich betont. »Kurz« ist die Zeit in doppelter Hinsicht: einmal im Hinblick auf den nahe bevorstehenden Kreuzestod, der die Trennung herbeiführen wird, sodann in bezug auf die Zwischenzeit zwischen Tod und Auferstehung, die das Wiedersehen mit sich bringt (vgl. 14,19 f.).

Unmittelbarer Zugang zum Vater

Ist den Jüngern zur Gewißheit geworden, daß Jesus nicht im Tod bleiben wird, dann brauchen sie ihn eigentlich auch nichts mehr zu fragen. Denn dieses nicht mehr notwendige Fragen kann sich im Zusammenhang nur auf das Wesentliche des Glaubens beziehen, nämlich auf den *Sinn des Fortgehens Jesu,* von dem auch ihre eigene Existenz als Glaubende grundlegend betroffen ist, letztlich aber auf das eigentliche Geheimnis Jesu: *seine Beziehung zum Vater.* Weil sie jetzt erkannt haben, wer Jesus in Wahrheit ist – der Gesandte des Vaters – erübrigt sich weiteres Nachfragen hinsichtlich seiner göttlichen Sendung.

Was sie sonst noch auf ihrem Weg brauchen, wird der Vater ihnen »im Namen« Jesu geben, wenn sie ihn in dessen »Namen« bitten: »*Im Namen*« Jesu bitten bzw. empfangen bedeutet natürlich nicht einfach: »unter Anrufung« des Namens Jesu. Der »Name« ist gleichsam Kurzfassung für das, was Jesus für die Seinen getan hat und ist. Darauf dürfen sich die Jünger von jetzt an vertrauensvoll berufen, wenn sie den Vater um etwas bitten wollen (vgl. 14,13 f.; 15,7.16). Das wird – wie Vers 26 versichert – genügen, damit der Vater ihre Bitten erfüllt. Einzige Voraussetzung ist, daß sie mit Jesus in Liebe eins sind und seine göttliche Sendung (wie sie in V. 28 bekenntnishaft und zusammenfassend beschrieben wird) gläubig anerkennen.

Weil die Jünger mit Jesus ganz eins sind, bedarf es nicht mehr einer zusätzlichen Vermittlung durch Jesus. Sie selbst haben einen durch Jesus grundsätzlich eröffneten, unmittelbaren Zugang zum Vater. In den bittenden Jüngern sieht der Vater gleichsam seinen Sohn selbst, dessen Bitten er immer erhört (vgl. 11,41 f.). (Zur Unmittelbarkeit des Zugangs zum Vater vgl. auch Gal 4,6; Röm 8,15; Hebr 4,16; 10,19; 1 Joh 3,21.)

»Jener Tag« – wann kommt er?

Jesu Verheißung bezieht sich – von der vorausgesetzten Situation der Abschiedsreden aus gesehen – auf einen zukünftigen Zeitpunkt, der mit dem unbestimmten Ausdruck »an jenem Tag« bezeichnet wird. Wann wird das sein? Es kann sich nicht um den »Jüngsten« oder »Letzten Tag« handeln, denn danach hätten Gebet und Gebetserhörung keinen Sinn. Wie in 14,19 f. ist mit »jenem Tag« sicher zuerst der *Ostertag* gemeint, an dem die Jünger den auferstandenen Jesus wiedersehn werden. Aber das »Sehen« des Auferstandenen und die damit verbundene Freude (vgl. 20,20) und Erhörungsgewißheit sind *nicht an einen bestimmten Termin* gebunden. »Vielmehr ist die Zeit der Gemeinde immer österliche Freudenzeit. Osterfreude und Gebetsgewißheit sind die Heilskennzeichen der Gemeinde überhaupt« (*J. Becker,* Das Evangelium nach Johannes 2, S. 502). Mit dieser Neubestimmung »jenes Tages« hat der vierte Evangelist wiederum den Blick von den Endereignissen auf die entscheidende Zeit der Gegenwart gelenkt. Aus der Glaubensgewißheit, daß der Auferstandene *schon jetzt* in der Gemeinde anwesend ist, können die Glaubenden die Zeit seiner leiblichen Abwesenheit bestehen und voll Zuversicht und Freude ihren Weg gehen.

Die Zeit des unverhüllten Redens

Die Jünger haben Jesu Rede als verhüllte »*Rätselrede*« empfunden, deren Sinn sie nicht recht verstehen. Doch sie dürfen zuversichtlich sein, daß dies sich ändern wird. Es wird die Zeit kommen, in der Jesus »*offen*«, d. h. *verstehbar* zu ihnen reden wird. Vom geschichtlichen Zeitpunkt des Evangelisten aus gesehen, ist diese Zeit aber bereits da: Jesus ist schon auferstanden, und der »Geist der Wahrheit«, der sie in alle Wahrheit einführen wird, wirkt bereits unter ihnen. Daher haben sie schon verstanden, was ihnen vor Ostern noch unverständlich war.

Diese Erfahrung drückt der Evangelist aus, wenn er die Jünger sagen läßt: »Jetzt redest du offen und sprichst nicht mehr in Räselrede. Jetzt wissen wir...« (VV. 29 f.). Das unverhüllte, offene Reden ist Kennzeichen der Zeit des Geistes.

Hier gehen also Jesuszeit und nachösterliche Zeit fast unmerklich ineinander über und durchdringen sich. Daß dies eigentlich schon immer die Perspektive der Abschiedsreden war, zeigt sich auch daran, daß Jesus hier im Grunde nichts Neues gesagt hat. Er hat nur wiederholt, was schon immer Thema der Abschiedsreden war: sein Kommen vom Vater in die Welt und sein Verlassen der Welt, um wieder zum Vater zurückzukehren (V. 28). *Was sich verändert hat, ist die Erkenntnisfähigkeit der Jünger.* Nach Ostern, d. h. nach der Sendung des Geistes, haben sie verstanden, was ihnen vorher rätselhaft und verhüllt war. Auf diesen grundlegenden Unterschied zwischen vorösterlichem Unverständnis und nachösterlichem Verstehen will der Evangelist hier aufmerksam machen.

Auch der Glaubende bleibt angefochten

Die kritische Frage Jesu: »Glaubt ihr jetzt?« und sein Hinweis auf das kommende Versagen der Jünger machen bewußt, daß die neugeschenkte Glaubenserkenntnis auch ihre Belastung und Bewährung kennt. Solange die Glaubenden in der Welt leben, ist ihr Glaube auch immer angefochten. Man »hat« ihn nicht ein für allemal wie einen sicheren Besitz (vgl. V. 33).

Der Abschluß der Rede mit der Zusage des Friedens und dem

Aufruf zum Mut – weil die durch Jesu Tod und Auferstehung besiegte Welt den Glaubenden letztlich nichts anhaben kann – erinnert an den Schluß der ersten Abschiedsrede (14,27 ff.). Er wirkt hier aber noch stärker gemeindebezogen, insofern er die harte Auseinandersetzung mit der Welt und die Bedrängnis der Gemeinde in der Welt unmittelbar anspricht. Dieser stärkere Gemeindebezug unterscheidet die zweite Abschiedsrede von der ersten. Darin kommt sehr deutlich die Absicht des Evangelisten zum Ausdruck, seiner Gemeinde Mut zu machen und ihren Glauben zu stärken.

V. Das Gebet des scheidenden Gesandten an den Vater (Kap. 17)

Es entspricht der Situation des Abschieds und auch dem Inhalt und Aufbau einer Abschiedsrede (bzw. der literarischen Gattung eines »Testaments«, vgl. S. 162), daß der Abschiednehmende im Angesicht des Todes seinen Blick noch einmal auf den richtet, zu dem er geht. So folgt auch bei Joh auf die Abschiedsreden ein Abschiedsgebet. Hauptinhalte eines Abschiedsgebets sind vor allem der *»Rechenschaftsbericht«* über die Erfüllung des Sendungsauftrags und die *Bitte für die Zurückbleibenden*, wobei die Sicherung der Kontinuität des Werks und die Bewahrung der Zurückbleibenden die wesentlichen Ziele sind. (Die seit dem 16. Jh. übliche Bezeichnung »Hohepriesterliches Gebet« ist sachlich ungenau und auch irreführend, da Jesus in diesem Gebet nicht als Hohepriester dargestellt ist. Zutreffender kann man es als das »Dank- und Bittgebet des scheidenden Gesandten an den Vater« kennzeichnen.)

1. Eine Zusammenfassung der joh Offenbarungstheologie

Man würde sich den Zugang zur »Botschaft« und Aussageabsicht dieses Gebets von vornherein versperren, wollte man in ihm ein vom irdischen Jesus wirklich so gesprochenes Gebet sehen. Dagegen spricht schon die typisch joh Sprache und Theologie. Es handelt sich vielmehr um eine *in Form eines Gebets gekleidete Zusammenfassung der theologisch-christologischen Leitgedanken* des Joh. In ihm kommen »das Verhältnis von Sendendem, Gesandtem, Sendungsauftrag und -ziel angesichts der Rückkehr des Gesandten nochmals zu einer letzten und grundlegenden Darstellung« (*J. Becker,* a.a.O., S. 510). Jesus übergibt in einer Art »Rechenschaftsbericht« sein nun vollendetes Werk dem Vater und bittet ihn zugleich, die Glaubenden nach seinem Fortgang zu bewahren. Das Gebet hat also vor allem *die zukünftige Situation der Gemeinde im Blick*, ganz besonders ihre Bewahrung. Sie ist daher auch der eigentliche Adressat.

Ein Gebet ist kein logisch gegliederter Vortrag. Dennoch weist Joh 17 einen *kunstvollen Aufbau* auf, dessen Gliederung allerdings unterschiedlich bestimmt wird. Vom Inhalt her kann man es (mit *J. Blank*) in vier Teile gliedern: 1. Verse 1–5: Zusammenfassender Rückblick mit der Bitte um Verherrlichung; 2. Verse 6–19: Bitte für die zurückbleibenden Jünger; 3. Verse 20–24: Bitte für die zukünftige Gemeinde; 4. Verse 25–26: Zusammenfassung und Abschluß. (Ein anderer Gliederungsvorschlag, der auch formale und gattungsgeschichtliche Kriterien berücksichtigt, findet sich bei *J. Becker*, a.a.O., S. 516.)

2. Rückblick und Grundbitte um Verherrlichung (17,1–5)

Wie die Abschiedsreden ist auch das abschließende Gebet »der Stunde Jesu« zugeordnet, von der schon öfter die Rede war (vgl. 7,30; 8,20; 12,23.27; 13,1). Sie ist der zeitliche und vor allem theologische Hintergrund des Gebets und bringt es in unübersehbare Beziehung zur Passion. Nach 12,23 und 13,31 f. ist das Hauptgeschehen dieser Stunde ja die Verherrlichung Jesu, die sich in der Stunde seines Sterbens vollzieht. Dementsprechend beginnt Jesus das Gebet mit der Grundbitte um seine Verherrlichung, mit der die Verherrlichung des Vaters unauflöslich verbunden ist.

Diese Bitte um gegenseitige Verherrlichung ist gleichsam eine zusammenfassende *Kurzformel für das gesamte Heilsgeschehen*, denn es ist die Bitte um die Vollendung dessen, was der Vater durch den Sohn – seinen Gesandten – und der Sohn im Namen (d. h. im Auftrag und in der Vollmacht) des Vaters gewirkt haben. Damit kommt auch die Auswirkung der Verherrlichung auf das Geschick der Glaubenden in den Blick.

Denn Verherrlichung ist nicht nur ein Geschehen, das ausschließlich den Vater und den Sohn beträfe. Sie ist ja unauflöslich mit der Erfüllung des Auftrags verbunden, allen das ewige Leben zu geben, das der Vater dem Sohn »gegeben« hat (vgl. 3,15; 5,24; 6,37–40; 10,10; 12,50). Dieses ewige Leben ist – so wird in einem späteren Zusatz erläutert – *die Erkenntnis des »einzigen wahren Gottes« und seines Gesandten Jesus Christus* (vgl. 20,31). Wie schon früher dargelegt, bedeutet »erkennen« nach biblischem Verständnis nicht nur ein verstandesmäßiges Wissen, sondern eine tiefe und einzigartige Lebensbeziehung (vgl. V. 24). Um diese neue, einzigartige Beziehung geht es also hier.

Rückblickend kann Jesus sagen, daß er den Vater während seines ganzen Lebens auf Erden verherrlicht hat, indem er das aufgetragene Werk der Lebensmitteilung erfüllt hat (vgl. 19,28.30). Da er also den Sendungsauftrag ausgeführt hat, kann er wieder zum Vater zurückkehren, der ihn gesandt hat. Dieses »Sein-beim-Vater«, wo der Sohn mit dem Vater ganz eins ist im Glanz der Lebens- und Liebeseinheit, ist letztlich die Herrlichkeit, um deren Wiedererlangung Jesus nun bittet. Im Unterschied zu anderen Deutungen, wie sie sich z. B. im Hymnus des Philipperbriefs finden (2,5–11), versteht Joh die Verherrlichung Jesu also nicht als göttlichen Lohn für seine freiwillige Erniedrigung und das vollbrachte Heilswerk. Verherrlichung ist bei ihm die Rückkehr in den göttlichen Bereich der Herrlichkeit, wo er vor der Menschwerdung und vor der Erschaffung der Welt war (vgl. 1,1f.18 u. S. 79f.).

3. Die Bitte für die zurückbleibenden Jünger (17,6–19)

Die folgenden Bitten sind gleichsam die Entfaltung der Eingangs- und Grundbitte um Verherrlichung, insofern diese das Geschick der Glaubenden betrifft. Jesus war nicht im eigenen Namen in die Welt gekommen, sondern als Gesandter des Vaters und mit dem Auftrag, der Welt das wahre, ewige Leben mitzuteilen. Der Zugang zu diesem Leben konnte sich darum aber nur dem eröffnen, der dieses Gesandtsein anerkannte und glaubte, daß Jesu Wort und Werk nicht das seine, sondern das des sendenden Vaters waren.

Daher war es Jesu erstes Ziel gewesen, den Menschen den Vater als den Sendenden und damit als den letzten Urheber des ganzen Heilsgeschehens bekannt zu machen. Indem er dies offenbarte, war er für alle Glaubenden »der Weg, die Wahrheit und das Leben« geworden und konnte man in ihm »den Vater sehen« (vgl. 14,6–11). Die Jünger sind jene, die das Gesandtsein Jesu und damit seinen Offenbareranspruch glaubend anerkannt und sich gleichsam auf den Weg gemacht haben, der auch sie dorthin bringen wird, wo Jesus ist: zum Vater (vgl. V. 24). Für sie allein bittet Jesus.

Ein exklusives Erwählungsbewußtsein

Es mag befremden, daß Jesus hier ausdrücklich nur für die Seinen bittet und die ungläubige Welt außerhalb der letzten Fürbitte Jesu bleibt. Die joh Gemeinde versteht sich als eine durch Gottes freie Wahl aus der übrigen Menschheit ausgewählte Gruppe, an der sich verwirklicht hat, was Gott von Ewigkeit eigentlich für alle wollte (vgl. 3,16). Die scharfe Trennung zwischen Erwählten und Nicht-erwählten, zwischen denen drinnen und den anderen draußen läßt sich nur aus der geschichtlichen Situation einer kleinen bedrängten Gruppe erklären, die inmitten einer feindlichen Umwelt lebt. Nicht theologische Spekulationen, sondern konkrete Erfahrungen stehen also hinter diesem ausgeprägten Erwählungsbewußtsein. Für uns ist sie so nicht mehr nachvollziehbar.

Damit sie eins seien

Jesus ist in den Glaubenden verherrlicht, weil sie als die zum Leben Gekommenen das sichtbare Zeichen des erfüllten Auftrags sind. An ihnen wird man immer erkennen können, was Jesus im Auftrag des Vaters gewirkt hat – und das wird zu seiner Verherrlichung dienen.

Da Jesus nun fortgeht, empfiehlt er sie dem Vater, damit *er* sie von nun an bewahre. Sie sind ja letztlich Eigentum des Vaters. Er hat sie Jesus gegeben, damit er ihnen das Leben schenke. Nun, nach Erfüllung dieses Auftrags, kann er sie dem Vater wieder zurückgeben, damit er sie als Glaubende und Lebende bewahre. Eigentliches Kennzeichen des empfangenen neuen Lebens ist die Einheit der Glaubenden untereinander, die aber grundgelegt und umfangen ist von dem Urbild aller Einheit: der Einheit des Vaters mit dem Sohn. Diese Einheit ist das letzte Ziel des ganzen Offenbarungswirkens Jesu. Darum bittet er in der Stunde des Abschieds ausdrücklich um die Bewahrung dieser Einheit. Uneins-sein wäre Verneinung und Zerstörung des neuen Lebens und geradezu ein Zeichen dafür, daß Jesus das Ziel seines Kommens nicht erreicht hätte.

Das Wissen um die Bewahrung in der Welt und um das Auserwähltsein für die Teilnahme an der Herrlichkeit Jesu schenkt den Glaubenden auch Anteil an der vollkommenen *Freude* Jesu (vgl. 15,11; 16,20–24). Diese Freude Jesu – nicht ihre eigene! – wird in ihnen sein trotz der Anfeindungen durch die Welt, von der in der zweiten Abschiedsrede ausführlich die Rede war (15,18 – 16,4). Die Welt liebt ihresgleichen und haßt das ihr Fremde. So hat sie Jesus gehaßt, und so wird sie auch die hassen, die wie Jesus leben, weil sie nicht »aus der Welt«, sondern »aus Gott« sind, d. h. ihr Wesen und Handeln nicht vom Geist der Welt bestimmt wird, sondern vom Geist Jesu. Daher kommt die Gemeinde der Glaubenden mit der Welt in Konflikt. Sie wird nicht in einer »heilen Welt«, in einem Schonbezirk des Friedens leben. Ihr Glaube wird sich immer wieder in den Widerwärtigkeiten der Welt bewähren müssen und dort für alle zum Zeugnis für den Verherrlichten werden. Damit setzen die Glaubenden das Werk Jesu fort. Die Voraussetzung dafür ist aber, daß sie selbst »vor dem Bösen bewahrt bleiben und geheiligt«, d. h. verwandelt und von der Welt ausgesondert sind. Nur so werden sie dem Bösen widerstehen können, das sich vor allem in der Bedrohung des Glaubens zeigt.

Die Wahrheit, durch die sie »geheiligt« werden, ist Jesu Offenbarungswort, in dem sich Gott selbst mitteilt und das sie zu einem neuen Leben befreit (vgl. 8,31 f.). Durch dieses Wort sind sie dem einzigen »Heiligen Vater« wesensverwandt geworden, seine freien Söhne (vgl. 8,35). Durch die Wahrheit, das Wort Jesu, der das Wort des Vaters ist, haben sie ja Macht empfangen, »Kinder Gottes« zu werden (1,12 f.). So ist das *Wort Jesu der Grund ihres Glaubens und bleibende Existenzgrundlage der Gemeinde.* Doch ist dieses Wort nicht der einzige Grund. Zum Werk der Heiligung gehört als Voraussetzung untrennbar auch der *Heilstod Jesu* für die Seinen. Auf ihn spielt Jesus hier an, wenn er sagt: »Und ich heilige mich für sie« (vgl. 10,14).

4. Die Bitte für die zukünftige Gemeinde (17,20–24)

Mit Vers 20 öffnet sich der Blick des Beters direkt auf die zukünftigen Generationen der Glaubenden (die ja auch im Vorhergehenden schon immer mitgemeint waren). Jesu Bitte für sie ist ganz von dem Gedanken der *Einheit* bestimmt. Es geht hier aber noch nicht um die Einheit getrennter Christen (wie im späteren 1 Joh), sondern – wie schon in Vers 11 – um die im Vater und Sohn gegründete Einheit der Glaubenden überhaupt, die zugleich Zeichen ihrer Einheit mit dem Vater und dem Sohn ist. Diese Einheit ist zuerst *Gottes Gabe,* nicht Leistung der Menschen, und sie ist zuerst eine geistliche Wirklichkeit, nicht eine institutionelle oder organisatorische Einheit, wenn sie darin auch ihren sichtbaren Ausdruck findet. Diese Einheit der Glaubenden soll *für die Welt ein Motiv des Glaubens an Jesus als den Gesandten des Vaters* sein. »Die Welt« ist also auch für Joh nicht ganz abgeschrieben! Vor allem soll die Welt an dieser Einheit auch die wirksame Liebe Gottes erkennen. Eindringlicher kann die Verantwortung der Glaubenden für die Welt kaum ausgedrückt werden. Wenn »die Welt« nicht glaubt, muß die Schuld nicht allein bei ihr liegen. Es kann auch an der Uneinigkeit der Christen liegen!

Wenn der joh Jesus hier so eindringlich um die Einheit der Glaubenden betet, ist allerdings auch zu schließen, daß diese bereits in Gefahr war. Einheit war – wie z. B. die Paulusbriefe und die Apostelgeschichte zeigen – von Anfang an eine immer neu zu verwirklichende Aufgabe.

Neben der Bitte um Einheit erscheint nun auch die Bitte um das *Schauen der Herrlichkeit Jesu* durch die Glaubenden. Dieses »Schauen der Herrlichkeit« ist hier offensichtlich der zusammenfassende Ausdruck für alles, was die Glaubenden empfangen haben und noch empfangen werden. Es ist gleichbedeutend mit dem durch die Offenbarung geschenkten neuen Leben in der Liebeseinheit mit dem Vater und dem Sohn. Die Glaubenden haben diese Herrlichkeit Jesu bereits auf Erden geschaut, wie sie ja auch das neue Leben bereits besitzen (vgl. 1,10.14.18). Beides wird aber noch seine Vollendung finden, wenn die Glaubenden dort sein werden, wo Jesus ist: in der Herrlichkeit des Vaters (vgl. 1 Joh 3,2).

Ausblick auf die Vollendung

Die Verse 25 f. fassen noch einmal alle wesentlichen Anliegen des Gebets zusammen und schließen mit deutlicher Anlehnung an den Beginn den Gedankengang ab. Der Verherrlichte wird das Offenbarungswerk des Irdischen, dessen Ziel es war, den Vater zu offenbaren und so die vollkommene Einheit in der Liebe zwischen den Glaubenden, dem Vater und dem Sohn zu verwirklichen, weiterführen und vollenden. Die Gemeinde der Glaubenden und Liebenden bleibt daher der Ort, wo die göttliche Herrlichkeit Jesu auch weiterhin in der Welt geschaut werden kann. Immer wieder wird sie dankbar vor der Welt bekennen können: »Wir haben seine Herrlichkeit gesehen, die Herrlichkeit des einzigen Sohnes vom Vater, voll Gnade und Wahrheit« (1,14).

Das Schauen der Herrlichkeit Jesu war nicht nur ein Privileg der Augenzeugen des Wirkens Jesu, eine vergangene Möglichkeit. Joh will ja gerade zeigen (besonders in den Abschiedsreden), wie auch seine und alle nachfolgenden Generationen mit Jesus in unmittelbaren Kontakt treten können. Das ist möglich, weil der Auferstandene und Verherrlichte durch den Geist in der Gemeinde wirkend gegenwärtig ist.

Die Aussagen des Joh vom »Fortgehen« und »Wiederkommen« Jesu und auch vom Heimholen der Glaubenden, damit sie dort seien, wo der Verherrlichte ist, dürfen nicht als »Ortsveränderungen« mißverstanden werden, die dann auch einen zeitlichen Ablauf voraussetzen. Die räumlichen und zeitlichen Vorstellungen sind menschliche »Hilfskonstruktionen«, unzulängliche aber notwendige Versuche, das im Grunde Unsagbare und Unvorstellbare sagbar zu machen.

Das »Dort-sein-wo-Jesus-ist« ist eine *geistliche Wirklichkeit in dieser Welt*, genauer: *in den Glaubenden*. Es bezeichnet die durch den Geist ermöglichte und gewirkte geheimnisvolle Einheit der Glaubenden mit dem dreieinigen Gott. »Dadurch, daß Jesus in den Jüngern und der Vater in Jesus ist, wird die Jüngergemeinde ganz mit dem Wesen Gottes erfüllt und so in sich zusammengefügt und zusammengehalten« (*R. Schnackenburg*, Das Johannesevangelium, III. Teil, S. 220). Den gleichen Gedanken kann Joh auch »in umgekehrter Blickweise« zum Ausdruck bringen: Weil die Jünger in Jesus sind und Jesus im Vater, sind sie ganz hineingenommen in und umfangen von Gottes Leben, das vollkommene Liebeseinheit ist (vgl. 10,38; 14,10f.20.23; 15,4f.). Diese Umkehrbarkeit der Bilder zeigt deutlich ihre Hilfsfunktion.

Mit dem Ende des Abschiedgebets des scheidenden Gesandten an den Vater ist auch jener Punkt erreicht, an dem der Evangelist mit dem Bericht vom Leiden Jesu, das für Jesus die Rückkehr in die Herrlichkeit beim Vater bedeutet, beginnen kann. Der Leser weiß nun, wer dieser ist, der in den Tod geht, und welchen Sinn das Sterben für ihn und seine Gemeinde hat.

VI. Jesu Leiden und seine Erhöhung am Kreuz (Kap. 18 – 19)

1. Einführung: Die Eigenart des joh Passionsberichts

Der Bericht vom Leiden und Sterben Jesu gehört – zusammen mit der Auferstehungsbotschaft – zu den ältesten Überlieferungen in den Evangelien. Er bildet geradezu den Grundstock der späteren Evangelien, so daß man z. B. das älteste (Mk) eine »Passionsgeschichte mit ausführlicher Einleitung« genannt hat. Das ist verständlich. Der frühzeitige, gewaltsame und schmachvolle Tod Jesu am Kreuz war ein zu einschneidendes und auch öffentlich bekanntes Ereignis, als daß man davon hätte schweigen können. Vor allem aber bedeutete er für die Jünger zunächst das unbegreifliche und katastrophale Ende aller ihrer (messianischen) Hoffnungen. Der Tod Jesu stellte sie vor die existentielle Frage nach dem Sinn dieses Sterbens und damit nach dem Grund ihres Glaubens. Wie konnte das geschehen und warum? Warum haben sich die beteiligten Personen – sie selber einbegriffen – so verhalten?

Auf diese Fragen versuchen die Evangelisten schon in ihrer Darstellung des Lebens und Wirkens Jesu vor der Passion eine Antwort zu geben. Joh hat sie – wie gezeigt wurde – vor allem in den Abschiedsreden aufgegriffen. Das schließt jedoch nicht aus, daß sie bei ihm auch in der Leidensgeschichte stets gegenwärtig sind.

Man würde die Passionserzählung daher gründlich mißverstehen, wollte man sie als nackten Tatsachenbericht nehmen. Sie ist vielmehr immer auch *theologische Deutung* der Fakten, der Personen und ihres Handelns. Dabei erhalten sie oft eine das Individuelle überschreitende beispielhafte Bedeutung, sei es im Negativen oder Positiven (z. B. die Gestalt des Judas oder des Petrus).

Der zunächst sicher nur kurze Bericht vom Leiden und Sterben Jesu ist im Laufe des Überlieferungsprozesses erheblich erweitert worden. Jeder Evangelist hat ihm schließlich auch seinen ganz besonderen Stempel aufgeprägt, wobei er sich vor allem auch von der konkreten Situation seiner Hörer-Gemeinden bestimmen ließ. Sie sollten aus der Leidensgeschichte Jesu Impulse und Orientierung für ihr alltägliches Leben als Christen erhalten.

Zweifellos geht auch der jetzige Passionsbericht des vierten Evangelisten auf *älteste Überlieferung* zurück. Aber er hat diese vorjohanneische Überlieferung – wie es auch sonst seine Art ist – wiederum *sehr eigenwillig gestaltet und sie der Gesamtkonzeption seines Evangeliums angeglichen.* So verwundert es nicht, daß seine Darstellung oft erheblich von den anderen abweicht. (Möglicherweise verfügte er auch über Sonderüberlieferungen, die den anderen nicht bekannt waren.) Außerdem ist daran zu erinnern, daß er bereits in den Abschiedsreden eine umfassende eigene theologische Deutung des Todes Jesu gegeben hat. Diesen »Deuteschlüssel« darf man beim Lesen der joh Passion nie vergessen.

Dieser Deutung in den Abschiedsreden entsprechend, versteht Joh die Passion konsequent als Jesu *Weg zu seiner Erhöhung und Verherrlichung.* Das Leiden Jesu ist bei ihm daher kein Erleiden tiefster Erniedrigung. Vielmehr geht der joh Jesus nicht nur völlig *freiwillig und wissend* in den Tod (vgl. schon 10,17 ff. u. 13,1), er ist auch während der ganzen Passion der *souveräne Herr des Geschehens.* Mit dieser Sicht verbindet sich ein anderes beherrschendes Motiv der joh Passionsgeschichte: *das Königtum Jesu.* Zwar begegnet dies schon bei den anderen Evangelisten (vgl. Mk 15,2.9.12 parr), aber erst Joh hat es zum zentralen Motiv seiner Passionsdarstellung – besonders in der ebenfalls erst von ihm in den Mittelpunkt gerückten Verhandlung vor Pilatus – ausgebaut. (Auf wichtige Unterschiede zu den Synoptikern wird im folgenden jeweils hingewiesen.)

2. Die Verhaftung (18,1–12)

Schon die erste Szene, die Verhaftung Jesu, ist ganz von der Absicht des Evangelisten bestimmt, Jesus als den souveränen Herrn der Lage erscheinen zu lassen. Da er bereits in 12,23 ff. von Jesu Ja zu der Stunde des Leidens berichtet hat, kann er das Gebetsringen in Getsemani, das bei den Synoptikern der Verhaftung unmittelbar vorausgeht, hier unerwähnt lassen (vgl. Mk 14,32–42).

Um so deutlicher stellt er die *Initiative Jesu* heraus. Jesus muß nicht durch den Judaskuß identifiziert werden, weil er selber dem von Judas angeführten Trupp aus römischen Soldaten und Gerichtsdienern der Hohenpriester und Pharisäer im vollen Wissen des Kommenden entgegengeht. Vor seinem hoheitsvollen »*Ich-bin* (es)« fallen die, die ihn ergreifen wollen, zu Boden. Vor dem äußerlich Machtlosen weichen die Machthaber zurück. Keine Macht kann ihm etwas anhaben, wenn er es nicht will.

Mit der gleichen Souveränität tritt er für den Schutz der Jünger ein und erweist sich darin als der wahre gute Hirt, der sein Leben hingibt, um das seiner Schafe zu retten (vgl. 10,11.15.28). Die Begründung der Weisung an Petrus, das Schwert einzustecken, offenbart den letzten Beweggrund seines Verhaltens: Es ist der *Wille des Vaters,* der ihm diesen Leidensbecher zu trinken gibt. Das Wort zeigt im übrigen die Nähe zur synoptischen Getsemani-Szene (vgl. Mk 14,36; ferner Mk 10,38).

3. Die Befragung durch Hannas und die Verleugnung des Petrus (18,13–27)

Jesus wird nun nicht wie bei den Synoptikern zum Verhör vor dem Hohenpriester Kajaphas geführt, sondern zu dessen immer noch einflußreichen Schwiegervater und ehemaligen Hohenpriester Hannas (von 6–15 n. Chr.). Hier findet aber kein regelrechtes Verhör statt, sondern Hannas befragt Jesus ganz allgemein »über *seine Jünger* und *seine Lehre*«. Es kommt daher nicht zu dem feierlichen Messiasbekenntnis Jesu vor dem amtierenden Hohenpriester, von dem die Synoptiker berichten (Mk 14,61 f. parr). Joh spart sich die Konfrontation mit »den Juden« für die Verhandlung vor Pilatus auf. Außerdem redet Jesus nach 12,37 ff. nicht mehr direkt und öffentlich zu »den Juden«.

Was seine Lehre betrifft, so ist sie im übrigen öffentlich bekannt und für jeden zugänglich. Gerade diese Öffentlichkeit des »Lehrens« Jesu hat Joh in den ersten elf Kapiteln seines Evangeliums deutlich herausgestellt. Da es dabei schon immer um den einzigartigen Vollmachtsanspruch Jesu ging, glaubte der Evangelist vielleicht auch deshalb auf ein nochmaliges feierliches Bekenntnis vor der jüdischen Behörde verzichten zu können. Die Bemerkung, daß Hannas Jesus ausdrücklich »über seine Jünger« befragt habe, hat vielleicht auch die aktuelle Situation der Joh Gemeinde im Blick. Gemeindemitglieder werden durch jüdische Behörden verdächtigt,

Verhören unterworfen und verfolgt (vgl. zu Kap. 9 und 15,18 – 16,4).

Das »Verhör« vor Hannas ist durch den Bericht von der *Verleugnung des Petrus* kunstvoll »eingerahmt« (vgl. dagegen Mk 14,53–72). Dadurch entsteht eine Gleichzeitigkeit der Situation. Während Jesus furchtlos vor der Anklagebehörde steht, verleugnet ihn sein Jünger.

Die Szene unterscheidet sich auch sonst in manchen Einzelheiten von den Parallelberichten der Synoptiker. Bei Joh wird Petrus zuerst von einer Türhüterin, dann auch von den Dienern des Hohenpriesters, ausdrücklich auf seine Jüngerschaft hin angesprochen. Einer von ihnen war sogar bei der Gefangennahme dabei und identifiziert Petrus als den, der dem Knecht Malchus das Ohr abgehauen hatte. Der Jünger, der seinem Herrn bis in den Tod nachfolgen wollte und in seiner Nähe sein will, verleugnet ihn aus Menschenfurcht. So kann und wird es immer wieder Nachfolgewilligen ergehen. – Sehr diskret erinnert Joh mit dem Hinweis auf den Hahnenschrei an Jesu Vorhersage in 13,37f. Die Reue des Petrus erwähnt er ebensowenig wie vorher dessen Selbstverwünschung (vgl. Mk 14,71f.).

4. Jesus vor Pilatus (18,28 – 19,16a)

In dem äußeren Prozeß vor Pilatus erreicht der theologische Prozeß – die Auseinandersetzung Jesu mit »der Welt« – seinen öffentlich sichtbaren Ausdruck und seinen abschließenden dramatischen Höhepunkt. Während bei den Synoptikern das messianische Selbstbekenntnis Jesu beim Verhör durch den Hohenpriester mit dem folgenden Todesurteil den Höhepunkt des Prozesses bildet (Mk 14,60–64), *liegt bei Joh aller Nachdruck auf der Gerichtsverhandlung vor Pilatus.* Bei ihm ist der römische Statthalter und Richter (von 26–36 n. Chr. Präfekt von Judäa) nicht das nur ausführende Organ der jüdischen Behörden wie in der Darstellung der anderen Evangelisten, sondern die richterliche Instanz, von deren Entscheidung der Ausgang des Prozesses abhängt, den er in Eigenregie führt. Allerdings zeigt Joh auch deutlich die Grenzen seiner Macht auf. Beide Parteien – die jüdischen Behörden und Pilatus – sind nämlich nicht frei, sondern müssen ständig in einer unfreiwilligen, zwanghaften Abhängigkeit voneinander agieren. Insgeheim führen sie einen verbissenen Kampf gegeneinander: die Juden, weil sie Jesus unbedingt vernichten wollen, Pilatus, weil er Jesus freihaben will, allerdings nicht um Jesu selbst willen oder wegen seines Gerechtigkeitssinnes, sondern weil dieser Prozeß ihm die Möglichkeit gibt, die Juden zu demütigen. (Solche Gelegenheiten ließ Pilatus sich auch sonst nicht entgehen, denn die Beziehungen zwischen ihm und den Juden waren alles andere als gut.)

Äußerlich gesehen steht Jesus als passives Opfer zwischen diesen Gegnern. Aber in Wirklichkeit – so zeigt Joh durch eine bewundernswerte Erzählkunst – ist Jesus auch hier der eigentliche Herr der Lage, der sich durch nichts einschüchtern läßt und letztlich alles in der Hand hält (vgl. 19,10f. und 13,2). Man hat in diesem Zusammenhang mit Recht von einem Prozeß »*mit vertauschten Rollen*« gesprochen *(J. Blank)*. Die Ankläger und Richter Jesu sind in Wahrheit (auf der theologischen Ebene) die Angeklagten und Gerichteten, der angeklagte Jesus dagegen der Richter und souveräne Herr, der Zeuge der Wahrheit, auch wenn er schweigt. Ihn trägt die Gewißheit, daß dieser Prozeß mit seiner Erhöhung und Verherrlichung enden wird. Daran vermögen seine Gegner nichts zu ändern. Ohne es zu wissen, sind sie freiwillig-unfreiwillige Werkzeuge des göttlichen Willens und betreiben ungewollt die »Erhöhung des Menschensohnes« (vgl. 8,28; 12,32).

Eine johanneische Regie

In aller Öffentlichkeit läßt Joh die beteiligten Personen gleichsam wie Akteure auf einer Bühne zusammen auftreten. Jeder ist als Zeuge eingeladen. Das »Stück« läuft in *sieben dramatischen, rasch wechselnden Szenen* ab (vgl. den Überblick bei *J. Becker*, a.a.O., S. 557). Besonders auffallend ist das ständige Hin und Her des Pilatus zwischen drinnen und draußen, zwischen Jesus und den Juden. Seine innere Unentschiedenheit könnte kaum besser zum Ausdruck gebracht werden. Obwohl er Jesus dreimal für unschuldig erklärt (18,38; 19,4.6), muß er schließlich doch der hartnäckigen Forderung »der Juden« nachgeben, Jesus zu verurteilen.

Diese wiederum kommen nur unter der Bedingung zum Ziel, daß sie ihre eigenen (messianischen) religiös-politischen Überzeugungen verleugnen und sich ausdrücklich zu Untertanen des römischen Kaisers erklären (19,15). Am Ende haben alle ihr Gesicht verloren. Nur Jesus steht in furchtloser Hoheit als Zeuge der Wahrheit zu seinem Auftrag und zu sich selbst.

(Möglicherweise steht hinter der joh Darstellung sogar das Schema der orientalischen Königsinthronisation, die sich in vier Stufen vollzog: Proklamation [hier 18,33–38], Inthronisation [19,1–3], Präsentation [19,4–7] und Akklamation [Kreuzigungsruf 19,6]. Dieses Verständnis würde jedenfalls der Bedeutung des Königsmotivs in der joh Passionsgeschichte entsprechen.)

Solche Sicht eröffnet sich allerdings nur dem gläubigen Blick. Auf der oberflächlichen Ebene der feststellbaren Tatsachen erscheint dagegen alles anders. Aber das Joh will immer mit einer »doppelten Optik« gelesen werden, weil es selbst aus der Sicht des Glaubens geschrieben ist. Das gilt auch und vielleicht ganz besonders für die joh Passionsgeschichte.

Als »Übeltäter« angeklagt

Die *erste Szene* (18,28–32) spielt *draußen* vor dem Prätorium, dem Wohnsitz des römischen Präfekten, wenn er sich in Jerusalem aufhielt. (Der Prozeß fand also wahrscheinlich nicht in der Burg Antonia statt, sondern in dem höher nordwestlich gelegenen Palast des Herodes.) Diejenigen, die dabei sind, das wahre Paschalamm dem Tod auszuliefern (vgl. 19,36), halten sich strikt an das Reinheitsgesetz und betreten daher nicht den heidnischen Ort, der als unrein galt. Der Hinweis auf das Paschamahl macht im übrigen darauf aufmerksam, daß der Prozeß am Vormittag des Rüsttages, d. h. des Tages, an dem abends das Paschafest begann, durchgeführt wurde (vgl. 19,31; anders die Synoptiker, nach deren Chronologie Jesus am Paschafest selbst hingerichtet wird, da Jesus mit den Jüngern ja noch das Paschamahl hält; vgl. Mk 14,12 parr). Die Anklage der Gegner bleibt zunächst ganz unbestimmt: Jesus wird als *»ein Übeltäter«* vorgeführt. »Die Juden« verbergen also zunächst bewußt den eigentlichen Grund der Auslieferung, nämlich Jesu Offenbareranspruch, der nach ihrer Meinung den im Gesetz genannten Tatbestand der Gotteslästerung erfüllt. Auf diesen Tatbestand stand die Todesstrafe (vgl. 19,7 u. Lev 24,16; zum Anspruch Jesu vgl. 5,18; 8,58f.; 10,30–36).

Aber allein die Tatsache, daß sie Jesus vor Pilatus bringen, impliziert bereits ihre Absicht, ihn unbedingt dem Tod auszuliefern. Für sie stand ja schon seit langem fest, daß Jesus sterben müsse (vgl. 11,47–53). Doch dazu brauchen sie die Mithilfe des römischen Statthalters, denn die Juden hatten damals nicht das Recht, ein Todesurteil zu vollstrecken. Das hatten sich seit 6 n. Chr. die Römer reserviert. (Die Steinigung des Stephanus spricht nicht dagegen, da es sich um eine spontane Lynchaktion handelte.) Pilatus weiß das natürlich und kostet die Gelegenheit aus, die Juden zu demütigen, indem er »den Fall Jesus« an sie zurückgeben will.

Mit der Abweisung dieses Versuchs durch die Juden kommt fast notwendig schon das Kreuz in Sicht. Denn falls Jesus durch die Römer hingerichtet werden sollte, kam nur die Kreuzigung in Frage (von den Juden wäre Jesus gesteinigt worden; vgl. den wiederholten Versuch 8,59; 10,31f.). So sollte sich Jesu Wort erfüllen, daß er »von der Erde erhöht« werden wird (vgl. 12,33ff.; 3,14; 8,28). Mit der »Erhöhung« Jesu, nicht mit seinem Tod, wird dieser Prozeß enden!

Ein König besonderer Art

Die *zweite Szene* (18,33–38a) spielt sich *innerhalb* des Prätoriums ab, wo es zur ersten direkten Begegnung zwischen Jesus und Pilatus kommt. »Die Juden« bleiben draußen, d. h. auch außerhalb dessen, was jetzt geschieht. An sie richtet sich kein Offenbarungswort mehr, denn Jesu Antworten an Pilatus sind Offenbarungsworte, Bekenntnis und Zeugnis.

Die Juden hatten Jesus als politischen Rebellen, als falschen Messiasprätendenten hinstellen wollen, der Roms Rechte in Palästina bedrohe. Daher die Frage des Pilatus, ob Jesus »*der König der Juden*« sei. So konnte nur ein Heide formulieren, denn ein Jude würde vom »König Israels« sprechen (vgl. 1,49). Damit ist das beherrschende Thema der Verhandlung durch Pilatus genannt: das *Königtum Jesu* (vgl. noch 19,14f.19).

Jesus kann auf die Frage nicht mit einem bloßen Ja antworten, da es in dieser Situation äußerst mißverständlich wäre. Er ist in Wahrheit ein König, aber in einem »unweltlichen« Sinn, den Pilatus nicht verstehen kann. Sein Königtum und sein Königreich haben mit den weltlichen Königsvorstellungen nichts gemeinsam. In seinem Reich gelten andere Maßstäbe als in den weltlichen Reichen, nicht die Gesetze der Macht, der Gewalt, der Herrschaft und Unterdrückung (vgl. Mk 10,42.f.; Lk 22,24–26; Joh 13,13–17). Jesus ist daher nicht gekommen, um durch weltliche Machtmittel eine Herrschaft aufzurichten (vgl. 6,15). Seine Vollmacht ist göttlichen Ursprungs, und der Sinn seines Lebens auf Erden und das Ziel seines Kommens ist es, *»für die Wahrheit Zeugnis abzulegen«*, indem er Gottes Gegenwart in der Welt als die Macht der vergebenden Liebe offenbart.

Das bedeutet andererseits aber nicht, daß sein »Reich« ein rein innerliches wäre und mit dieser Welt gar nichts zu tun hätte. Jesu Kommen und Wirken hat ja die Verwandlung dieser Welt und ihrer Machtstrukturen zum Ziel, ein Ziel, das nach dem Fortgang Jesu in die Verantwortung seiner Gemeinde gegeben ist, die es in der Kraft und mit dem Beistand des »Geistes der Wahrheit« verwirklichen soll. Daher muß gerade sie darauf achten, allen Versuchungen zu widerstehen, selber dem »Geist dieser Welt« zu verfallen. Jede Form von Herrschaft unter den Glaubenden selbst oder über andere widerspräche dem Geist ihres Königs, dessen Reich *nicht »von dieser Welt«* ist.

Das kann allerdings nur der erfassen, der selbst »aus der Wahrheit« ist, seinen letzten Ursprung in Gott hat (vgl. 8,42–47). Pilatus hat dazu begreiflicherweise keinen Zugang. Er versteht ebensowenig wie vor ihm Nikodemus. Wie dort begegnen sich hier zwei in ihrem ganzen Wesen verschiedene Welten (vgl. S. 40f.). Daher geht dieser Dialog mit der Frage des Ungläubigen aus: *»Was ist Wahrheit?«* Pilatus stellt sie kaum aus einem philosophischen oder theologischen Interesse als einer, der ernsthaft von der Frage nach der Wahrheit umgetrieben wird. Seine Frage ist eher Zeichen dafür, daß es zwischen ihm und Jesus, zwischen der Welt und dem Offenbarer, keine Kommunikation gibt, denn was Wahrheit ist, hat der joh Jesus ständig vor der Welt bezeugt und eben auch vor Pilatus (vgl. bes. 8,30–59). Von nun an schweigt Jesus daher über sich und seinen Auftrag auch gegenüber Pilatus.

»Nicht diesen, sondern Barabbas«

In der anschließenden, bei Joh sehr verkürzten *dritten Szene* (18,38b–40) wendet Pilatus sich wieder den Juden *draußen* zu. Vor ihnen erklärt er öffentlich Jesu Unschuld. Im Unterschied zur Darstellung bei den Synoptikern (vgl. Mk 15,1–15 parr) verweist bei Joh Pilatus selbst auf die Möglichkeit einer Amnestie für Gefangene aus Anlaß des Paschafestes. Er will Jesus unbedingt freihaben, baut den Juden mit seinem Vorschlag aber auch eine Brücke. Doch diese wollen Jesu Tod und entscheiden sich – was Pilatus eigentlich hätte voraussehen können – für Barabbas, der wahrscheinlich ein jüdischer Freiheitskämpfer war (vgl. Mk 15,27). Dem fälschlich als politischen Aufwiegler angeklagten Jesus wird ein wirklicher politischer Freischärler vorgezogen. Obwohl er von Jesu Unschuld überzeugt ist, wagt Pilatus es daraufhin nicht, Jesus freizulassen. Vielmehr muß er dem Drängen der Gegner nachgeben und einen politisch gefährlichen Mann aus dem Gefängnis entlassen. Der Vertreter der größten Macht wirkt machtlos, unentschieden und geradezu lächerlich.

Die Huldigung des Königs

Nach dem mißglückten Versuch, Jesus freizubekommen, greift Pilatus (in der *vierten Szene,* 19,1–3) zu einem anderen Mittel. Vielleicht kann er Jesu Freilassung, von dessen politischer Ungefährlichkeit er längst überzeugt ist, dadurch erreichen, daß er diesen »König« lächerlich macht und zugleich auch an das Mitleid der Ankläger appelliert. So läßt er Jesus auspeitschen.

Die *Geißelungs- und Verspottungsszene* ist wieder ganz vom Königsmotiv bestimmt, und die »vertauschten Rollen« werden hier mit aller Deutlichkeit sichtbar. »Jesus wird als König investiert und inthronisiert, um die erste Huldigung entgegenzunehmen« (*J. Blank,* a.a.O., S. 89). Die Zeichen seiner Königswürde, die Dornenkrone und der Purpurmantel, sprechen für sich. Es sind die Insignien des Königs, dessen Reich »nicht von dieser Welt« ist. So geht »die Welt« mit ihrem wahren König um! In der joh Anordnung, die wiederum von der bei den Synoptikern abweicht, bildet diese zur Königsinthronisation ausgebaute Verspottungsszene den *Höhepunkt* des Prozesses vor Pilatus und der joh Passionsgeschichte.

»Wir haben ein Gesetz...«

Die folgende *fünfte Szene* (19,4–7) steht nach der hintergründigen Absicht des Evangelisten in engem Zusammenhang mit der vorhergehenden. Der inthronisierte und mit den Zeichen seiner Königswürde bekleidete Jesus wird den draußen wartenden Juden mit den Worten: »Siehe, der Mensch« (»Ecce homo«), vorgeführt. Entsprechend dem Königsritual müßte jetzt die erste Huldigung (Akklamation) durch das Volk stattfinden. Doch wer kann in diesem geschundenen Menschen einen König erkennen? Ganz gewiß nicht die von Haß und Tötungsabsichten verblendeten Ankläger Jesu. So verwandelt sich der Huldigungsruf in einen Todesruf.

Ein zweites Mal hatte Pilatus Jesus feierlich für unschuldig erklärt (V. 4). Doch weder diese Erklärung noch das Bild des leidenden Jesus kann »die Hohenpriester und die Diener« davon abhalten, mit dem Ruf »Kreuzige! Kreuzige!« Jesu Tod zu fordern. Sie wissen nicht, daß sie in diesem gemarterten Menschen ihren wahren König, den »Menschensohn« und Weltenrichter ablehnen und dem Tod preisgeben.

In ihrer Begründung, die auf die dritte Unschuldserklärung des Pilatus folgt, decken sie ihre wahren Motive und den eigentlichen Grund ihres tödlichen Hasses gegen Jesus auf: Es ist Jesu Anspruch, Gottes Sohn zu sein (vgl. 5,18; 8,58; 10,33). Die nach ihrem Urteil offenkundige Unvereinbarkeit dieses Anspruchs mit ihrem Gesetz (vgl. Lev 24,16) war von Anfang an die Triebfeder ihres Handelns und der Grund, warum sie ihn vor Pilatus anklagten, damit er das Todesurteil spreche. Obwohl Jesus also juristisch als politischer Messiasprätendent angeklagt und zum Tode verurteilt wurde, *starb er wegen seines christologischen Anspruchs* durch das Betreiben der jüdischen Autoritäten, genauer: der sadduzäischen Adelspartei, die Hüter des Tempelkultes war. Die politische Anklage war nur ein Vorwand und sollte dazu dienen, Pilatus als Vollzugsgehilfen bei der Durchführung ihrer Tötungsabsicht einzuspannen. Diese Zusammenhänge will Joh mit seiner Darstellung aufdecken.

Ungewollt bestätigen die Ankläger mit ihrem Hinweis auf das Gesetz im übrigen Jesu eigene Deutung seines Königtums: es ist kein weltlich-politisches. Letztlich geht es daher in diesem Prozeß um *grundsätzliche theologische Fragen,* nicht um politische. Das Selbstverständnis der jüdischen Ankläger, ihre Sicht von Gesetz und Offenbarung, letztlich ihr Gottesbild stehen auf dem Spiel. Ein geradezu tragischer Widerspruch wird hier offenbar: Das Gesetz Gottes, des Vaters Jesu, das er als Weg zum Leben gegeben hat und das nach Paulus auf Jesu Kommen vorbereiten sollte (vgl. Gal 3,23 f.; Röm 10,4), wird zum Vorwand und Anlaß seines Todes.

Pilatus bürdet nun den Anklägern Jesu – nach drei vergeblichen Versuchen, Jesus freizubekommen – die ganze Verantwortung an seinem Tod auf, nicht ohne »die Juden« noch einmal zu demütigen und sich zu rächen. Denn die Aufforderung: »Nehmt ihr ihn, und kreuzigt ihn«, kann ja nicht ernstgemeint sein. Der Römer weiß ja, daß sie dazu keine Vollmacht haben. Wenn sie Jesus töten wollen, sind sie – ob sie es wollen oder nicht – auf seine Mitwirkung angewiesen. Daher trifft ihn auch eine nicht zu leugnende Mitschuld am Kreuzestod Jesu.

Die Angst eines Machthabers

Das hartnäckige Bestehen auf der Tötungsforderung löst bei Pilatus aber immerhin eine vielleicht noch unbestimmte Furcht aus. Wer weiß, wozu diese religiösen Fanatiker noch fähig sind! So nimmt er ein neues Verhör Jesu vor, – immer noch in der Absicht, Jesus freizubekommen. Es findet wiederum im *Innern* des Prätoriums statt und beginnt mit der Frage des Pilatus nach dem *Woher* Jesu (*sechste Szene:* 19,8–12). Wie schon früher erwähnt, hat die Frage nach dem Woher Jesu bei Joh immer einen hintergründigen Sinn. Sie zielt auf Jesu eigentlichen Ursprung (vgl. S. 78). Jesus hat sie bereits in 18,35–37 beantwortet und gibt daher hier keine Antwort darauf.

Dagegen bezieht er eindeutig Stellung zur Frage nach der Vollmacht des Pilatus in diesem Prozeß. Wenn Pilatus meint, er habe den Ausgang dieses Prozesses in seiner Hand, dann irrt er sich.

Auch seine Vollmacht ist nur eine begrenzte und untergeordnete. Im Grunde ist sie ihm nur gegeben worden, um bei der Verwirklichung der Absichten Gottes mitzuhelfen, d. h. um die Heimkehr Jesu zum Vater, seine Verherrlichung im Kreuzestod, zu ermöglichen. So sieht es jedenfalls der Evangelist.

Es geht hier also nicht um die grundsätzliche Frage nach der Rechtmäßigkeit staatlicher Gewalt überhaupt (was man oft aus dieser Stelle herauslesen wollte), sondern um die Rolle des Pilatus in diesem Prozeß. Daß das ganze schreckliche Geschehen in der Sicht des Evangelisten letztlich doch noch vom Willen Gottes umfangen bleibt, befreit Pilatus aber keineswegs von seiner persönlichen Verantwortung und Schuld, die darin besteht, daß er wider besseres Wissen einen Unschuldigen verurteilte und hinrichten ließ. Wie sehr er sich dabei von Eigeninteressen statt von unparteiischem Rechtsempfinden leiten ließ, wird gleich noch deutlich werden.

Die größere Schuld trifft jedoch die jüdischen Ankläger in diesem Prozeß, besonders die sadduzäischen Hohenpriester (vgl. 18,35; 19,6), die Jesus an Pilatus auslieferten. Allerdings berechtigt diese Schuldzuweisung an die damaligen Gegner Jesu nicht dazu, alle damals lebenden Juden oder gar »die Juden« überhaupt mit einer Kollektivschuld am Tode Jesu zu behaften, wie es jahrhundertelang mit den bekannten schrecklichen Folgen geschehen ist (vgl. Lk 23,34; Apg 3,17).

Auf den letzten Versuch des Pilatus, Jesus freizubekommen, reagieren die Ankläger mit einer unverhüllten Drohung. Pilatus wird, so drohen sie, die Gunst des Kaisers und den begehrten Titel »Freund des Kaisers« verlieren, falls er sich weiterhin für die Freilassung Jesu einsetzt. (Eine Anklage beim Kaiser auf Unterlassung seiner Pflichten als Ordnungshüter und sogar auf Verrat lag durchaus im Bereich der Möglichkeiten.) Nun, da es um seine politische Existenz und Machtposition geht – auf die er kurz zuvor noch mit Stolz hingewiesen hatte –, weicht er der Erpressung. Bedenkenlos opfert er das Leben Jesu seiner politischen Karriere.

»Weg mit ihm, kreuzige ihn!«

Die *siebte und letzte Szene* (19,13–16a) bringt mit dem höchstrichterlichen Entscheid des Pilatus den offiziellen Abschluß des Prozesses. Vorschriftsgemäß nimmt der Statthalter feierlich Platz auf dem Richterstuhl, der sich auf einem mit Marmorsteinen gepflasterten höhergelegenen Ort befand und die aramäische Bezeichnung »Gabbata« (d. h. Anhöhe oder kahler Vorderkopf), auf griechisch: »Lithostrotos«, trug.

Noch einmal benutzt Pilatus die Gelegenheit, »die Juden« zu provozieren, indem er ihnen Jesus voll verachtendem Spott als ihren König vorstellt. In ihrem blinden Haß *verraten diese ihre eigenen Überzeugungen und ihre Freiheit,* da sie die Oberhoheit des Kaisers über sich anerkennen. Gerade gegen diesen Anspruch des Kaisers haben Tausende ihrer Landsleute gekämpft (darunter Barabbas) und ihr Leben hingegeben. Weil sie Jesu Anspruch nicht anerkennen wollen, sind sie gezwungen, sich der Herrschaft der heidnischen Römer zu unterwerfen. Jetzt sind sie eigentlich die Gefangenen.

Ausdrücklich merkt der Evangelist an, daß die Verurteilung Jesu *am Tag der Zubereitung des Paschafestes um die sechste Stunde,* d. h. um die Mittagszeit, erfolgte (vgl. 18,28), und stellt damit wahrscheinlich eine Verbindung zur Zubereitung der Paschalämmer her, die um diese Zeit im Tempelbezirk vorgenommen wurde.

Der *»Rüsttag«* (des Sabbatfests) ist der Tag vor dem Sabbat, der noch am selben Abend begann. Nach dem vierten Evangelisten fand der Prozeß vor Pilatus also am Freitag, dem 14. Nisan (April), statt. Joh unterscheidet sich mit dieser Zeitangabe von der synoptischen Tradition, derzufolge Jesus am Paschafest selbst, das in jenem Jahr auf einen Freitag, den 15. Nisan, fiel, verhört wurde und starb. (Am Beginn des Paschafestes ißt er ja noch mit den Jüngern das Paschalamm und geht danach mit ihnen zum Ölberg; vgl. Mk 14,12 ff.; 15,42.) Welches Datum die größere historische Wahrscheinlichkeit für sich hat, ist bis heute umstritten. Das hängt nicht zuletzt damit zusammen, daß beide in der jeweiligen Tradition auch eine theologische Bedeutung haben (Ermöglichung des Paschamahls bei den Synoptikern; Jesus als das wahre Paschalamm bei Joh). Für die joh Datierung spricht, daß ein Prozeß und eine Hinrichtung am Paschafest selbst als sehr außergewöhnlich gelten müssen, und auch der Umstand, daß das letzte Mahl Jesu vielleicht erst nachträglich als Paschamahl gedeutet worden ist.

5. Die Erhöhung Jesu (19,16b–30)

Auch der Bericht von der Kreuzigung und deren Begleitumstände sind bei Joh *ganz von seiner Christologie geprägt*. Daher fehlen manche Einzelheiten, die wir bei den Synoptikern finden, oder werden anders gedeutet. Das ganze Geschehen ist viel stärker auf die Person Jesu konzentriert bzw. wird im Hinblick auf seine christologische Bedeutung weiter ausgeführt. Eine besondere Rolle spielen dabei die *Hinweise auf die Schrift*. Sie deuten das Geschehen für den Leser. Er soll erkennen und wissen: Hier stirbt der wahre König der Welt. Jesus stirbt mit dem Bewußtsein, seinen Auftrag erfüllt zu haben und durch den Tod in die Herrlichkeit beim Vater zurückzukehren. *Das Kreuz wird damit zum Thron, auf dem der Gesandte Gottes und Menschensohn erhöht wird* (vgl. 3,14; 8,28; 12,32).

Die Hinrichtung und deren Begleitumstände

Nach Joh trägt Jesus sein Kreuz selbst ohne Mithilfe des Simon von Zyrene. Die Kreuzigung findet außerhalb der Stadtmauern an einem Ort statt, der wegen seines schädelförmigen Aussehens »Golgota« genannt wurde. Im Unterschied zu den Synoptikern vermeidet Joh jede Kennzeichnung der beiden Mitverurteilten (vgl. Mk 15,27 parr). Auf einer Inschrift (einem sog. »Titel«) hat Pilatus in den drei Hauptsprachen der damaligen westlichen Welt den Hinrichtungsgrund ans Kreuz anbringen lassen: »Jesus von Nazaret, der König der Juden; er erregt damit noch einmal den Unwillen der Gegner Jesu. Der Heide Pilatus aber wird damit ungewollt zum Zeugen des christlichen Glaubens, daß hier wahrhaft »der König der Juden« für die Welt stirbt (vgl. 18,37).

Einem Brauch gemäß verteilen die (vier) Soldaten die Habseligkeiten des Hingerichteten unter sich. Jesus hat allerdings nichts als seine Kleider. Auch in diesem eher nebensächlichen Geschehen sieht der Evangelist die Erfüllung eines Schriftworts (Ps 22,18 f.). Nichts ist hier bedeutungslos. Spätere Ausleger haben in dem einen ungeteilten Rock Jesu ein Symbol der Einheit der Kirche sehen wollen (oder auch einen Hinweis auf das nahtlose Gewand des Hohenpriesters). Da dieses Gewand aber weggenommen wird, sind solche Deutungen eher unwahrscheinlich.

Die Frauen unter dem Kreuz

Den vier Soldaten hat Joh eine Gruppe von vier Frauen gegenübergestellt, die bei dem Kreuz stehen. (Mk erwähnt nach Jesu Tod nur Frauen, die von Ferne zuschauen, davon drei namentlich, 15,40 f.) Zwei ohne Namensnennung sind Verwandte Jesu (seine Mutter und die Schwester seiner Mutter), die beiden anderen, Maria von Magdala und Maria, die (Frau) des Klopas, gehören zu seiner Gefolgschaft.

Außerdem steht beim Kreuz auch der namenlose *Jünger, »den er liebte«* (vgl. 13,23; 18,15). Auf ihn richtet sich *das Hauptinteresse* des Evangelisten. Er ist der *privilegierte Zeuge* der letzten Stunden Jesu, vor allem auch seines Todes und sehr wahrscheinlich auch der Vermittler und Garant der joh Überlieferung (vgl. S. 145 f.). In einer letztwilligen Verfügung weist der sterbende Jesus den Jünger an seine Mutter und die Mutter an den Jünger. »Von jener Stunde an nahm sie der Jünger zu sich« (wörtlich: »zu dem Eigenen«). Der Sohn sorgt damit sterbend für die Zukunft seiner Mutter.

Doch dürfte sich die Bedeutung dieser Übergabe nicht in der letztwilligen Vorsorge für die Mutter erschöpfen. Schon die Feierlichkeit und der Zusammenhang, in dem diese Szene steht, deuten auf eine besondere Absicht des Evangelisten hin. Es ist ja die Stunde der Vollendung des Werkes Jesu und der Beginn einer neuen Zukunft. Während Jesus sein Werk vollendet, erscheint bereits die zukünftige Gemeinde vor seinem Blick. Maria, die *Mutter Jesu, repräsentiert wahrscheinlich alle jene, die das Heil suchen und auch empfangen* (vgl. 2,4). Mit ihr werden alle aufrichtig Suchenden an jenen Jünger verwiesen, der in besonderer Weise Jesu Geheimnis und Werk verstanden hat und daher befähigt ist, es weiterzuvermitteln. In der Gestalt Marias werden somit alle Suchenden in das geistige Eigentum (den Raum des Geistes Jesu) der Jüngerschaft Jesu aufgenommen. Sie finden darin einen neuen Lebensraum.

Der Tod Jesu als Vollendung seines Werkes

Die begleitenden Umstände des Sterbens Jesu sind von den einzelnen Evangelisten ebenfalls unterschiedlich dargestellt worden. Das hängt wiederum mit ihrer Absicht zusammen, eine theologische Deutung des Todes Jesu und nicht nur eine Beschreibung der äußeren Vorgänge zu geben. Diese Deutung geschieht vor allem durch Zitate oder Anspielungen auf alttestamentliche Schrifttexte, besonders der Psalmen, die vom Leiden und von Verfolgungen Unschuldiger sprechen (bevorzugter Psalm war Ps 22). Dieser Absicht dienen auch die sogenannten »letzten Worte« Jesu. Sie entsprechen der theologischen Gesamtsicht des jeweiligen Evangelisten und dürfen deshalb nicht einfach addiert werden.

Wie sehr diese Worte von der Theologie des Evangelisten geprägt sind, wird gerade bei Joh sehr deutlich, der den Kreuzestod Jesu als Erhöhung und Rückkehr in die Herrlichkeit beim Vater versteht. Jesu Sterben ist Verherrlichungsgeschehen (vgl. 3,13 f.; 12,23–33).

Wie die ganze Passion durchlebt Jesus bei Joh sein Sterben in totaler Freiheit und mit vollem Wissen um dieses »Hinübergehen zum Vater« (vgl. 13,1 f.). Jesus ist auch in den letzten Augenblikken seines Lebens der Handelnde, der das Geschehen aktiv bestimmt (vgl. die Worte an seine Mutter und den Jünger, den Ruf »Mich dürstet« mit der Begründung des Evangelisten, das »Es ist vollendet« und schließlich auch die Übergabe des Geistes und das Neigen des Hauptes. In all dem unterscheidet sich seine Darstellung von der der Synoptiker). Bei Joh fehlen daher auch die Verspottungsszene unter dem Kreuz (vgl. Mk 15,29–36 parr) und der Schrei der Verlassenheit. Der Ruf des Dürstenden ist in der Absicht begründet, die Schrift zu erfüllen (gedacht ist an Ps 69,22; vgl. aber auch Ps 22,16). Vielleicht drückt er darüberhinaus aber auch Jesu »Durst« aus, den Willen des Vaters zu erfüllen (vgl. 4,34; 18,11. Mit dem »Essig« ist übrigens ein mit Wasser vermischter Wein gemeint. Man reichte ihn den unter der qualvollen Hitze und dem Ausgedürstetsein Leidenden zur Linderung).

Das letzte Wort Jesu bei Joh ist eine letzte Rechenschaftsablage, die noch einmal sein ganzes Werk zusammenfaßt. Jesus kann sein Offenbarungs- und Erlösungswerk dem Vater übergeben: *Es ist vollendet.* Er hat vollbracht, wozu der Vater ihn gesandt hat, und erfüllt, was er ihm aufgetragen hat. Dieser Auftrag war, der Welt das Leben zu geben (vgl. 12,49 f.; 17,2 f.; auch 3,16). Auch sein Tod dient der Lebensmitteilung an die Welt.

Weil mit dem Tod Jesu auch seine Stunde der Verherrlichung vollendet ist, kann Jesus nun auch den Geist »übergeben« (vgl. 7,39; 16,7 f.). Der Evangelist gebraucht hier wohl absichtlich nicht den synoptischen Ausdruck, um das Sterben Jesu zu bezeichnen (»hauchte aus«, »entließ den Geist«), sondern sagt hintergründig und absichtsvoll: *»Er übergab den Geist.«* War der Geist bis jetzt gleichsam nur in Jesus gegenwärtig und durch ihn in der Welt wirksam, so wird er von nun an auch in den Glaubenden sein. Die Gruppe unter dem Kreuz empfängt stellvertretend für die Kirche den Geist (vgl. *F. Porsch,* Anwalt der Glaubenden, S. 98 ff.).

6. Jesus, das neue Paschalamm (19,31–42)

Der Abschnitt 19,31–42 berichtet von den Vorgängen nach dem Tod Jesu und antwortet auf die Frage, *was mit seinem Leib geschah.* In den Versen 31–37 geht es zunächst um die *Wirklichkeit des Todes Jesu* und um die *Unversehrtheit seines Leibes.* Ausführlich werden die Umstände der Feststellung des Todes und deren zuverlässige Bezeugung geschildert. Das alles soll die Einzigartigkeit des Geschehens unterstreichen. Weil der Beginn des Sabbats und des Paschafestes unmittelbar bevorstand, waren die Juden entsprechend der Vorschrift des Gesetzes (vgl. Dtn 21,22 f.) an einer schnellen Abnahme der Gekreuzigten interessiert. Die Soldaten gehen daher daran, den Gekreuzigten die Knochen unterhalb des Knies zu zerschlagen, um den Tod zu beschleunigen. (Manchmal trat der Tod erst nach Tagen ein.) Da Jesus aber bereits tot ist, erübrigt sich bei ihm dieses Vorgehen. Um sich jedoch von dem eingetretenen Tod zu überzeugen, sticht einer der Soldaten mit seiner Lanze in die Seite Jesu. Sofort fließen *Blut und*

Wasser heraus. Das war nach damaliger medizinischer Auffassung ein sicherer Hinweis für den eingetretenen Tod.

Es ist aber nicht auszuschließen, daß der Evangelist darin eine tiefere Bedeutung sah. Das läßt jedenfalls die feierliche Bezeugung vermuten, die nicht nur auf die Tatsache des Todes, sondern auf die theologische Bedeutung des Geschehens zielen dürfte. Schon manche Kirchenväter deuteten das »Blut und Wasser« auf die Ursakramente der Eucharistie und Taufe (vgl. 1 Joh 5,6f.). »Blut und Wasser« könnten aber auch umfassender auf die *sühnende und lebenspendende Wirkung des Heilstodes Jesu hinweisen.* Vielleicht erfüllt sich für den Evangelisten jetzt auch das Wort von 7,38f. Das hieße dann: Jetzt fließen die Ströme lebendigen Wassers aus dem Leib des Verherrlichten, jetzt wird der Geist ausgegossen.

Der Evangelist sieht überdies in den beiden Vorgängen – der Durchbohrung der Seite und dem Nichtzerbrechen der Knochen – wieder die Erfüllung zweier alttestamentlicher Schriftstellen. In Sach 12,10 ist vom Opfertod einer geheimnisvollen Gestalt zum Heil für viele die Rede. Auf sie – so heißt es dort – werden die Menschen blicken und dann zur Umkehr geführt werden. Gott aber wird über sie »einen Geist der Gnade und des Flehens« ausgießen. Für Joh ist dieses Wort ein Hinweis auf den durchbohrten Jesus. Wer gläubig zu ihm aufschaut, wird Heil und Leben erlangen (vgl. 3,14; 12,32).

Auch die Tatsache, daß Jesus die Knochen nicht zerschlagen wurden, hat für den Evangelisten eine tiefe Bedeutung. Für ihn ist sie ein Hinweis auf das *Paschalamm.* Für dieses schreibt Ex 12,46 vor: »Ihr sollt keinen Knochen des Paschalammes zerbrechen.« Nach der joh Zeitangabe starb Jesus zur selben Zeit, da man im Tempelbezirk die Lämmer für das abendliche Paschamahl schlachtete. Für den Evangelisten tritt nun *Jesus* als das wahre Paschalamm an deren Stelle. Der alte Kult hat mit dem Tod Jesu sein Ende gefunden (vgl. auch 1,35f.; 4,22–26; 1 Kor 5,7f.) und zwar durch die Mithilfe derer, die so sehr um ihre kultische Reinheit besorgt waren (vgl. 18,28; 19,31).

Die Herausgeber des Joh haben in Vers 35 noch einen Hinweis auf den Zeugen dieser Ereignisse eingefügt, um deren Bedeutung hervorzuheben. Dieser Zeuge kann kein anderer als der »Lieblingsjünger«, der Garant der joh Überlieferung, sein (vgl. S. 145).

Die Bestattung Jesu

Trotz der Eile wird Jesus ehrenvoll und ordnungsgemäß bestattet, wie es jüdischer Sitte entspricht. Zwei Männer, der aus Joh 3 bekannte Nikodemus und ein Josef aus Arimathäa (vgl. Mk 15,42 parr), nehmen die Bestattung vor. Der Bittgang Josefs zu Pilatus erforderte übrigens Mut, denn er konnte dadurch als geheimer Anhänger Jesu entlarvt werden. Auffallend ist die *Menge* der Duftstoffe (vgl. 12,3; Myrrhe ist ein Naturharz, Aloe eine wohlriechende Holzart. 100 Pfund sind rund 33 kg. Die Mischung wurde in Pulverform zwischen die Leinentücher gestreut, um den Leichengeruch zu vermindern). Vielleicht soll diese Menge noch einmal an das Königtum Jesu erinnern. Jesus wurde nicht in einem Massengrab für Hingerichtete verscharrt. Er erhält ein »fürstliches« Begräbnis in einem neuen Gartengrab (vgl. 20,15). Die Juden, die so darauf drängten, daß Jesu Leib noch in Eile vor dem Sabbat vom Kreuz abgenommen werde, haben indirekt dazu beigetragen, daß Jesus eine würdige Ruhestätte findet. So hat Gott es wieder gefügt, will der Evangelist sagen. Die Leinentücher und der Garten werden in der folgenden Erzählung von der Auffindung des leeren Grabes eine wichtige Rolle spielen.

VII. Wiederbegegnung und Sendung (Kap. 20)

In einem eindrucksvollen »theologischen Bild« hatte Joh Jesu
Sterben als Erhöhung am Kreuz, als Vollendung seines Offenba-
rungswerks, als Hinübergang in die Herrlichkeit beim Vater und
Beginn der Zeit des Geistes – und das heißt auch: der Kirche –
dargestellt. In dieser *theologischen* Sicht sind Karfreitag, Ostern,
Himmelfahrt und Pfingsten als ein einziger Prozeß des Heimgangs
zum Vater zusammengesehen. In den nachfolgenden Ostererzählungen wird dieses theologische Geschehen nun im Nacheinander
von Zeit und Raum erzählerisch ent-faltet und anschau-lich gemacht.

Die zahlreichen Berührungen mit den Ostererzählungen der
anderen Evangelisten sind ein deutlicher Hinweis darauf, daß der
vierte Evangelist in derselben Tradition wie sie steht und aus ihr
schöpft. Andererseits zeigt sich aber auch wieder, daß Joh dieser
gemeinsamen Überlieferung den unverkennbaren Stempel seiner
Theologie aufgeprägt hat. Die Osterereignisse werden von ihm so
erzählt, daß sie als konsequenter und angemessener Abschluß
seines Evangeliums dienen können. Nicht ein Interesse an histori-
scher Berichterstattung, sondern *die Absicht, das Geheimnis der
Auferstehung zu deuten,* leitet also den Evangelisten bei seiner
Darstellung. (Das gilt im übrigen auch für alle ntl. Ostererzählungen.)

1. Die Entdeckung des leeren Grabes und die Erscheinung vor
Maria von Magdala (20,1–18)

Eine Frau begegnet bei allen vier Evangelisten in den Erzählungen
von der Entdeckung des leeren Grabes: *Maria von Magdala.* Doch
während sie bei den Synoptikern immer mit anderen Frauen
zusammen genannt wird, berichtet Joh nur von einem Alleingang
der Maria zur Grabstätte. Sie entdeckt als erste das leere Grab, ihr
gilt die erste Erscheinung des Auferstandenen, und sie ist die erste
Verkünderin der Auferstehungsbotschaft. In der späteren kirchli-
chen Tradition wird ihr daher mit Recht der ehrenvolle Titel
»Apostolin der Apostel« gegeben. (So nennt sie z. B. Augustinus.)
(Diese Konzentration auf die Begegnung Jesu mit Einzelpersonen

entspricht einer auch sonst zu beobachtenden Tendenz des Joh. Vgl. die Begegnung mit Einzelpersonen in den Kapiteln 3; 4; 5; 9; 11. – Das »Wir wissen nicht« in V. 2 zeigt jedoch, daß Joh die Überlieferung vom Gang mehrerer Frauen kannte!)

Ein theologischer Wettlauf

In die Geschichte vom Gang der Maria zur Grabstätte hat der Evangelist eine Erzählung vom Wettlauf zweier Jünger zum Grab eingeschoben (VV. 3–10). Es war ihm wohl sehr wichtig, daß zu den ersten Zeugen auch Männer gehörten, und zwar nicht irgendwelche, sondern zwei herausragende Persönlichkeiten der Urkirche: jener Jünger, der in der joh Gemeinde der Träger und Bürge der Überlieferung war, und Petrus, das anerkannte Haupt des ersten Jüngerkreises.

Maria von Magdala kommt »am ersten Wochentag« – dem christlichen Sonntag oder Herrentag – »früh, als noch Finsternis war«, zur Grabstätte. Finster ist es auch noch in ihr und dem Jüngerkreis. Ein Grund ihres Kommens wird nicht genannt. Nach Mk kommen die Frauen, »um ihn (Jesus) zu salben«. Dieser Grund muß bei Joh fortfallen, da Jesus ja ein ordentliches Begräbnis erhalten hatte (19,40f.). Angesichts des geöffneten Grabes läuft Maria sofort zu den Jüngern, ohne auch nur in das Grab geschaut zu haben. Sie befürchtet gleich das Schlimmste: »Man hat den Herrn (!) aus dem Grab weggenommen.«

Auf diese Meldung hin machen sich Petrus und »der andere Jünger« sogleich auf den Weg zum Grab. Die Art und Weise, wie der »Wettlauf« der beiden geschildert wird, läßt einen hintergründigen Sinn vermuten. Joh ist kaum an der Schilderung eines morgendlichen Wettlaufs interessiert. Für ihn laufen dort die »Häupter« verschiedener Gemeinden oder Gruppen, die sich auch in ihren Theologien unterscheiden. Der Repräsentant und Theologe der joh Gemeinde läuft dem Petrus, dem Haupt anderer Gemeinden, zwar voraus, hält dann aber inne und überläßt letzterem den Vortritt. Damit wird seine Vorrangstellung anerkannt. Eine gewisse Rivalität ist unverkennbar, aber es ist keine einander ausschließende Konkurrenz. Unbildlich gesprochen, bedeutet der Wettlauf also: Einerseits unterscheiden sich die joh und die petrinischen Gemeinden und deren jeweilige Häupter (sie haben ein verschiedenes »theologisches Tempo«), andererseits erkennen sie einander an und wissen, daß sie sich ergänzen. Beide haben ihre besonderen Gaben und Aufgaben.

Unverkennbar ist allerdings, daß das besondere Interesse dem anderen Jünger gilt. Während von der Reaktion des Petrus erstaunlicherweise nichts erwähnt wird, heißt es vom anderen Jünger knapp und daher wirkungsvoll: *»Er sah und glaubte.«* Der Vertraute des Herrn hat gegenüber Petrus doch das Vorrecht, als erster zum Glauben an die Auferstehung zu kommen. Es bedarf dazu nicht einmal der Auferstehungsbotschaft der Engel.

Daß der Zustand und die Lage der Leinentücher und des Schweißtuchs so genau beschrieben werden, entspricht der apologetischen Absicht, die Behauptung eines Leichendiebstahls zu widerlegen (vgl. Mt 28,11–15). Diebe hätten sich wohl kaum die Mühe gemacht, die Tücher ordentlich zu falten.

Neben dem »Sehen« spielten die *Schriften des AT* eine bedeutende Rolle bei der Entfaltung des Auferstehungsglaubens. In einem längeren Prozeß des Meditierens und Reflektierens entdeckte die frühe Kirche bereits in den alttestamentlichen Schriften Zeugnisse für die Auferstehung des Messias (vgl. bes. 1 Kor 15,3 f.; Lk 24,25–28.45 f.; Apg 2,24–36; Mk 8,31; 9,31; 10,34). Doch zeigt gerade die vorliegende Erzählung, daß der Auferstehungsglaube seinen Grund nicht etwa in gelehrter Schriftkenntnis hat. Den ersten und grundlegenden Anstoß gaben die *Erscheinungen des Auferstandenen* bzw. unerwartete Ereignisse und neue Erfahrungen, die dann ihrerseits erst ein neues Schriftverständnis eröffneten.

Die erste Begegnung mit dem Auferstandenen

Nach dieser Unterbrechung wendet sich der Evangelist wieder der Gestalt der Maria zu, die weinend am Grab steht. Wann und wie sie wieder dahin gekommen ist, interessiert den Verfasser nicht. Wie in den Ostergeschichten der anderen Evangelisten sind auch bei Joh Engel beim bzw. im leeren Grab anwesend. Wieder ein Hinweis auf die gemeinsame Überlieferung. Doch wirken sie hier eher wie Statisten ohne eigene Rolle. Bei den Synoptikern sind sie es, die die Auferstehungsbotschaft verkünden. Das ist hier nicht nötig, da der Auferstandene ja gleich selbst erscheinen wird.

Die folgende Begegnung zwischen Maria von Magdala und dem Auferstandenen ist eine *Wiedererkennungsgeschichte* von außergewöhnlicher Zartheit und Schönheit – man denke an die vielen Darstellungen in der Kunst –, die den Übergang von der Trauer des Karfreitags zur Freude der Auferstehung eindrucksvoll darstellt und mit der ersten Auferstehungsbotschaft an die Jünger endet.

Maria kennt nur eines: Sie will ihren »*Herrn*« sehen, den Gegenstand ihrer Liebe und Verehrung. Ähnlich wie die Emmausjünger erkennt sie ihn aber zunächst nicht, als er vor ihr steht. Auch ihre Augen sind »gehalten« (vgl. Lk 24,15 f.). Erst als der Auferstandene sie mit vertrauter Stimme bei ihrem Namen ruft – so wie der gute Hirt seine Schafe, vgl. 10,3 ff. –, gehen ihr die Augen auf, und sie erkennt Jesus wieder. In einer spontanen Reaktion will sie Jesus, ihren Herrn und Meister, anfassen und festhalten, um sich seiner Gegenwart zu vergewissern und ihrer liebenden Verehrung leibhaftigen Ausdruck zu verleihen (vgl. die ähnliche Reaktion der Frauen bei Mt 28,9).

Doch der Auferstandene läßt sie nicht bei dieser Geste verweilen. Er hat einen *Auftrag* für sie, der keinen Aufschub duldet. Darum gebietet er ihr: »Halte mich nicht fest; denn ich bin noch nicht zu meinem Vater hinaufgegangen. Geh aber zu meinen Brüdern...«.

Das »Noch-nicht« verweist auf einen Zustand oder Prozeß, der seine Vollendung noch nicht erreicht hat (vgl. das »Noch-nicht« der Stunde: 7,30; 8,20). Die schwer deutbare Antwort Jesu will wohl besagen, daß Maria ihn jetzt nicht festzuhalten braucht aus Angst, er könne für immer fortgehen und unerreichbar sein. Der Hinweis auf sein Hinaufgehen zum Vater soll Maria aber zugleich an die Verheißung seines Wiederkommens erinnern, das den Heimgang zum Vater ja zur Voraussetzung hat.

Wenn Jesus zu seinem Vater aufgestiegen sein wird, wird es eine *neue Beziehung* und *bleibende Gegenwart* geben. Jetzt aber soll sie möglichst schnell die Botschaft zu seinen »Brüdern« bringen, daß die Zeit gekommen ist, in der sich erfüllt, was er ihnen beim Abschied verheißen hat: Er ist dabei, zum Vater zu gehen, der – da sie ja seine »Brüder« sind – auch ihr Vater und ihr Gott ist. Das ist die joh Form der Auferstehungsbotschaft, die im übrigen ganz der besonderen joh Christologie entspricht.

Aufgrund dieser Botschaft können die Jünger sich auf jenes Wiedersehen einstellen, von dem Jesus in den Abschiedsreden gesprochen hatte (vgl. 14,19ff.; 16,16ff.). – Ohne den geringsten Einwand führt Maria den Auftrag aus und verkündet als erste die Auferstehungsbotschaft. Ihre Worte sind ein Widerhall des urchristlichen Auferstehungsglaubens: »Wir haben den Herrn gesehen« (vgl. Lk 24,34; 1 Kor 9,1; 15,3ff.). Es ist bemerkenswert, daß der auferstandene Jesus sich bei Joh zuerst einer *Frau* zu erkennen gibt (man wird an die Begegnung mit der Samariterin erinnert) und eine Frau noch vor den leitenden Männern das Privileg erhält, als erste die Auferstehungsbotschaft zu verkündigen. Bei Joh hat die Liebe den Vorrang vor dem Amt oder der Stellung. Ob man heute diese Geschichte genau so erzählt hätte?

2. Die Sendung der Zeugen (20,19–23)

Erscheinungen des Auferstandenen vor dem *Jüngerkreis* gehören wiederum zur gemeinsamen Evangelienüberlieferung. Ihr Hauptanliegen bzw. -inhalt ist die *Beauftragung, Bevollmächtigung* und *Sendung* der Jünger. Sie sollen das Werk des Irdischen in seinem Namen fortsetzen und Zeugen seiner Auferstehung sein.

So folgt auch bei Joh auf die Erscheinung des Auferstandenen vor einer Einzelperson eine Erscheinung *vor der Gruppe der Jünger*. Auf sie hatte die Botschaft der Maria wenigstens indirekt vorbereitet. Entsprechend der joh Konzeption findet sie noch am gleichen Abend *in Jerusalem* statt. (Mit Lk hat Joh nur Erscheinungen in Jerusalem, sieht man einmal von dem Nachtragskapitel 21 ab.) Auf anschauliche Weise zeigt diese Begegnung des Auferstandenen mit seinen Jüngern *den Übergang von der Zeit des irdischen Jesus zur Zeit der Kirche*, die vor allem durch die Gabe des Geistes gekennzeichnet ist (vgl. auch Apg 2).

Der auferstandene Gekreuzigte

Die Jüngerschar erweckt zunächst den Eindruck eines kleinen verängstigten und von der Welt abgeschlossenen Häufchens, das herrenlos und verwaist ist (vgl. 14,18). Das überraschende Erscheinen Jesu wirkt daher wie ein Aufbrechen dieser Isolation und Furcht. Wie hier der Auferstandene kommt der Herr immer wieder zu seiner Kirche, wenn sie sich vor Angst und Kleinglaube ein- und verschließen will. Die Angst der Jünger verwandelt sich in *Freude*, als Jesus sich zu erkennen gibt, indem er ihnen seine (durchbohrten) Hände und seine Seite zeigt (bei Lk: Hände und Füße). Sie sind gleichsam das Identitäts- und Erkennungszeichen Jesu. Der ihnen jetzt in neuer, »verklärter« Leiblichkeit erscheint, ist der gleiche, der zuvor gelitten hat. Der Gekreuzigte und der Auferstandene dürfen daher auch in der Verkündigung nicht auseinandergerissen werden, will Joh sagen. Es darf keine Verkündigung des Auferstandenen ohne bleibenden Bezug zum Gekreuzigten geben und umgekehrt. Vielleicht war die Gefahr solcher Vereinseitigung und Trennung bereits aktuell. Jedenfalls sollte sie sich sehr bald massiv zeigen (vgl. 1 Joh).

Die erste Gabe des Auferstandenen ist sein *Friede* (vgl. 14,27). Er erscheint hier als die Frucht seines Leidens und als Kennzeichen des neuen Lebens in der Zeit des Geistes.

»Wie mich der Vater gesandt hat...«

Darauf empfangen die Jünger ihren Sendungsauftrag, der sehr stark an die Sendung in 17,18 erinnert. Wie dort ist er durch ein *Entsprechungsverhältnis* gekennzeichnet. Die Sendung der Jünger durch den Auferstandenen hat ihr *Vorbild*, aber auch ihren *Grund* in der Sendung des Sohnes durch den Vater. Das bedeutet dann aber, daß auch Zweck und Ziel wie Art und Weise der Durchführung der Sendung Jesu entsprechen müssen. Diese ist der bleibende Maßstab ihres Handelns als Gesandte des Auferstandenen. Der Gesandte hat den Sendenden zu repräsentieren, nicht sich selbst (vgl. 15,16). Wie Jesus stets den sendenden Vater gegenwärtig machte, so sollen die Jünger von nun an Jesus als den auferstandenen Gekreuzigten vergegenwärtigen und sein lebenspendendes Heilswerk fortsetzen.

Letzter Beweggrund ihres Handelns muß daher die *Liebe* sein, denn der Vater hat seinen Sohn in die Welt gesandt, weil er sie liebt (vgl. 3,15 f.; 17,23), und zwar mit einer allumfassenden Liebe, die auf die Lebensmitteilung zielt (vgl. 10,10; 12,47.50; 17,2.21–23). Da Jesus seine Sendung nur durch die Hingabe seiner selbst durchgeführt hat, wird sich auch die Sendung der Jünger nach dem von Jesus vorgelebten »Gesetz« des sterbenden Weizenkorns vollziehen müssen (vgl. die Bedingungen der Jüngerschaft in 12,24–26; 13,16f.; 15,18–20). Ihre Vollmacht bedeutet also nicht Herrschaft, sondern *Dienst*. Das hatte Jesus unmißverständlich durch die Fußwaschung zum Ausdruck gebracht. – Es ist vielleicht nicht unwichtig, daran zu erinnern, daß die Jünger auch hier – wie in den Abschiedsreden – stellvertretend für alle Glaubenden stehen, d. h. die Sendung durch den Auferstandenen betrifft keineswegs nur eine mit Sondervollmachten ausgestattete hierarchisch gegliederte Gruppe in der Kirche. Ämter spielen bei Joh keine Rolle.

In der Kraft des lebendigmachenden Geistes

Damit die Glaubenden ihren Sendungsauftrag in rechter Weise ausführen können, teilt der Auferstandene ihnen den Geist mit, der sie als Beistand bei der Erfüllung ihrer schwierigen Aufgabe stärken wird. Vom Kommen und Wirken des Geistes nach seiner Verherrlichung hatte Jesus bereits in den Abschiedsreden gesprochen. Allerdings unterscheidet sich die Weise der österlichen Geistmitteilung erheblich von den Vorstellungen und Bildern, in denen dort das Kommen des Geistes beschrieben wurde. Dort trägt der Geist doch stark personale Züge: Er »kommt«, »lehrt«, »erinnert«, »gibt Zeugnis« usw.

Der Unterschied erklärt sich daraus, daß Joh hier wieder auf vorgegebene Tradition zurückgreift. Es ist jedoch nicht daran zu zweifeln, daß sich in der Sicht des Evangelisten jetzt jene Verheißungen zu erfüllen beginnen. Das zeigt ja ganz deutlich die joh Formulierung des Sendungsauftrags (V. 21), mit der er – in Anlehnung an die Abschiedsreden (vgl. 17,18) – die vorgegebene Überlieferung von der Geistbegabung neu interpretiert. Die Mitteilung des Geistes durch Anhauchen erinnert an die Lebendigmachung des Menschen durch Gottes Lebenshauch, wie sie in Gen 2,7 beschrieben wird: »Da formte Gott, der Herr, den Menschen aus Erde vom Ackerboden und blies in seine Nase den Lebensatem. So

wurde der Mensch zu einem lebendigen Wesen.« Die österliche
Geistbegabung ist für die Jünger gleichsam eine *Neuschöpfung*.
Nur als durch den Geist zu neuen Menschen Verwandelte werden
sie fähig sein, das Neue der Botschaft Jesu zu verkünden und der
Welt das neue Leben zu vermitteln – nicht aus eigener Kraft,
sondern in der Kraft des lebenschaffenden Geistes (vgl. auch Ez
37,1–14).

Auf diese Lebensmitteilung ist letztlich auch die *Vollmacht zur
Sündenvergebung* ausgerichtet. Sie ist im Zusammenhang als ein
Teilaspekt der universalen Sendung der Kirche zu verstehen, wobei
zu beachten ist, daß sie hier allen Glaubenden übertragen wird
(vgl. Mt 18,18, wo ebenfalls die ganze Gemeinde angesprochen
ist). Über die konkrete Form der Sündenvergebung (bzw. deren
Verweigerung) schweigt der Evangelist sich bezeichnenderweise
aus.

Geist, Leben, Friede, Freude sind Gaben des Auferstandenen
und Frucht der Lebenshingabe Jesu (vgl. 10,10f.15; 16,20–24).
Immer werden sie auf ihn als den eigentlichen Ursprung verweisen.
Der Auferstandene, der die Wundmale seines Leidens trägt, ist die
bleibende Quelle des neuen geistgewirkten Lebens und Handelns.
Das wollte der Evangelist mit diesem eindrucksvollen Bild verkünden.

3. Die Bekehrung eines Zweiflers – der »ungläubige Thomas«
   (20,24–29)

Es ist bemerkenswert, daß bei allen Erscheinungen des Auferstandenen vor den Jüngern auch von deren *Zweifel* und anfänglicher
Ungläubigkeit berichtet wird (vgl. Lk 24,36–43; Mt 28,17). Die
Jünger waren also keine unkritischen und leichtgläubigen Menschen, die das Opfer ihrer eigenen Wünsche und Einbildungen
geworden wären (vgl. auch Lk 24,11). Was sie erfuhren, war für
sie jedoch so unerwartet und neu, daß sie sich von der Wirklichkeit
des Geschehens erst kritisch überzeugen mußten. Joh hat dieses
Zweifelsmotiv, das in 20,19–23 auffallenderweise fehlt, in einer
eigenen Geschichte ausführlich und eindrucksvoll zur Sprache
gebracht, so wichtig war es ihm. (Es ist die joh Parallelgeschichte

zu Lk 24,36–43, aber wiederum konzentriert Joh alles auf die Begegnung Jesu mit einer Einzelperson.)

Thomas, der bei der ersten Erscheinung des Auferstandenen nicht dabei war (warum nicht?), glaubt dem Zeugnis der Augenzeugen nicht, die behaupten: »Wir haben den Herrn gesehen.« Er will nicht nur Worte, sondern hand-greifliche Beweise, will sehen und betasten.

Erstaunlicherweise kommt Jesus dem Verlangen des zweifelnden Jüngers entgegen. Acht Tage später (am Sonntag!) tritt er wieder in die Mitte des Jüngerkreises und lädt den Zweifler – unter fast wörtlicher Wiederholung seiner eigenen Forderung – ein, sich von der Wirklichkeit der Erscheinung zu überzeugen und nicht mehr ungläubig, sondern gläubig zu sein. Der Herr nimmt die Zweifel seines Jüngers ernst. (Außerdem gehört Thomas, immerhin einer der Zwölf, durch diese Erscheinung ebenfalls zur Gruppe der privilegierten Zeugen, die den Herrn gesehen haben.)

Durch die unmittelbare Begegnung mit dem Auferstandenen überwältigt, besteht Thomas jedoch nicht mehr auf der Ausführung seiner Forderung. Aus einem Ungläubigen in einen Gläubigen verwandelt, spricht er das abschließende und vollgültige Christusbekenntnis des Joh: »*Mein Herr und mein Gott!*« Das ist ein deutlicher Verweis auf den Anfang des Evangeliums. Hier erscheint der, der »im Anfang bei Gott« war und der selbst Gott ist (vgl. 1,1 f.).

Die Seligpreisung der Glaubenden

Allen aber, die nicht gesehen haben, was die ersten Zeugen sahen, gilt die einzige und abschließende Seligpreisung des Joh: »*Selig, die nicht sahen und glaubten.*« – Diese Seligpreisung konnte die joh Gemeinde zunächst auf sich selber beziehen, denn sie gehörte ja zu jenen, die nicht gesehen hatten und doch glaubten. Daher war diese Thomas-Erzählung für sie eine hochaktuelle Geschichte, die ihre eigene Situation, ihre Fragen und Zweifel zur Sprache brachte. Sie ist aber auch die Geschichte aller nachfolgenden Generationen. In dem zweifelnden Thomas können sie sich oft genug selber finden. Es ist aber die Hoffnung des Evangelisten, daß sich an ihnen auch die Seligpreisung erfüllt, weil sie wie Thomas gläubig bekennen: »Mein Herr und mein Gott!«

4. Das Abschlußwort des Evangelisten (20,30f.)

Die auf das ganze Evangelium zurückblickenden Verse 30f. bilden den *ursprünglichen Abschluß* des Evangeliums. In diesem Schlußwort weist der Verfasser ausdrücklich darauf hin, daß er nur eine Auswahl aus der reichen Jesusüberlieferung aufgeschrieben hat. Er hätte »noch viele und andere Zeichen« aufnehmen können. Doch genügte diese Auswahl nach seinem Urteil offensichtlich, um seine Absicht zu verwirklichen. Diese Absicht hat er selber in seinem Schlußsatz im Hinblick auf die Leser deutlich formuliert: »Diese (Zeichen) aber sind aufgeschrieben, damit ihr glaubt, daß Jesus der Messias ist, der Sohn Gottes, und damit ihr durch den Glauben das Leben habt in seinem Namen.« Sein Evangelium ist ein *Glaubenszeugnis*, das darauf zielt, *Glauben zu wecken und zu stärken*. Letztes Ziel ist aber *das Leben*. Dieses eigentliche, wahre und unvergängliche Leben ist aber nur zu haben im Glauben an Jesus, den verheißenen Messias und Sohn Gottes. Nur dem, der in dem Menschen Jesus von Nazaret glaubend den verheißenen Messias und Sohn Gottes erkennt und anerkennt, wird dieses Leben geschenkt werden. Von dieser Glaubensüberzeugung ist das durch und durch christozentrisch ausgerichtete Johannesevangelium in allen seinen Teilen geprägt. Von ihr gibt es als Wort des Lebens Zeugnis.

VIII. Ein Nachtrag: Die Erscheinung des Auferstandenen in Galiläa (Kap. 21)

Nach dem Sendungsauftrag an die Jünger, dem feierlichen Bekenntnis des Thomas, der Seligpreisung der Glaubenden und dem Schlußwort des Verfassers muß es jeden Leser überraschen, daß nun doch noch ein (allerletztes) Kapitel folgt. Noch mehr: Das Kapitel selbst enthält eine Reihe von Überraschungen.

1. Einige auffallende Besonderheiten

Kapitel 21 berichtet von einer Erscheinung des Auferstandenen in *Galiläa* (»am See von Tiberias«), was der sonstigen Tendenz des Evangelisten widerspricht, die Hauptereignisse und vor allem auch die Erscheinungen des Auferstandenen auf Jerusalem zu konzentrieren. (Letzteres trifft auch auf Lk zu, während Mt und Mk nur galiläische Erscheinungen kennen.) Statt elf Jünger (die zwölf ohne Judas) sind nur *sieben* anwesend, von denen das Bruderpaar, »die Söhne des Zebedäus«, bisher noch nie im Evangelium genannt wurden (vgl. Lk 5,10). Unverständlich ist vor allem, daß Petrus und die anderen Jünger nach dem feierlichen Sendungsauftrag wieder in ihren früheren Fischerberuf zurückgekehrt sind (von dem im Joh vorher auch nie die Rede war). Schließlich verwundert auch, daß hier *nur Petrus* und nicht alle Jünger einen Auftrag und eine besondere Vollmacht erhält. Das alles deutet darauf hin, daß das Kapitel 21 das vorher in Kapitel 20 Berichtete nicht voraussetzt und wohl eine selbständige (galiläische) Überlieferung wiedergibt.

Andererseits gibt es doch auch auffällige Beziehungen zum 20. Kapitel und zum vorausgehenden Evangelium. 21,14 weist ausdrücklich darauf hin, daß dies die *dritte Erscheinung* des Auferstandenen war. Die Namen (Simon-)Petrus und »Thomas, der Zwilling«, sowie das Auftreten des »Jüngers, den Jesus liebte« (VV. 7 und 20) erinnern deutlich an früher Berichtetes.

Allerdings wird die Gestalt des Petrus hier anders gezeichnet. Hier geht es um seine *zukünftige Rolle in der nachösterlichen Gemeinde.* Der Hinweis auf seinen Tod dürfte im übrigen voraussetzen, daß er bereits gestorben ist. Das gilt aber auch für den geliebten Jünger. Vers 23 ist eigentlich nur verständlich, wenn er nicht mehr lebt. So ist die Schlußfolgerung unausweichlich, daß es sich bei dem 21. Kapitel um einen *Nachtrag* handelt, der auf bestimmte Fragen der Gemeinde antworten will (besonders, was die beiden Hauptfiguren betrifft) und auf die Zukunft der Gemeinde blickt. Diese Schlußfolgerung wird im übrigen auch durch sprachliche Besonderheiten bestätigt. Eine Reihe von Ausdrücken begegnen nur hier im Joh. – Die Verse 24 f. sind ein Schlußwort der Herausgeber des Evangeliums.

Zwei Schwerpunkte

Deutlich lassen sich zwei Erzählabschnitte erkennen. Eine – ursprünglich wohl selbständige – *Wundergeschichte* von einem reichen Fischfang (VV. 1–14; vgl. Lk 5,1–11) ist mit einer Erscheinung des Auferstandenen und einer Mahlszene verbunden. An sie schließt sich die *Beauftragung des (Simon-)Petrus* mit einer Todesweissagung und einer Gegenüberstellung des zukünftigen Schicksals des Petrus mit dem des geliebten Jüngers an (VV. 15–23).

Die Eingangsbemerkung: »Danach offenbarte sich Jesus den Jüngern noch einmal«, liefert gleichsam den Schlüssel zum Verständnis der folgenden Geschichte, die mit sehr anschaulichen erzählerischen Mitteln ein geheimnisvolles Offenbarungsgeschehen schildert. Wie bei den beiden Jüngern in Emmaus gibt der Auferstandene sich unerwartet zu erkennen, und wie dort geschieht dies während eines Mahls (vgl. Lk 24,30f.). Auch der Ort der Begegnung ist nicht ohne Bedeutung. Es war am See von Tiberias, wo Jesus sich durch das Zeichen des Brotwunders als das »Brot des Lebens« offenbarte (6,1–14). Eine spätere Redaktion hatte dieses Zeichen nachträglich in Beziehung zur Eucharistie gesetzt (6,51–58). Dort wie hier geht es um *die bleibende Gegenwart des Auferstandenen in der Gemeinde im Zeichen des eucharistischen Mahles.*

2. Die Selbstoffenbarung des Auferstandenen (21,1–14)

Die Geschichte beginnt zunächst ganz alltäglich und »normal«. Petrus und einige andere Jünger gehen wieder ihrem Beruf nach, so als hätte es kein Ostern und keinen Sendungsauftrag gegeben. Wie in der Emmausgeschichte und wie vor Maria von Magdala erscheint Jesus zunächst als ein Unerkannter. Damit wird die Voraussetzung für die *Wiedererkennungsszene* geschaffen (vgl. 20,11–16).

Ein wunderbarer Fischfang

Doch zunächst müssen die für das Mahl benötigten Fische beschafft werden (trotz V. 9). So wird das angestrebte Mahl zum Anlaß des Wunders, das stark an den wunderbaren Fischfang in Lk 5,1–11 erinnert, der mit der Berufung des Petrus zum Menschenfischer endet.

Eigenartigerweise wird die genaue Anzahl der gefangenen Fische angegeben: 153. So gut wie sicher hat diese Zahl eine *symbolische Bedeutung*. Leider wissen wir nicht welche. Hieronymus führt zwar auch die Meinung zeitgenössischer Zoologen an, wonach es 153 Fischarten im See von Tiberias geben solle. Doch es ist mehr als zweifelhaft, daß der Verfasser das mitteilen wollte (und daß ausgerechnet von jeder Art ein Exemplar gefangen wurde). Andere (wie z. B. Augustinus) sahen in der Zahl einen symbolischen Hinweis auf die Dreieinigkeit ($3 \times 50 + 3$). Wahrscheinlich soll die Menge der Fische auf die *Universalität der Kirche* hinweisen, in der die Menge der Glaubenden gesammelt ist. Dazu würde passen, daß die zukünftige Kirche im Folgenden als Herde bezeichnet wird.

Für den *geliebten Jünger* ist das Wunder ein Erkennungszeichen: Er erkennt daran den »Herrn« (eine joh Bezeichnung für den Auferstandenen!). Wiedereinmal erscheint er im Vergleich zu Petrus als der, der *eine unmittelbare und tiefere Erkenntnis Jesu besitzt*. Doch ist es Petrus, der als erster dem Herrn spontan entgegeneilt und dann auch alleine das Netz ans Land zieht. Das entspricht nicht nur dem Temperament des Petrus, sondern dem Interesse und der Absicht des Verfassers. Er will Petrus aus der Schar der anderen Jünger herausheben.

Man wird an den »Wettlauf« der beiden Jünger erinnert (20,3–10), wo die gleiche Absicht, wenn auch mit einem anderen Bild, zum Ausdruck kommt.

Ein zeichenhaftes Mahl

Die folgende Mahlszene ist durch eine eigenartige, geheimnisvolle Stimmung gekennzeichnet. Es ist die Gegenwart des Auferstandenen, die sie bestimmt. Niemand wagt die Frage nach der Identität des »Fremden« zu stellen, denn alle wissen jetzt, was der geliebte Jünger schon vorher wußte: »Es ist der Herr«.

Die knappe Schilderung der Austeilung des Brotes und des Fisches (jedesmal in der Einzahl!) durch den Auferstandenen hat zweifellos eine tiefere Bedeutung. So wird es jetzt in der nachösterlichen Zeit der Kirche sein: *Der Auferstandene ist der Herr des eucharistischen Mahles.* Er ist unter seinen Jüngern gegenwärtig als der, der immer wieder zum Mahl einlädt und sich selbst als Speise schenkt. Vers 14 lenkt zu Vers 1 zurück und schließt die Offenbarungserzählung mit ihrer Wiedererkennungs- und Mahlszene ab.

3. Die Beauftragung des Petrus zum Hirtendienst (21,15–19)

Die besondere Stellung des Petrus innerhalb des Jüngerkreises gehört zur ältesten urchristlichen Überlieferung. Das hängt nicht zuletzt damit zusammen, daß er zum bevorzugten Zeugen des auferstandenen Herrn berufen wurde, dem als ersten eine Erscheinung zuteil wurde (vgl. 1 Kor 15,5; Lk 24,34; zur Stellung des Petrus: Mt 16,17–19; Lk 5,10; Gal 2,9; Apg 2,14). In diesem größeren Zusammenhang steht auch die folgende Beauftragung des Petrus bei Joh. Ihre Aufnahme in das vierte Evangelium ist um so bedeutungsvoller, als für dieses Evangelium ja der »Jünger, den Jesus liebte« die herausragende Gestalt ist.

Bevor der Auferstandene Petrus mit dem Hirtendienst betraut, fragt er ihn *dreimal,* ob er ihn *liebe.* Das hätte Petrus vielleicht nicht so betroffen gemacht, hätte er seinen Herrn nicht *dreimal verleugnet.* Es bedarf für ihn keiner weiteren Worte, um zu verstehen.

Am Abend vor der Passion hatte Petrus noch selbstsicher seine Bereitschaft erklärt, Jesus zu folgen und sein Leben für ihn hinzugeben (13,37). Als es dann aber ernst wurde, hatte er kläglich versagt und Jesus verleugnet (18,15–18.25–27). An jenem Abend hatte Jesus das Angebot zur Nachfolge nicht angenommen, weil er wußte, daß der Glaube seines Jüngers dafür noch viel zu schwach war. Jetzt, da Petrus alle falsche Selbstsicherheit aufgegeben hat und sich nur noch auf Jesus verläßt, fordert Jesus ihn selbst zur Nachfolge auf und überträgt ihm das Hirtenamt über seine Schafe.

Es entspricht joh Sicht, daß Petrus nicht nach besonderen Führungsqualitäten oder Leistungen befragt wird, sondern einzig nach seiner *Liebe*. Gottes Ruf hat seinen Grund nicht in besonderen menschlichen Voraussetzungen. Er selbst schafft die Voraussetzungen. Seine Gnade erweist, wie Paulus es einmal ausdrückt, »ihre Kraft in der Schwachheit« (2 Kor 12,9). Daß Jesus gerade einen »Versager« zu seinem »Stellvertreter« als Hirt seiner Herde erwählt hat, kann für jeden eine Ermutigung sein, der unter seiner Unwürdigkeit und seinen Schwächen leidet, besonders für jene, die in der Kirche eine besondere Verantwortung haben.

»Weide meine Schafe«

Der Auftrag an Petrus wird mit dem im Neuen Testament öfter gebrauchten Bild vom Hirten beschrieben (vgl. neben Joh 10 noch Apg 20,28; 1 Petr 2,5; Eph 4,11). Dabei darf nicht übersehen werden, daß es *Jesu Schafe* sind und bleiben (»meine Schafe«), die er weiden soll. Petrus erhält kein Eigentumsrecht auf die Schafe und auch keine Herrschaftsstellung über sie, sondern die Aufgabe, die Schafe als Jesu Eigentum zu bewahren und auf die Weide des Lebens zu führen. »Der Herr hat dem Petrus den Auftrag gegeben, seine Schafe zu weiden, nicht sie zu melken«, hat Augustinus treffend und geistreich bemerkt.

Jesus selbst waren die Menschen vom Vater als seine Schafe anvertraut worden. So waren sie auch seine Schafe geworden, die ihn kannten und auf seine Stimme hörten (vgl. 10,3f.14; auch 17,9f.). Dieses *einzigartige* Verhältnis Jesu zu seinen Schafen ist *nicht übertragbar*. Deshalb kann man nur mit Einschränkung von einem Dienst der Stellvertretung des Petrus hinsichtlich seines Hirtenamtes sprechen. Rechtliche und amtliche Kategorien sind zur Bestimmung dieses Auftrags jedenfalls untauglich, so wenig wie Liebe ein rechtlicher Begriff ist.

Nachfolge bis zur letzten Konsequenz

Die letzte Begegnung zwischen Petrus und seinem Herrn schließt mit der Voraussage des gewaltsamen Todes des Petrus (vgl. 12,33). Wozu Petrus vor Ostern noch nicht fähig war – weshalb Jesus sein Nachfolgeangebot ablehnen mußte –, dazu wird er von jetzt an bereit sein. Aber nicht er selbst wird seinen letzten Weg bestimmen, sondern andere werden ihn im Alter gürten und führen, wohin er nicht will. Zur Zeit der Abfassung des Evangeliums hat sich dieses Wort bereits erfüllt. Petrus ist seinem Herrn bis zur letzten Konsequenz nachgefolgt und ihm im Tod ähnlich geworden. (Das Ausstrecken der Hände deutet nicht notwendigerweise auf einen Kreuzestod hin. Dieser taucht erst in der späteren Überlieferung auf und ist – fälschlich – aus dieser Stelle erschlossen worden.)

4. Der Jünger, der »bleibt« (21,20–23)

Ein letztes Mal werden Petrus und der geliebte Jünger zueinander in Beziehung gesetzt, aber nicht um Petrus, sondern um jenen namenlosen Jünger hervorzuheben. Die letzten Sätze des Evangeliums gelten ihm, dem die Gemeinde ihre besondere Jesusüberlieferung und vor allem ihre tiefe Erkenntnis der Person und des Werks Jesu verdankt.

In der Gemeinde ging wohl ein (vermeintliches) Jesuswort um, das zu dem Mißverständnis Anlaß gegeben hatte, dieser Jünger werde nicht sterben. Inzwischen war er aber bereits tot. Den Herausgebern des Evangeliums lag daran, diese Tatsache mit jenem Wort Jesu in Einklang zu bringen.

Der Schlüssel zum Verständnis liegt in der Bedeutung des Wortes »*bleiben*«. Es bezieht sich nicht – so ist wohl die Meinung der Schüler – auf ein Am-Leben-Bleiben bis zur Wiederkunft Christi (die übrigens in dem traditionellen Sinn im Joh keine Rolle spielt), sondern auf das *Bleiben durch sein Zeugnis,* das seinen schriftlichen Niederschlag im Evangelium gefunden hat und so in der Gemeinde gegenwärtig bleibt.

Von diesem Zeugnis können sie aus eigener Erfahrung und begründetem Wissen behaupten, daß es wahr und zuverlässig ist (vgl. 19,35). Ihm kann man daher glauben. Das Zeugnis bezieht sich gemäß joh Verständnis nicht in erster Linie auf äußere Tatsachen, sondern auf deren Bedeutung für den Glauben und das Leben, das der Glaube schenkt. Das ist das Eigentliche und Bleibende für die joh Gemeinde. (Daß der Jünger das Evangelium geschrieben habe, ist sicher nicht im wörtlichen Sinn zu nehmen. Gemeint ist, daß jener Jünger für das Geschriebene mit seinem Zeugnis einsteht und daß er am Ursprung der joh Überlieferung steht.) – Ein übergenauer unbekannter Herausgeber, dem der Hinweis in 20,30 f. nicht genügte, daß es sich bei dem Evangelium nur um eine Auswahl handle, sah sich verpflichtet, noch eine zweite gelehrte und geschraubte Schlußformel nach der Art zeitgenössischer literarischer Werke anzufügen (21,24 f.). Der Bedeutung des Evangeliums fügt sie aber nichts hinzu.

DRITTER TEIL

Anhang

1. Literatur

Wissenschaftliche Kommentare für Leser mit theologischer Vorbildung

Becker, J., Das Evangelium des Johannes, 2 Bde. (Ökumenischer Taschenbuch-Kommentar zum NT 4/1; 4/2), Gütersloh – Würzburg 1979/81.
Schnackenburg, R., Das Johannesevangelium, 3 Bde. (Herders theol. Kommentar zum NT), Freiburg 1972, 1977, 1976. (Beide mit umfangreicher Literaturangabe.)

Allgemeinverständliche Kommentare

Blank, J., Das Evangelium nach Johannes, 4 Bde. (Geistliche Schriftlesung 4/1a; 4/1b; 4/2; 4/3), Düsseldorf 1977; 1981. (Zur geistlichen Vertiefung besonders zu empfehlen.)
Gnilka, J., Johannesevangelium (Die Neue Echter-Bibel: Kommentar zum NT mit der Einheitsübersetzung), Würzburg 1983.
Schulz, S., Das Evangelium nach Johannes (Das Neue Testament Deutsch), Teilband 4, Würzburg 1972.

Zur geistlichen Vertiefung und zu wichtigen Einzelthemen

Heer, J., Leben hat Sinn. Christliche Existenz nach dem Johannesevangelium, Stuttgart 1974.
Käsemann, E., Jesu letzter Wille nach Johannes 17, Tübingen 1980.

Porsch, F. Anwalt der Glaubenden. Das Wirken des Geistes nach dem Zeugnis des Johannesevangeliums, Stuttgart 1978.
Ders., Viele Stimmen – ein Glaube. Anfänge, Entfaltung und Grundzüge neutestamentlicher Theologie (S. 127–146), Stuttgart 1982.
Wengst, K., Bedrängte Gemeinde und verherrlichter Christus. Der historische Ort des Johannesevangeliums als Schlüssel zu seiner Interpretation (Biblisch-theologische Studien 5), Neukirchen-Vluyn 1983.

Für die Bibelarbeit in der Gemeinde
Heer, J., Das größere Leben (Bibelauslegung für die Praxis 19), Stuttgart 1988. (Eine gute allgemeinverständliche Einführung und 20 ausgewählte, praxisbezogen ausgelegte Texte mit Anregungen für Bibelkreise.)

2. Bibelarbeit – Fragen

1. Die Eigenart des Joh ist zu einem großen Teil in der besonderen Situation der johanneischen Gemeinde(n) begründet. Das Joh enthält eine Reihe von direkten und indirekten Hinweisen auf diese Situation. Lesen Sie Kapitel 9 und 15,18–16,4 und versuchen Sie, aufgrund dieser Texte die Lage der joh Gemeinde zu beschreiben.

2. Das Joh nennt die Gegner Jesu oft verallgemeinernd »die Juden«. Wie ist diese Redeweise zu erklären und was bedeutet sie?

3. Für das Joh ist der Gebrauch gegensätzlicher Begriffe charakteristisch. Können Sie einige davon nennen und Gründe für ihr häufiges Vorkommen angeben? Welch eine »Weltsicht« kommt im Gebrauch dieser Begriffe zum Ausdruck?

4. Öfter kommt es zu Mißverständnissen zwischen Jesus und seinen Gesprächspartnern bzw. Gegnern. Suchen Sie einige Bei-

spiele und erklären Sie, warum es zu diesen Mißverständnissen kommt.

5. Wie nennt Joh die Wunder Jesu und welche Bedeutung haben sie im Glaubensprozeß? Sind sie für ihn notwendig, überflüssig oder ...? (Vgl. Sie besonders 2,23; 4,48–50; 6,26–30;, 20,29.) Worauf soll der Glaube sich stützen?

6. »Glauben« ist neben »erkennen« ein Vorzugswort des Joh. Das verweist auf die überragende Bedeutung des Glaubens in diesem Evangelium. Joh verwendet aber noch andere Ausdrücke oder Redewendungen, um den Glaubensprozeß zu beschreiben. Nennen Sie einige und bestimmen Sie den Inhalt und die Hauptwirkung des Glaubens. (Vgl. Sie 3,15 f.; 6,29.47; 11,25 f.; 17,8; 20,31.)

7. Eine Eigenart des Joh sind die sogenannten »Ich-bin-Worte«. Stellen Sie eine Liste dieser Worte zusammen und bestimmen Sie, was sie a) über Jesus selbst und b) über sein Angebot an die Menschen aussagen. (Vgl. Sie besonders 6,35; 11,25.)

8. Obwohl Joh keine eigentlichen Endzeitreden hat, spricht er doch vom Wiederkommen Jesu »an jenem Tag« und auch vom Gericht. Wann und wie verwirklicht sich dieses Kommen Jesu und wann findet das Gericht statt? (Vgl. 3,18–21; 5,24–26; 14,2f.18–20; 16,16–25.)

9. Wie wird der Heilige Geist in den joh Abschiedsreden genannt und welche Gründe gibt es wohl für diese ungewöhnlichen Namen oder Titel? Beschreiben Sie das Wirken des Geistes nach den Geistsprüchen der joh Abschiedsreden (14,16f.; 14,26; 15,26; 16,8–15).

10. Öfter ist im Joh von einer bestimmten »Stunde« (Jesu) die Rede (vgl. 7,30; 8,20; 12,23.27; 13,1; 17,1). Was ist mit dieser »Stunde« gemeint, wann kommt sie und welche Ereignisse sind mit ihr verbunden?

11. Joh verwendet manchmal bildhafte Ausdrücke, um den Tod Jesu zu deuten. Was sagen sie über das joh Verständnis des Todes Jesu und über seine Bedeutung für Jesus und für die Gemeinde aus (vgl. 3,14; 6,62; 7,33–36.39; 8,21f.28; 12,23.32f.; 13,1; 17,1)?

Zum Verfasser

Felix Porsch, geb. 1928 in Danzig, Mitglied der Missionsgesell-
schaft vom Heiligen Geist (Spiritaner), Studium der Philosophie an
der ordenseigenen Hochschule in Knechtsteden und der Theologie
an der Gregoriana und am Päpstlichen Bibelinstitut in Rom, 1971
Promotion zum Dr. theol., 1971–1976 Dozent für neutestamentliche Exegese in St. Georgen/Frankfurt a. M. und in Königstein,
1978–1984 wissenschaftlicher Mitarbeiter beim Katholischen Bibelwerk, Stuttgart, seit 1985 Professor für Neutestamentliche
Exegese und Einleitungswissenschaften an der Phil.-Theol. Hochschule St. Augustin/Sankt Augustin.

Stuttgarter Kleiner Kommentar – Neues Testament in 21 Bänden

Hier finden Sie alle Bände auf einen Blick: